L'URSS
de la Révolution
à la mort de Staline

1917-1953

Du même auteur

Réforme et Révolution chez les musulmans
de l'Empire russe
Paris, Presses FNSP, 1966

Le Marxisme et l'Asie
(en collaboration avec Stuart Schramm)
Paris, Armand Colin, 1966

La Politique soviétique au Moyen-Orient
Paris, Presses FNSP, 1976

L'Empire éclaté
Paris, Flammarion, 1978 (prix Aujourd'hui)

Lénine, la Révolution et le Pouvoir
Paris, Flammarion, 1979

Staline, l'Ordre par la terreur
Paris, Flammarion, 1979

Le Pouvoir confisqué
Paris, Flammarion, 1980

Le Grand Frère
Paris, Flammarion, 1983

La déstalinisation commence
Paris, Bruxelles, Complexe, 1986

Ni paix ni guerre
Paris, Flammarion, 1986

Le Grand Défi
Paris, Flammarion, 1987

Le Malheur russe. Essai sur le meurtre politique
Paris, Fayard, 1988

La Gloire des nations
Paris, Fayard, 1990

Victorieuse Russie
Paris, Fayard, 1992

Hélène Carrère d'Encausse
de l'Académie française

L'URSS de la Révolution à la mort de Staline

1917-1953

Éditions du Seuil

Ce livre – excepté la Postface –
a été publié d'abord
sous la forme d'un cours polycopié,
à l'Institut d'études politiques de Paris.
La mise au point définitive du texte
est due à Nicolas Roussellier,
lequel s'est efforcé de préserver
le tour didactique et oral
du style original.

EN COUVERTURE : A. Vepkhvadzé, D. Gabitachvili, K. Makharadzé et G. Totibadzé, *La jeunesse du monde est pour la paix*, 1951. Archives Jean-Loup Charmet © SPADEM, 1993.

ISBN 2-02-014049-7

PREMIÈRE PARTIE

Naissance de l'URSS

1

Les origines intellectuelles du bolchevisme

La question de la nature et de la définition du bolchevisme a, depuis toujours, partagé historiens, idéologues et théoriciens. Doit-on le considérer comme un avatar russe du marxisme ou un avatar de l'histoire russe ?

Pour les uns, le bolchevisme – le communisme russe – se situe dans le droit fil de la tradition marxienne et fut même considéré, notamment sous la période stalinienne, comme la forme la plus pure du marxisme. Dans sa version la plus raisonnable et la plus intéressante présentée par Rosenberg, cette thèse fait correspondre le bolchevisme à l'étape révolutionnaire de la société bourgeoise et du capitalisme naissant, non pas une trahison de Marx, mais au contraire l'une des époques de Marx, la première, celle de 1848.

Pour les autres, le bolchevisme est défini comme un trait spécifique de l'histoire intellectuelle russe et représente, dans un certain sens, un développement dramatique et inéluctable de la pensée russe.

Pourtant, il vaut mieux ne pas limiter le bolchevisme à l'une ou l'autre des deux thèses : il est préférable de s'inspirer du jugement de Karl Korsh selon lequel Lénine allie une théorie marxiste orthodoxe et une pratique totalement hétérodoxe. A partir de là, trois questions se retrouvent au cœur de la période qui précède la révolution russe : de quel héritage intellectuel le marxisme russe s'est-il inspiré ? Quelle était la nature de la société russe au moment du déclenchement de la révolution ? Quelle fut l'histoire du mouvement bolchevik lui-même ?

I. Les débuts de l'histoire moderne de la Russie

Le début du XIXe siècle marque le véritable début de l'histoire moderne de la Russie en même temps que le réveil de la vie intellectuelle.

Les changements avaient été annoncés par les réformes de Pierre le Grand (1682-1725), déjà marquées cependant par les crises qui les avaient suivies. Certes, l'État existe encore sous une forme puissante et fortement centralisée mais se perpétue aussi avec toutes ses faiblesses. Aucune unité n'existait, que cela soit au début du XIXe siècle ou à l'aube de la révolution, entre le pouvoir et la noblesse d'un côté et la masse du peuple russe de l'autre, aucune unité entre les idées des uns et celles des autres. Le pouvoir et la noblesse s'étaient enfoncés dans un scepticisme et un autoritarisme croissants, tout en s'éloignant de l'esprit religieux de la vieille Russie. Le peuple russe continuait, lui, à vivre dans une religiosité extraordinaire et considérait avec stupeur cette dissolution morale de la noblesse, même s'il n'osait encore accuser directement le souverain dont la personne de roi chrétien et de père du peuple demeurait sacrée. Un tel fossé sera le meilleur des ferments révolutionnaires.

Enfin, l'absence d'unité se retrouvait à l'échelle de ce qu'il était convenu d'appeler la nation russe. L'Empire était composé en fait d'une mosaïque de nations où, aux Russes proprement dits s'ajoutaient les peuples conquis qui appartenaient à des nationalités diverses et se différenciaient par leurs croyances, leurs modes de vie et la variété de leurs évolutions sociales. Sans doute, tous les grands pays ont été formés par des conglomérats de peuples mais l'Empire russe, appelé d'ailleurs Empire de Russie *(Rossiiskaia)*, ce qui est significatif, avait voulu faire cohabiter dans un même et unique territoire relativement centralisé des nationalités d'origines diverses liées au cours de l'Histoire par le simple fait d'une succession de conquêtes et de défaites. Ce problème de la mosaïque des nationalités pèsera de façon constante sur le sort de la révolution et sur l'histoire du régime soviétique de ses origines à nos jours, et au-delà.

A cela, il faut ajouter les modifications intervenues dans la situation de la Russie face au reste du monde. Pierre le Grand et Catherine, souverains autoritaires, étaient apparus, à certains égards, comme des exemples de progressisme en regard de l'Europe de la première moitié du XVIIIe siècle. Ils avaient une idée précise du progrès, de la nécessité du développement intellectuel de leur pays, et, dans cette mesure, malgré la nature autoritaire de leur pouvoir, ils incarnaient l'élément le plus éclairé de leur temps. Au contraire, la situation de la Russie au début du XIXe siècle s'est en quelque sorte inversée. Alors qu'après la Révolution française, la France et, à sa suite, l'Europe connaissent un développement des idées libérales, la Russie s'enfonce dans une autocratie croissante que ne viennent plus tempérer les idées avancées de certains de ses souverains. Soudainement, la Russie doit prendre conscience qu'elle est devenue le pays le plus attardé de l'Europe du début du XIXe siècle, qu'elle risque d'apparaître comme un pays asiatique incapable de combler son retard, victime de sa situation géographique et prisonnier de tout ce que représentent l'État et son idéologie officielle.

II. La spécificité de l'intelligentsia russe et son esprit « missionnaire »

Si, jusqu'à l'époque napoléonienne, la Russie, sous l'action de ses souverains, était demeurée un monde clos replié sur lui-même et n'avait guère ressenti le décalage qui l'opposait à l'Europe, une fraction minime de la population de cet immense empire commença, au début du XIXe siècle, à prendre conscience du retard et des problèmes du pays. De ce rôle de conscience et de cette situation d'extrême minorité naissait l'intelligentsia dont la place et l'importance décisive dans le mouvement révolutionnaire russe allaient former un phénomène unique au monde.

La particularité de l'intelligentsia réside d'abord dans son caractère social de minorité et dans sa faiblesse numérique au regard de la classe au pouvoir, la noblesse et, plus encore en comparaison, du peuple russe. Sans assise sociale, elle n'est pas une catégorie sociologique : elle est seulement un rassemblement idéologique. Elle se définit par l'humeur révolutionnaire et par la prise de conscience d'un certain nombre de problèmes. Seule son attitude générale, intellectuelle et politique lui assure un sentiment d'identité et un semblant d'unité.

Sur le plan social, au contraire, la diversité l'emporte largement. Les professions et les milieux dans lesquels l'intelligentsia révolutionnaire recrute ne cessent de s'élargir. Aux officiers et aux aristocrates du début s'ajoutent par la suite des représentants de milieux plus modestes, souvent des fils de prêtres, de diacres ou de marchands, sans que l'aristocratie perde son rôle dirigeant au sein du mouvement. Si diverse socialement, coupée de tout milieu défini, dépourvue de moyens d'existence, l'intelligentsia a été en général contrainte de vivre d'expédients – cours, enseignement, leçons et subsides divers. A l'heure où le monde ouvrier n'était pas encore constitué ou si peu, l'intelligentsia a joué en Russie le véritable rôle de prolétariat – ce qu'évoquent les descriptions de Pasternak dans *Le Docteur Jivago* ou encore Paoustovski dans *L'Histoire d'une vie*, certainement l'un des ouvrages les plus importants pour tenter de comprendre la Russie pré- et postrévolutionnaire.

On peut cependant distinguer deux grandes étapes dans l'histoire de cette intelligentsia : avant 1870 où elle a le sentiment d'être l'instrument de l'Histoire tout entière et après 1870 où elle se considère comme l'instrument privilégié d'une classe sociale, la paysannerie puis le prolétariat. En fait, de décennie en décennie, les caractères, les buts, la fonction de l'intelligentsia évoluent et se modifient en permanence si bien que son histoire est faite de strates successives qu'il faut suivre pas à pas.

Ainsi, l'histoire de la Russie jusqu'en 1917 est moins celle d'un mouvement révolutionnaire que l'évolution d'une humeur révolutionnaire qui s'exprime d'abord par la voix de l'intelligentsia avant d'agiter ensuite le peuple russe dans ses tréfonds mêmes. Tout part des sommets de la société : le réveil, la prise de conscience du peuple russe sont provoqués de l'extérieur.

A. *L'intelligentsia solitaire*

Les guerres napoléoniennes qui conduisirent les officiers russes en France et les mirent au contact de l'idéologie de la Révolution française furent le premier choc de l'histoire intellectuelle de la Russie moderne. Il faut y ajouter le rôle trop souvent négligé de la franc-maçonnerie, dont l'influence indéniable tout au long du XIXe siècle s'exerça sur la société aristocratique, ainsi que l'apport du mouvement des quakers qui influença le tsar Alexandre Ier.

Mais c'est de la révolte des Décabristes de 1825 que l'on peut dater la première apparition de l'intelligentsia révolutionnaire, même si celle-ci fut limitée et faible, sans assise sociologique véritable. Les Décabristes, aristocrates d'origine, inspirés par leur connaissance de la France, pensaient transformer la Russie en un État moderne par l'abolition de l'autocratie et grâce à une conspiration qui ne visait que le sommet du régime. Aussi cette première vague révolutionnaire avait pu se dérouler hors de tout contact avec la réalité des aspirations populaires et ne représentait rien vis-à-vis d'un peuple très attaché à son souverain, profondément heurté encore par la tentative d'abattre le tsar. Le complot qui avait embrassé l'idéal de liberté issu de la Révolution française avait méconnu les problèmes sociaux et surtout l'aspiration à la justice sociale si puissante en Russie. Ce fut la seule fois cependant où l'idée de liberté a joué un rôle central dans l'histoire intellectuelle de la Russie. Après cette révolte d'une poignée d'aristocrates, plus aucun autre mouvement révolutionnaire ne choisira pour définir son action la revendication de liberté. De l'échec de la conspiration de 1825 date ainsi le faible succès du thème de la liberté, aussi bien dans la masse du peuple que dans les différents milieux et tendances du monde intellectuel russe. Sans véritable assise populaire, défendant un idéal mal compris, le mouvement des Décabristes a disparu sans laisser d'autres traces que le souvenir glorieux d'une héroïque aventure.

Slavophiles et occidentalistes

Beaucoup plus profonde fut la signification de la seconde vague intellectuelle pour l'avenir du mouvement révolutionnaire et l'histoire future de l'Union soviétique. Si après l'exécution des insurgés décabristes en 1825, le pouvoir s'était figé dans une attitude encore plus autoritaire en se fermant aux idées libérales et à toutes velléités de réformes, c'est de cette période que date l'épanouissement des idées en Russie.

Sur le plan politique, le renouveau intellectuel culmine dans les années 1840 avec le débat fondamental qui oppose les slavophiles et les occidentalistes. Il n'a pas, lui non plus, d'assise populaire mais présente le mérite de débattre de la vie du peuple russe pour tenter d'en comprendre le destin. L'idéal de liberté s'effaçant, les intellectuels russes abordent le problème de la transformation de la société. Pour les slavophiles comme pour les occidentalistes, la question essentielle était de lutter contre le retard pris par la société russe. A la différence du mouvement des Décabristes, le débat restait limité aux salons intellectuels, sans projet de conspiration, mais il n'était plus le seul fait de la noblesse ; des professeurs, des publicistes, des avocats se sont engagés dans ce grand débat.

La division entre les deux courants portait sur la voie et le modèle du changement social que la Russie devait adopter pour compenser son retard. Devait-elle suivre l'Occident, l'imiter et développer le capitalisme ? Ou bien devait-elle tenter de définir une voie proprement russe, conforme à son génie national ?

Les slavophiles, tels Kireevski ou Khomiakov, fondaient leur jugement sur la pureté du génie russe et sur l'idée d'un destin propre à la Russie. La pureté originelle du peuple russe s'opposait à la corruption générale du monde et assignait à la Russie un rôle messianique : si elle savait éviter toute occidentalisation, elle pourrait assumer sa destinée de rédempteur de l'univers.

Face à eux, parmi les représentants les plus connus des occidentalistes, Tchaadav et Herzen – ce dernier est peut-être le plus curieux de tous parce que sa vision de l'Occident était partagée. D'un côté, il rejetait avec horreur l'idée que la Russie devait se réclamer d'un génie propre en reniant l'évolution de l'Europe mais, d'un autre côté, de ses séjours en Occident il avait retiré le mépris de l'esprit mercantile. Il fallait, disait-il, épargner à la Russie l'épreuve du mercantilisme. La Russie devait pouvoir s'occidentaliser en conservant ses structures socio-économiques et sans emprunter la voie capitaliste sous peine de subir tous les vices de la société bourgeoise.

On voit apparaître ici une constante de la pensée politique russe : le rejet de la bourgeoisie auquel nul écrivain ou publiciste n'a échappé. Une telle volonté d'échapper à tout esprit bourgeois, avant même l'apparition d'une véritable bourgeoisie russe, s'écarte d'ailleurs des vues de Marx qui, tout en condamnant la bourgeoisie, admirait son esprit d'entreprise. En fait, en proposant de brûler l'étape du capitalisme, Herzen avait ouvert la voie à la phase la plus intéressante de l'histoire originale de la pensée russe : la période du populisme.

Slavophiles ou occidentalistes, les représentants de l'intelligentsia débattaient des moyens de transformer la société russe, non de la liberté. L'idéal de justice sociale est une constante de leur pensée et prime tout. De même, les conditions de vie et de pensée étaient semblables pour tous ; elles favorisaient *l'extrémisme* qui est une autre caractéristique permanente de l'histoire intellectuelle russe. Face à l'autoritarisme du régime impérial puis, à partir des années 1860, en raison des conditions de l'action clandestine, les opposants eurent toujours tendance à se couper du réel, à trancher de grandes options en termes définitifs et intransigeants.

La pensée russe était totalitaire. Dans les conditions d'existence difficiles qu'imposait l'illégalité, les intellectuels adhéraient intégralement à un système, érigé en vérité absolue autant qu'en règle de vie. Leur idéologie englobait pensée, action et vie privée. Ni Lénine ni ses compagnons n'ont inventé ce caractère totalitaire : il était ancré en profondeur dans tous les mouvements qui ont nourri la pensée des révolutionnaires russes avant d'aboutir au bolchevisme.

Si, jusqu'en 1860, le débat entre slavophiles et occidentalistes est demeuré confiné au domaine intellectuel, sans assise populaire ou politique, après 1860, en revanche, les étapes de la formation du mouvement révolutionnaire russe se précipitent, deviennent plus heurtées et plus différenciées.

Les nihilistes

La troisième étape qui commence après 1860 est la période du nihilisme dont les principaux représentants sont Pissarev, Dobrolioubov et Tchernychevski. Le groupe fondé par Pissarev vers 1860 a vécu peu de temps mais il a marqué la pensée russe dans la mesure où il était original et sans équivalent dans aucun pays occidental. Mieux encore, le bolchevisme se place dans le droit fil de l'héritage culturel des nihilistes.

Jusqu'alors, dans les mouvements précédents – slavophiles, occidentalistes –, ceux qui les formaient s'étaient préoccupés de philosophie, d'art, de littérature, de ce que l'on appellerait aujourd'hui les sciences humaines. Ils n'avaient guère eu le souci du concret et du technique. Au contraire, les nihilistes, qui voyaient dans la philosophie une plaisanterie vaine et inutile, considérèrent que seules les sciences exactes constituaient les disciplines sérieuses permettant de déchiffrer l'histoire de l'humanité. A leur suite, les bolcheviks, Lénine comme Staline, eurent un véritable culte pour la force de démonstration des sciences exactes et les vertus de la technique. A ce titre, le nihilisme figure bien dans l'arbre généalogique du mouvement bolchevik par ce glissement vers les sciences exactes et vers l'idéal de la technique considérée comme un phénomène fondamental dans le développement humain.

D'un autre côté, le nihilisme a légué au bolchevisme un certain type humain et une certaine image du militant révolutionnaire. Ainsi a-t-on pu considérer Tchernychevski comme l'ancêtre de Lénine, malgré des différences notables. Dans son *Catéchisme révolutionnaire*, Tchernychevski avait présenté le type exact du futur bolchevik avec sa morale austère et ascétique, son dévouement total à la cause qu'il défend et l'identification, la confusion, entre son destin individuel et le destin de la collectivité. Loin d'être les fous que présente une certaine image d'Épinal, les nihilistes avaient voulu sacrifier leur existence à leur cause. Là encore, cet aspect intégral et extrême vient s'ajouter à tous les autres héritages totalitaires que le bolchevisme trouvera à sa naissance.

B. L'intelligentsia au service des masses

Plus complexe, l'étape suivante qui va de 1870 à 1880 comporte trois courants : le courant populiste, le courant anarchiste et un premier courant révolutionnaire actif.

Tous les trois très différents, ils ont profondément marqué, chacun à leur manière, l'évolution ultérieure du destin russe et les débats qui ont pu avoir lieu en Union soviétique après la révolution.

Les populistes

Comme le nihilisme, le populisme est un phénomène propre à l'histoire russe. Il est né de l'héritage de Herzen et de la déception ressentie par celui-ci à l'égard de l'Occident ; mais, réfléchissant aux causes des échecs des mouvements antérieurs, les populistes cherchent pour la première fois à se donner une assise populaire, à se lier au peuple russe au lieu de continuer à réfléchir en dehors de lui. Ainsi, avec le populisme, commence l'histoire de l'intelligentsia luttant au nom du peuple russe, qu'il soit identifié au moujik ou, plus tard, à la classe ouvrière. Même s'il ne réagit pas encore de lui-même, le peuple russe pèse dorénavant sur toutes les évolutions et prend place à l'arrière-plan de la scène intellectuelle russe. Le mouvement populiste assigne aussi un rôle nouveau à l'intelligentsia. Elle n'est plus seulement un instrument de la transformation de l'Histoire, mais devient un instrument au service de la paysannerie, incarnation du génie russe, classe sociale placée au cœur de l'histoire et du destin russes et sur laquelle on doit édifier le développement de la Russie.

Avec les populistes, pour la première fois les masses entrent dans le calcul politique. L'objectif est de combler le fossé entre l'intelligentsia et les paysans, de mettre la première au service de ces derniers. Pour cela, dans un premier temps, les populistes sont « allés au peuple ». Des groupes de jeunes gens enthousiastes – aristocrates souvent – sont allés « éduquer le peuple », non seulement les paysans mais aussi les premiers ouvriers considérés comme des paysans déracinés qu'il fallait ramener dans les campagnes et à leur situation d'origine. Ils allaient au devant du peuple avec une bonne volonté extraordinaire mais leur échec fut total. Ils furent rapidement repris par les gendarmes ou, pire, dénoncés par les paysans eux-mêmes. Les populistes n'avaient pas compris que, malgré sa misère, le peuple russe demeurait fondamentalement attaché à son souverain. En dépit de la crise de l'Empire et de la hiérarchie sociale, la conscience sociale était en retard sur la réalité sociale. Le moujik aurait pu de lui-même s'en prendre aux nobles mais non vouloir détruire le régime.

Le drame des populistes fut aussi l'absence de toute organisation. Sans moyen de protection, agissant au grand jour, ils furent rapidement décimés par la répression. Tout en prévoyant l'évolution sociale de la Russie, les populistes rêvaient de la freiner. La grande réforme mettant fin au servage en 1861 risquait d'entraîner à terme la création d'une classe de petits propriétaires paysans et d'introduire une conscience de propriétaire voire de capitaliste à la campagne et de détruire la commune paysanne, grand mythe des populistes, mythe rédempteur et réalité autour de laquelle devait s'organiser, pensaient-ils, la société future.

Au même moment, l'industrialisation de la Russie s'amorçait et les paysans commençaient à s'orienter vers la ville, ce qui les inquiétait tout autant. Si le développement industriel réussissait, le capitalisme triompherait et la voie russe serait perdue. D'où leur précipitation et leur ardeur dans la lutte, l'absence de toute précaution, leur échec dramatique qui les laisse brisés. Dès 1880, le populisme était vidé de toute substance.

Cependant, à travers toutes ces déconvenues, l'idée de la nécessité de l'organisation avait commencer à hanter les esprits.

Les anarchistes

Très enraciné aussi dans la tradition russe, le courant anarchiste fut incarné avant tout par Bakounine. Celui-ci considérait le peuple russe comme l'héritier d'une longue tradition d'émeutes – comme celles de Razine ou Pougatchev ; ce peuple recelait un potentiel d'insurrection qui ne demandait qu'à être éduqué et guidé. D'autre part, pour Bakounine, le peuple russe avait un sens historique juste, dans la mesure où il n'avait aucun sens de l'État et échappait ainsi à ce qui était pour Bakounine une aberration historique (Marx étant à ses yeux un « étatiste » rêvant d'un État « knouto-germanique »).

Le legs de l'anarchisme au bolchevisme fut donc cette invitation à organiser le peuple russe et à faire appel à des vertus insurrectionnelles qui lui étaient particulières et qu'aucun autre peuple n'égalait.

Les premiers révolutionnaires

Au sein du courant révolutionnaire, Tkatchev peut être considéré comme le père spirituel de Lénine. Le premier, dès 1870, il a fixé à la lutte menée par l'opposition l'objectif concret de la prise du pouvoir ; seuls après lui les bolcheviks seront hantés par ce problème. Le premier aussi, il considère que cette conquête du pouvoir ne peut se faire avec n'importe qui et n'importe comment : cela doit être l'affaire de gens de métier, d'un groupe restreint de révolutionnaires professionnels. Mais il ajoutait aussi que la révolution ne peut réussir que si elle est soutenue par le peuple. Ainsi, faisant le bilan de toutes les expériences passées, il insistait sur la nécessité d'éduquer le peuple, de le gagner et de le guider. Avec lui apparaît l'idée de la domination d'une minorité sur la majorité. Contre Bakounine, il assure qu'il ne s'agit pas d'insurgés mais de révolutionnaires d'instinct ; s'opposant à la destruction de l'État, il veut remplacer les institutions « réactionnaires » par des institutions révolutionnaires au moyen d'une prise de pouvoir qui possède ses techniques et ses techniciens.

Avec Tkatchev s'achève la période prémarxiste ; et les trois mouvements – populiste, anarchiste, révolutionnaire – débouchent sur la naissance du marxisme en Russie.

C. Le marxisme russe

Sans doute, des émigrés russes, en France, en Suisse ou en Angleterre avaient entendu parler de Marx dès 1850 ; mais, en général, ils n'avaient guère eu de contacts avec le mouvement révolutionnaire intérieur en Russie.

Or, à partir de 1880, la question de l'application du marxisme à la situation russe ainsi que la nécessité de trouver un substitut à la paysannerie s'imposent à la pensée des révolutionnaires russes en quête d'idées nouvelles. D'une part, les populistes ne croient plus au soutien de la paysannerie comme force consciente ; mais, de l'autre, les révolutionnaires savent qu'on ne peut pas agir tout seul.

C'est le moment où la classe ouvrière apparaît. C'est le début de l'industrialisation. En 1897, on compte déjà 2,5 millions d'ouvriers soit 12,5 % de la population des villes. Quoique peu nombreuse, cette première classe ouvrière s'était révélée très combative dès sa naissance et, en 1880, grâce à une série de grèves, les ouvriers avaient réussi à arracher à un pouvoir pourtant autoritaire une vague de réformes sociales assez avancées pour l'époque (en 1882, une loi limite le temps de travail des mineurs). Devant cette combativité, l'intelligentsia eut tendance à remplacer la foi en le moujik par la foi en la classe ouvrière, d'autant plus que le marxisme lui offrait un cadre de pensée pertinent.

Le marxisme fut introduit par certains émigrés qui, déçus par le populisme, avaient fondé le Groupe pour l'émancipation du travail autour de Plekhanov, Axelrod, V. Zassoulitch et Deutsch dans le but d'éduquer le peuple à la pensée de Marx. Bien que des hommes comme Lénine vinssent le saluer avec beaucoup de déférence, ce groupe d'émigrés ne réussit guère cependant à nouer de véritables contacts avec la classe ouvrière qui s'organisait à l'intérieur du pays.

On retrouve donc une division entre le mouvement marxiste, qui pense pouvoir diriger la classe ouvrière depuis l'étranger, et un mouvement ouvrier naissant au sein duquel deux groupes ont joué un rôle essentiel : d'une part, le prolétariat polonais dirigé par Rosa Luxemburg et Léo Jogishes et, d'autre part, le prolétariat juif de Russie qui fut le premier à s'organiser au sein du Bund en 1897. Plus évolué sur le plan intellectuel que ne pouvait l'être le prolétariat russe issu de la campagne, souvent regroupé dans des petites fabriques moins vulnérables à la surveillance policière, le prolétariat juif a servi d'exemple et de catalyseur pour toute une partie du prolétariat russe.

Cependant, à peine en voie de constitution, le mouvement social-démocrate russe fut caractérisé par l'importance et le nombre de ses discordes. Les divisions, un moment interrompues pour faire face aux populistes et imposer la voie ouvrière de préférence à la voie paysanne prônée, reprirent dès que le mouvement l'emporta et aboutirent aux trois grands schismes qui marquèrent l'histoire du socialisme russe :

1. La première querelle, celle de 1898-1899, opposa les marxistes orthodoxes aux *économistes* représentés par Struve. Ces derniers considéraient que, pour réussir son développement industriel, la Russie devait le faire dans des conditions normales. Pour cette raison, il fallait donner à la classe ouvrière des objectifs clairs et accessibles qu'elle puisse comprendre : la défense des salaires et des conditions de travail plutôt que la révolution. Les marxistes orthodoxes, menés par Lénine, défendaient au contraire la révolution comme tâche fondamentale de la classe ouvrière et du Parti. Par là, le débat au sein du mouvement russe reflétait assez fidèlement la division développée à l'échelle de la Deuxième Internationale entre le réformisme et l'orthodoxie marxiste.

2. Le deuxième schisme, celui de 1903, qui opposa les bolcheviks et les mencheviks, coupa la social-démocratie en deux camps.

3. Le troisième enfin, qui eut lieu en 1905, vit se diviser le marxisme orthodoxe et ce que l'on pourrait appeler le marxisme libéral, conduit par le futur et éminent théologien, le père Boulgakov, adversaire de tout esprit totalitaire (« l'idéologie politique n'a rien à voir avec les autres domaines ») et de toute mainmise de la collectivité sur l'individu. Mais, sans véritable audience au sein de la classe ouvrière, cette tentative de socialisme humaniste fut vite évincée. En fait, face à la tendance totalitaire qui dominait la pensée russe, la pensée libérale ne pouvait et n'a jamais pu s'implanter.

En 1917, l'héritage de l'histoire intellectuelle russe pour les bolcheviks présente trois caractéristiques principales. Tout d'abord, la première des origines fondamentales du bolchevisme réside dans cette opposition entre l'aspiration à une idéologie de la totalité, de l'absolu, et l'existence des divisions qui ont tant marqué l'histoire du bolchevisme. D'un côté, le bolchevisme a toujours rêvé de promouvoir une unité totale entre l'homme et la société et, de l'autre, son histoire – comme l'atteste la réputation des sociaux-démocrates russes au sein de la Deuxième Internationale – était une suite ininterrompue de querelles intestines. Aussi, pour réaliser l'aspiration fondamentale de la pensée intellectuelle russe, le Parti bolchevik a sans cesse lutté pour sauver le mythe de l'unité.

A ce premier trait hérité, s'ajoute une deuxième tendance qui fut une constance de l'histoire intellectuelle russe du XIXe siècle : la tension permanente entre l'Orient et l'Occident, entre les deux destins possibles de la Russie, la voie proprement russe et la voie occidentale.

Enfin, le bolchevisme hérite du mode de développement particulier des classes sociales russes. Face à la paysannerie, formation sociale qui change lentement, l'intelligentsia et la classe ouvrière ont été formées de façon précipitée, par étapes brèves, successives, chaotiques et sans ordre apparent, plus malléables et plus sensibles donc aux différents courants de la pensée et de la vie politique. Nulle part ailleurs qu'en Russie la paysannerie n'a pu paraître aussi immobile, tandis qu'à ses côtés les deux autres groupes sociaux, ouvriers et intelligentsia, n'ont cessé de changer.

2

La vie politique en Russie jusqu'en 1917

De l'histoire du XIXe siècle, on peut retenir comme traits généraux le fait que, depuis l'origine, l'opposition avait été formée de vagues successives qui chacune tirait des leçons de l'échec de la précédente et laissait place à un nouveau mouvement. Mais hors les assauts que lançait l'intelligentsia, aucune opposition populaire ne s'était constituée. La situation sociale n'était pas ressentie par la majorité de la population qui la supportait pourtant le plus durement. Aussi, le défaut de soutien populaire avait-il permis au pouvoir de défaire l'une après l'autre les vagues protestataires de l'intelligentsia qui prétendait parler au nom de la société tout entière.

L'isolement de l'intelligentsia, l'action dans un pays où les libertés politiques n'existaient pas, où cette action n'était jamais récompensée par un progrès de la vie politique, les conditions difficiles de la clandestinité, tout cela explique que l'opposition se soit enfermée dans une pensée totale, sectaire et toujours extrémiste, dans la mesure même où elle ne pouvait raisonner en liaison avec la réalité.

Toutefois, au début du XXe siècle, le mouvement d'opposition connut une profonde transformation. Limité jusque-là à la couche étroite de l'intelligentsia, il se transforme en un vaste mouvement populaire. Les masses entrent en action parce qu'elles prennent conscience de la force décisive qu'elles représentent, même si elles ne perçoivent pas encore clairement les problèmes réels qui sont les leurs. Aussi dans la période de près de vingt années qui s'étend de 1900 à 1917, il importe de dégager les quatre étapes de cette évolution :

– *de 1900 à 1905*, c'est la phase de différenciation des forces politiques ;

– *de 1905 à 1907*, c'est le temps de la révolution, de l'élan révolutionnaire et de la prise de conscience des masses ;

– *de 1907 à 1911*, le reflux révolutionnaire permet au pouvoir de comprendre l'urgence et la nécessité des solutions susceptibles d'empêcher un nouveau sursaut analogue à celui de 1905 ;

– *de 1911 à 1914*, c'est le moment de tous les possibles pour la Russie ; on peut se diriger aussi bien vers la révolution que vers l'intégration du mouvement révolutionnaire avant que le déclenchement de la guerre ne vienne briser à la fois les chances de révolution et les chances d'intégration.

I. La différenciation des forces politiques (1900-1905)

Deux éléments fondamentaux peuvent être retenus pour cette période : d'une part, la diversification de l'opposition qui, pour la première fois, ne se présente plus sous la forme d'un seul mouvement qui succède à un autre mais sous l'aspect d'une série de tendances diverses liées aux différents groupes sociaux, et, d'autre part, la tentative du pouvoir d'endiguer cette opposition par d'autres moyens que la seule répression.

Le pouvoir doit ainsi faire face aux premiers partis organisés : le Parti social-démocrate, le Parti socialiste-révolutionnaire et, à l'arrière-plan, le grand Parti libéral qui apparaît après la révolution de 1905 mais dont les prémices se font jour dès 1900.

A. Le Parti social-démocrate

Le Parti ouvrier social-démocrate russe (POSDR) est né pratiquement en 1883 du Groupe de l'émancipation du travail qui s'était formé en exil autour de ses premiers chefs, Plekhanov, Zassoulitch, Axelrod et Deutsch. Cette origine donne son caractère au mouvement social-démocrate russe : ces intellectuels exilés sur les bords du lac Léman se perdent en discussions théoriques et n'ont plus guère d'attache avec la Russie réelle des travailleurs au nom de laquelle ils prétendent pourtant parler. Ni Plekhanov ni Axelrod ne connaissent les difficultés de la vie clandestine en Russie. Ils réalisent mal les problèmes concrets qui se posent là-bas.

En revanche, leur réflexion sur la question du capitalisme en Russie et sur une possible révolution est riche et stimulante. Vera Zassoulitch discutera même longuement et de manière très approfondie de la situation en Russie avec Karl Marx. Ce dernier a même étudié le russe afin de suivre au plus près l'évolution du mouvement socialiste russe et Engels, par la suite, tentera d'y porter la même attention. Mais les disciples russes de Marx et Engels demeurent proches des représentants de l'intelligentsia qui les ont précédés : ce sont des intellectuels exilés détachés de la réalité de leur pays. Leurs brochures diffusées en Russie sont trop théoriques et trop éloignées des intérêts immédiats de la classe ouvrière russe pour être bien comprises par les ouvriers.

Or, au même moment, dans l'Empire russe, un mouvement révolutionnaire se développe au nom de la social-démocratie. Il a d'abord pris son essor au sein de deux groupes minoritaires : les Polonais et les Juifs.

En Pologne, le mouvement a été précoce mais il s'est rapidement divisé. Du Parti socialiste polonais, défenseur passionné des intérêts du peuple polonais au sein de l'Empire russe, s'est détachée une fraction conduite par Rosa Luxemburg et Léo Jogishes qui, elle, s'oppose au caractère national des sociaux-démocrates polonais et revendique un internationalisme absolu. De cette scission naquit le Parti socialiste démocrate du royaume de Pologne, en fait un prédécesseur direct du mouvement social-démocrate russe.

De l'autre côté, le mouvement des ouvriers juifs organisé dans le Bund a paru évoluer en sens inverse du mouvement polonais de Rosa Luxemburg. Né en défendant les thèses assimilationnistes selon lesquelles le prolétariat juif trouverait dans l'organisation ouvrière un moyen d'intégration au sein de l'ensemble du prolétariat russe, il en vint à considérer ensuite que la social-démocratie ne pouvait, à elle seule, résoudre les problèmes de l'antisémitisme. Il fallait aussi défendre les intérêts de la minorité juive au sein de la social-démocratie. Ce passage d'une position assimilationniste et nettement prolétarienne à une position de défense des intérêts d'un groupe déterminé annonce les débats qui opposeront au sein du mouvement social-démocrate les partisans de l'internationalisme et ceux des diverses nationalités constituant l'Empire russe.

Malgré leur caractère local et limité géographiquement, le mouvement social-démocrate polonais et le Bund vont se développer rapidement en donnant l'exemple au prolétariat russe d'une organisation ouvrière à la fois active et efficace. Ils définissent un modèle. Ils donnent la preuve que quelque chose est possible au cœur même de cet empire autoritaire.

Lénine fut justement un de ceux qui prirent exemple sur les Polonais et sur les Juifs. Rentré en Russie avec quelques autres sociaux-démocrates pour animer les grèves et tenter de canaliser le mouvement ouvrier, il en était venu à constater que les bavardages intellectuels au bord du lac Léman étaient inefficaces pour qui voulait encadrer le mouvement ouvrier et lui donner une véritable force contre l'autocratie. Une organisation capable de résister aux conditions difficiles du régime intérieur s'imposait. Pour réagir contre l'inaction des sociaux-démocrates exilés mais aussi pour faire face à la concurrence des autres groupes politiques qui rivalisent dans l'encadrement des masses ouvrières, Lénine s'oriente dès 1900 vers l'idée d'une organisation centralisée du Parti. Il imagine même un organe centralisateur qui pourra, de l'étranger, diriger l'ensemble des organisations qui commencent à se créer en Russie.

Pour cela, il fonde le journal *l'Étincelle (Iskra)* qui paraît pour la première fois à Stuttgart le 24 décembre 1901. C'est le premier journal social-démocrate lancé et conçu comme un organe de combat : il n'est pas destiné à diffuser des idées sous forme théorique mais à porter les mots d'ordre des sociaux-démocrates dans tous les groupes organisés de Russie dont il doit constituer le centre de rassemblement. Quelques mois plus tard, le fameux ouvrage *Que faire ?* développe les idées de Lénine concernant l'organisation d'un parti politique dans un pays aussi peu développé que la Russie. Faute d'un degré d'industrialisation suffisant, considère Lénine, la classe ouvrière ne peut avoir une conscience naturelle de sa condition. En ce sens, le spontanéisme de la classe ouvrière est un des dangers les plus graves qui pèsent sur le développement d'une conscience révolutionnaire. Lénine redoute tout spécialement cette forme de révolutionnarisme spontané qui, sans aucun mot d'ordre, est apparu à travers les grèves qui se multiplient en Russie entre 1900 et 1905.

D'ailleurs, le peu de cas qu'il fait des capacités révolutionnaires de la classe ouvrière ne s'applique pas au seul exemple de la Russie. D'une manière générale, il considère que la véritable conscience de classe doit être apportée de l'extérieur par ceux qui sont mieux à même de percevoir la totalité des problèmes de la société. Il retrouve ainsi le rôle de l'intelligentsia comme fer de lance de la révolution. Mais cette élite révolutionnaire devra être formée de révolutionnaires professionnels, entraînés aux conditions requises par la clandestinité. Ils devront être rassemblés dans une organisation autoritaire et centralisée, exclusive de tout verbalisme.

Curieusement, les idées contenues dans *Que faire ?* n'ont pas soulevé de tollé au sein du mouvement social-démocrate. Certes, Plekhanov et les autres socialistes considèrent en général que Lénine insiste à l'excès sur le caractère aventureux du spontanéisme ou sur le centralisme absolu du Parti mais, tous, reconnaissent la logique de la démonstration. En fait, tous adhèrent au contenu général de l'ouvrage car ils ne veulent pas sortir éternellement vaincus des mouvements et des tentatives d'insurrection. La nécessité d'une organisation forte et centralisée, créée en dehors de la classe ouvrière, capable de la diriger, s'est imposée.

Pourtant, en 1903, au Congrès de Bruxelles, une scission eut lieu sur la qualité des membres du Parti. Fallait-il recruter exclusivement des militants professionnels ou accepter toutes les personnes qui se réclameraient des idées sociales-démocrates ? Martov notamment défendait contre Lénine la conception d'un Parti plus ouvert et capable de constituer une base élargie. Mais les divergences sur les principes organisateurs du Parti se doublaient d'une discussion sur la direction du mouvement et c'est sur cette question de personne que le divorce a tendu à s'accroître.

Ainsi, les futurs mencheviks, partisans d'une ouverture plus grande du Parti sur le mouvement ouvrier, étaient majoritaires au début du Congrès avant de se retrouver minoritaires à la fin, après une série de départs, de divisions et de fractionnements intervenus à la suite de discussions sur les procédures et les modalités de vote. La salle du Congrès avait été en partie désertée par les adversaires de Lénine. Celui-ci, de minoritaire, devenait majoritaire. Mais sa majorité était une majorité accidentelle, une majorité de congrès : les « minoritaires » conservaient la majorité réelle au sein du Parti.

Ce fait n'est pas de pure anecdote. Il recouvre un clivage profond qui opposera mencheviks et bolcheviks. D'un côté, la volonté d'un groupe minoritaire de se baptiser majorité dénote un volontarisme extrême qui caractérise toute l'œuvre de Lénine de 1900 à 1917 et qui le conduira à la prise du pouvoir en 1917. De l'autre côté, un groupe majoritaire démontre un respect scrupuleux des bulletins de vote et du décompte des voix, s'oppose avec véhémence aux méthodes peu regardantes de Lénine mais trahit par là une certaine paralysie quand il faut faire face à des combats politiques.

Ainsi, lorsque Lénine se trouve mis en minorité à la rédaction de *l'Étincelle (Iskra)* après avoir été à la tête de l'organisation du Parti et du journal à la suite du Congrès de 1903, il n'accepte pas la légalité du verdict comme l'auraient fait les mencheviks mais décide de se retirer. Puisque les bolcheviks ne détenaient plus la majorité dans le journal du Parti, il ne lui reconnaît plus le rôle d'organe central et crée tout seul un autre journal, *En avant (Vperiod)*. Dès le début, Lénine est animé de l'idée simple et nette qu'il détient la vérité. Ses rapports avec les mencheviks sont marqués par un volontarisme permanent que ces derniers n'ont jamais compris. Ils considèrent l'activisme de Lénine comme une sorte de maladie infantile de la social-démocratie obligée de s'organiser dans des conditions difficiles. Lorsque le Parti se sera développé, ces divergences de méthodes s'effaceront d'elles-mêmes. D'ici là, il vaut mieux faire preuve d'une certaine indulgence. Cette indulgence, précisément, conduira les mencheviks à l'abîme.

B. Le Parti socialiste-révolutionnaire

Aux côtés du Parti social-démocrate, apparaît à la même époque un autre grand parti : le Parti socialiste-révolutionnaire. C'est l'héritier direct des populistes.

Lorsque les populistes ont compris, dans les années 1870-1880, que leur lutte demeurerait vaine, faute du soutien de la paysannerie, ils voulurent substituer à l'appui sur une classe l'appui sur leur propre énergie. Ils choisirent les solutions terroristes. Ils abandonnèrent leur premier parti, le Parti de la terre et de la liberté *(Zemlia i Volia)* pour créer le Parti de la liberté du peuple *(Narodnaia Volia)* dont la principale activité aura été d'assassiner Alexandre II. Cependant, leurs buts étaient plus larges. Ils voulaient former eux aussi un parti révolutionnaire.

Ainsi du mouvement terroriste la Liberté du peuple, naquit le mouvement socialiste-révolutionnaire. Il se caractérisait à la fois par la confiance dans la paysannerie et le rôle privilégié accordé à l'action terroriste pour abattre le régime. Cette double orientation fut la cause de multiples fractures à tel point que le Parti socialiste-révolutionnaire ne pourra être un concurrent efficace des sociaux-démocrates au moment des choix décisifs qui marqueront la période de février à octobre 1917.

C. Les réponses du régime

Face à la différenciation des forces politiques d'opposition au sein de l'intelligentsia comme au sein de la bourgeoisie – les tentatives d'organisation d'un parti libéral –, le pouvoir cherche lui-même à réagir. L'Empire russe en effet était loin d'être un bloc monolithique. Il n'y avait pas face à face un pouvoir autocratique fermé à toute évolution, courant droit à l'abîme, et un Parti bolchevik fin prêt à triompher. La maturation du XIXe siècle a conduit à une diversité de forces politiques qui laisse place à des possibilités multiples pour la vie politique comme pour le pouvoir. Le régime n'est pas aveugle : il a senti l'approche d'une révolution. Il a compris qu'il ne s'agissait plus seulement de faire face à des intellectuels divisés mais à la force décisive incarnée par le prolétariat russe qui multiplie les grèves dans les années qui précèdent 1905.

Le pouvoir est décidé à agir vite. Il tente d'intégrer le prolétariat en lui accordant des libertés qu'il avait toujours refusées aux intellectuels. Sans aller jusqu'à concéder la liberté politique, il offre aux ouvriers des libertés syndicales dont il espère qu'elles pourront détacher le prolétariat des forces extrémistes qui prétendent le représenter. A la veille de la révolution de 1905, on aboutit ainsi à une certaine légalisation du droit de grève. Mais, comme souvent lorsqu'un régime autoritaire essaie de desserrer son étau en accordant une part de liberté, la manœuvre se retourne contre lui : au lieu d'empêcher ou de retarder la révolution, elle n'a fait que l'accélérer.

De l'autre côté, le régime a favorisé l'infiltration du mouvement ouvrier par des policiers chargés de canaliser les grèves après les avoir déclenchées. Cette idée d'un socialisme policier défendue par Zoubatov était elle aussi plus que périlleuse. Les policiers pris dans leurs rôles imbriqués de provocateurs, organisateurs, indicateurs, ont souvent eu tendance à être absorbés, menés, dépassés par le mouvement qu'ils prétendaient organiser. Dès 1903-1904, le gouvernement tenta de reculer et d'interdire le socialisme policier. Mais il était trop tard : Zoubatov était relayé par le prêtre Gapone, lui-même indicateur de police selon toute vraisemblance, et, surtout, principal organisateur de la manifestation ouvrière du dimanche rouge de janvier 1905 qui marque le déclenchement de la révolution de 1905. Ainsi, grâce au socialisme policier, les masses ouvrières bien loin d'être contenues ou freinées, avaient bénéficié de remarquables conseillers prêtés par la police.

II. La révolution de 1905

La particularité de la révolution de 1905 fut d'être véritablement le triomphe de ce spontanéisme rejeté par Lénine, d'être le fait des masses ouvrières et non des partis qui commençaient à peine à s'organiser.

Par le nombre croissant des grèves depuis 1900, le mouvement ouvrier avait en effet pris conscience de sa force. En 1905, il y eut trois millions de grévistes dans l'ensemble de l'Empire russe. En 1906, une grève générale paralysa le pays. Issu directement de la masse ouvrière russe, le mouvement rencontra un enthousiasme extraordinaire pendant plusieurs mois. La Russie entière était dans la rue, dans les meetings, dans les soviets. Mais ce sont les raisons du déclin qui intervient dès la fin 1905 plutôt que le déroulement de la révolution qu'il importe d'étudier.

Au-delà de l'explosion de tout un peuple, le drame de la révolution de 1905 et la cause fondamentale de son échec sont de n'avoir trouvé personne pour la conduire. De ces partis qui étaient apparus dans la période précédente, aucun n'a su être l'artisan de la victoire, aucun n'a su se mettre à la tête du prolétariat russe et penser la prise du pouvoir. Si l'on retrouve un certain nombre de mencheviks au sein des soviets, les bolcheviks se sont trouvés, eux, désemparés devant la spontanéité du mouvement. Prisonniers de leur propre organisation clandestine, demeurés relativement éloignés du prolétariat, ils sont peu présents dans le mouvement. De la même manière, les socialistes-révolutionnaires ont été dépassés par les événements dans la mesure où ils avaient mis tous leurs espoirs dans un soulèvement de la paysannerie. Enfin, le Parti libéral naissant était beaucoup trop divisé en tendances diverses, et trop incertain de ses conceptions concernant l'avenir de la Russie, pour pouvoir prendre la tête de la révolution. Après les premiers mois de mobilisation au cours desquels le peuple a appris à s'organiser et à se diriger tout seul, le mouvement décroît faute de direction et d'objectif. De lassitude, les ouvriers sont retournés travailler.

La seconde grande cause de l'échec de la révolution de 1905 tient dans son caractère limité géographiquement et socialement. Elle demeure un mouvement des villes et non des campagnes. Le profond malaise qui se fait jour depuis 1902 dans le milieu rural n'a pas entraîné les paysans aux côtés des villes. L'attente des socialistes-révolutionnaires est complètement déçue. De même, l'armée, malgré la défaite contre le Japon et un état de démoralisation général, n'a pas suivi les manifestants : elle est demeurée aux côtés du pouvoir. Mais si la révolution a échoué devant la répression, celle-ci fut possible dans la seule mesure où le mouvement ne paraissait déboucher sur rien, n'avait pas d'objectif ou de programme. La répression a suffi pour démoraliser le peuple insurgé. La carence complète de l'opposition politique constitue bien la raison essentielle de l'impasse de la révolution.

Le repli sur soi du mouvement révolutionnaire apparaît clairement à travers les chiffres des grévistes. De trois millions de grévistes permanents en 1905, on passe à deux millions en 1906 et à 700 000 en 1907. En 1910, au point le plus bas, on ne compte plus que 43 000 grévistes, chiffre dérisoire pour un pays aussi immense que la Russie où le nombre d'ouvriers ne cesse d'augmenter.

Le pouvoir a repris la situation en main par la répression. Il y ajoute cependant des concessions politiques d'une extrême importance. En octobre 1905, conseillé par les libéraux, et bien que lui-même partisan de la manière forte, l'empereur s'est engagé dans la voie des réformes au travers du Manifeste d'Octobre. Les libertés civiles et individuelles, la création d'une Assemblée législative, la Douma, offrent aux masses désemparées et sans chefs la perspective séduisante de voir transformer le régime en une monarchie constitutionnelle. Si les promesses du Manifeste sont effectivement appliquées, une première forme de vie politique légale paraît possible.

III. Le reflux révolutionnaire et les débuts d'une vie politique légale (1907-1911)

Les concessions faites par le pouvoir en 1905 ont beaucoup contribué à la démoralisation du mouvement révolutionnaire. A partir du moment où la révolution décroît, autour de 1906-1907, la situation de l'Empire russe apparaît assez complexe avec, d'une part, des masses désemparées, amères, qui ont manqué leur révolution et, d'autre part, des chances réelles de transformation du pays et du régime. Quels que soient les freins qu'on ait mis au fonctionnement de la Douma ou les manipulations de la loi électorale pour la désignation des Assemblées successives, l'existence même de réformes et d'un Parlement donnait la possibilité aux partis de s'exprimer ouvertement. Avec des partis reconnus comme tels et une véritable vie politique, le changement devenait possible.

A. La naissance du Parti constitutionnel-démocrate

La nouveauté vint d'abord du Parti libéral qui n'avait jamais pu se créer officiellement et qui voit le jour en même temps que le Manifeste d'Octobre en 1905, sous le nom de Parti constitutionnel-démocrate et sous la direction de Milioukov. A son origine, il se présente comme un parti libéral tout en adoptant des positions beaucoup plus radicales que nombre de partis libéraux occidentaux. Il ne prend pas position sur la forme du régime qu'il estime souhaitable. Il lutte dans le cadre d'une monarchie supposée constitutionnelle sans indiquer ses préférences, même si un certain nombre de déclarations laissent entendre qu'il est plutôt favorable à l'abolition de la monarchie. En fait, il réclame surtout le maximum de pouvoir pour la Douma ainsi que la désignation d'un gouvernement responsable devant elle, ce qui représenterait un changement total des mœurs politiques de la Russie.

Par ailleurs, le Parti constitutionnel-démocrate a été fortement impressionné, beaucoup plus que ne l'ont été les bolcheviks, par le courage dont ont fait preuve les ouvriers russes. Il contribue à nourrir une certaine légende de l'héroïsme révolutionnaire. Il tend même à faire passer la défense de la classe ouvrière avant les intérêts des possédants fonciers qui constituent pourtant la composante majoritaire du Parti, à tel point qu'il effraie quelque peu la bourgeoisie dont il est l'émanation.

Il réussit cependant à emporter le tiers des sièges aux élections de la première Douma. Il est d'emblée une grande force parlementaire. En comparaison, le Parti social-démocrate trahit une grande faiblesse. Le drame de la vie politique russe à peine amorcée tient en cela : le Parti KD ne répond pas aux aspirations de ses mandants qui aspirent à une certaine stabilisation sociale, et les autres partis politiques, dans la période de reflux révolutionnaire, entre 1907 et 1911, ne cessent de s'affaiblir à travers des querelles intestines et ne représentent plus de forces réelles. C'est le cas du Parti social-démocrate comme celui du Parti socialiste-révolutionnaire et de tous les autres partis qui avaient fleuri en 1905. Au lieu de susciter une vie politique intense, l'ensemble des courants de l'opposition révolutionnaire ne font qu'aggraver la démobilisation du prolétariat russe.

B. La division du Parti social-démocrate

La période 1905-1911 est pour le Parti social-démocrate une phase d'affrontements qui prolongent le conflit bolchevik-menchevik. Si, avant 1905, les oppositions entre les deux tendances portaient sur l'organisation du Parti, elles vont dorénavant concerner la raison d'être du mouvement social-démocrate : les objectifs et la tactique de la révolution. Les mencheviks, prenant acte de l'échec de 1905, constatent qu'une révolution socialiste est impossible dans les conditions de la Russie du début du xxe siècle. Ils ont dès lors tendance à assigner comme but fondamental à la social-démocratie la préparation d'une véritable révolution bourgeoise. Sur ce point d'ailleurs, tous les partis se trouvent d'accord. Ils continuent de refuser en revanche toute forme de coopération avec un parti bourgeois au pouvoir car ils considèrent que la bourgeoisie constitue une force qui finira toujours par se retourner contre le prolétariat dont les mencheviks ont épousé la cause. Ils ne veulent en fait ni effrayer la bourgeoisie qui pourrait être tentée par des solutions autoritaires ni décevoir le prolétariat et se discréditer par une alliance contre nature. Ils veulent favoriser l'accès de la bourgeoisie au pouvoir tout en se maintenant eux-mêmes à l'extérieur du pouvoir.

Curieusement, la position de Lénine est plus nuancée. Il est frappé non pas tant par l'impossibilité de faire une révolution socialiste et la nécessité de réaliser une révolution bourgeoise, mais surtout par l'importance de la paysannerie qui a fait si cruellement défaut à la révolution de 1905. La révolution est, selon lui, impossible en Russie sans l'appui et la participation de la paysannerie et il défend du même coup non pas une révolution bourgeoise mais l'idée d'une démocratie révolutionnaire des ouvriers et des paysans auxquels pourraient venir se joindre les éléments les plus avancés de la bourgeoisie. Lénine se sépare ainsi des mencheviks en considérant que la bourgeoisie ne forme pas une classe monolithique mais qu'elle est au contraire composée de plusieurs couches intermédiaires dont certaines peuvent se retrouver du côté du prolétariat. Dans cette mesure, il faut attirer plutôt que rejeter tous ceux qui peuvent avoir des intérêts communs avec les ouvriers. Lénine accepte donc, à la différence des mencheviks, une certaine marge de coopération avec une partie au moins de la bourgeoisie.

Un tel débat montre à quel point les termes classiques de droite et de gauche sont tout à fait inadéquats. Les mencheviks, qui refusent toute coopération avec la bourgeoisie, devraient être considérés comme de gauche alors que Lénine, partisan d'une certaine forme d'entente, pourrait être placé à droite. En fait, Lénine, d'une certaine manière, est situé plus à gauche que les autres sociaux-démocrates. Mais tout cela révèle que l'on ne peut pas rendre compte de la situation réelle de la Russie de 1907 à l'aide de mots aussi simples.

A cette querelle de fond s'ajoutent pour les sociaux-démocrates des querelles apparemment plus secondaires mais qui vont miner les chances d'entente à l'intérieur du mouvement alors même que, depuis la période euphorique de 1905-1906 et le Congrès de Stockholm, mencheviks et bolcheviks avaient paru se réconcilier.

En fait, malgré son prolongement jusqu'en 1912, la réconciliation demeurait de pure forme. Lénine n'y croyait guère. Les multiples sujets de division aggravèrent le discrédit du mouvement social-démocrate russe au sein de l'Internationale. Ils portèrent par exemple sur les questions électorales. Fallait-il participer aux doumas alors que celles-ci avaient été successivement dissoutes par le tsar et que la loi électorale avait rétréci progressivement leur base ? Curieusement, c'est à la fin, au moment où la Douma apparaît la plus restreinte dans ses pouvoirs comme dans sa composition que les bolcheviks, très réticents au début, participeront le plus largement aux élections.

Bolcheviks et mencheviks considèrent les uns comme les autres que les doumas n'ont aucune valeur constitutionnelle mais ils se séparent sur la tactique à observer en ce qui concerne la participation. Les mencheviks sont plutôt favorables à un certain compromis dans la mesure où l'époque de la révolution étant, selon eux, éloignée, il faut utiliser toutes les possibilités de combat qui existent, y compris les moyens légaux. Il vaut mieux ne pas laisser les autres partis occuper le devant de la scène politique.

Les bolcheviks s'opposent à cette conception. Si certains d'entre eux acceptent une participation limitée, considèrent la Douma comme une tribune pour faire entendre les idées de la social-démocratie, la majorité est séduite par la tendance incarnée par le Groupe de Capri rassemblé autour de Gorki, qui s'oppose totalement à la participation électorale et à toute autre action légale, considérant que la social-démocratie ne peut que se discréditer par une coopération sans raison avec la bourgeoisie.

Quant à Lénine, dans cette période, il occupe une position intermédiaire. Il semble qu'il ait toujours été partisan d'utiliser toutes les formes de lutte et toutes les possibilités d'expression publique offertes au Parti. Dans les années 1910, il est proche de la majorité du mouvement favorable à une participation à la Douma.

Aux controverses électorales, viennent s'ajouter des querelles financières, plus sordides, mais qui, elles aussi, au-delà de leur intérêt anecdotique et psychologique, trahissent la différence entre le bolchevisme et le menchevisme. Pour un parti qui prétend conquérir un pays et qui a besoin pour s'imposer de moyens matériels conséquents, la question de l'argent constitue bien le nerf de la lutte. Or, pour cela, les cotisations des militants n'ont jamais pu à elles seules couvrir les besoins imposés par l'impression et la diffusion plus ou moins illégale des journaux, très souvent saisis. Le Parti avait besoin d'un trésor de guerre et celui-ci constitua un enjeu décisif dans la lutte entre les deux tendances des mencheviks et des bolcheviks : qui détenait la caisse détenait les clés de la propagande et de l'action à l'intérieur de la Russie.

Aussi tout le monde cherchait de l'argent. Les dons de généreux bourgeois partisans des idées sociales-démocrates, devinrent une source de tension extrême au sein du Parti. Dès avant la révolution de 1905, la fortune du riche négociant Morozov avait été réclamée par Lénine quand il s'était retrouvé, pour un temps, à la tête de la majorité. Plekhanov qui détenait l'argent le lui avait refusé.

En 1904 et surtout après 1906, Lénine, qui avait besoin de ressources pour recruter des militants, utilisa les « expropriations », opérations au cours desquelles Staline fit ses premières armes et tira même l'origine de sa gloire. Demeurées plus ou moins secrètes pendant un temps, sujet d'indignation pour les mencheviks, le débat fut porté au grand jour après l'expropriation de Tiflis en 1907. Plekhanov demanda qu'on expulse la « racaille du Parti » et l'accord de 1906 fut un moment menacé. La rupture fut évitée de justesse. Lénine fit semblant de ne pas être au courant, désavoua les expropriateurs, conserva l'argent.

Il renonça d'autant plus aisément à cette méthode qu'il avait obtenu une autre source de revenus. En 1906, un riche étudiant, Schmitt, avait légué sa fortune au Parti social-démocrate après s'être suicidé. Les bolcheviks réussirent à capter l'héritage en courtisant les deux sœurs de Schmitt alors que les mencheviks avaient rejeté ces procédés jugés peu vertueux. Le résultat est que, dans ces années d'organisation et de diffusion, les mencheviks n'avaient guère de ressources face aux bolcheviks qui bénéficiaient de moyens beaucoup plus importants pour atteindre les masses.

Toutes ces querelles, doctrinales, tactiques, financières et morales, aboutirent à une dégradation progressive des relations entre les deux tendances et à la rupture de la conférence de Prague de 1912. Au cours de cette réunion, les bolcheviks obtinrent la majorité des suffrages internes grâce à leur prépondérance au sein des comités russes. En revanche, les mencheviks obtenaient le soutien moral de l'ensemble de la social-démocratie européenne qui attribuait aux partisans de Lénine la responsabilité des querelles permanentes au sein du mouvement russe.

C. L'évolution des autres forces politiques

Une dégradation comparable frappe les socialistes-révolutionnaires. Ils se divisent en tendances multiples qui vont des adeptes du terrorisme aux partisans d'une action légale et modérée en direction de la paysannerie. De tels désaccords aboutissent même à de véritables scissions telles que celle provoquée par Alexandre Kerenski. En fait, dans ces années, le Parti socialiste-révolutionnaire se trouve à la fois coupé de la paysannerie et des sociaux-démocrates. Le même type de divisions et de querelles internes se retrouve d'ailleurs chez les anarchistes.

De son côté, le pouvoir, à la différence des partis, ne perd pas de temps et tente de regagner le terrain perdu en 1905. Sur le plan constitutionnel, malgré la révision des lois électorales, le régime réussit à rallier une certaine partie de la bourgeoisie, du moins dans un premier temps. D'autre part, il s'efforce de dissocier les forces révolutionnaires. Il fait porter ses efforts sur la paysannerie. Il considère que les communes rurales ne jouent plus leur rôle de stabilisateur social. Il craint de voir la paysannerie devenir une véritable force de révolution. Le pouvoir cherche ainsi à substituer au sens communautaire des paysans, le sens de la propriété capitaliste.

En cela, il réussit. Une certaine conscience de la propriété paysanne se développe très rapidement et on encourage par ailleurs les paysans à s'expatrier en Sibérie pour y faire fortune. Du coup, la paysannerie connaît une agitation certaine après 1905 et elle se dissocie en groupes multiples : d'un côté, ceux qui ont acquis quelque chose, de l'autre, ceux qui n'ont rien acquis et qui vont grossir dans les villes le flot des mécontents.

Le régime croit aussi pouvoir gagner de vitesse la classe ouvrière. Il cherche à accélérer le rythme de l'industrialisation tout en voulant assurer une situation meilleure aux ouvriers. Là aussi, il semble réussir : le taux de croissance industrielle se maintient autour de 5 % de façon continue de 1885 à 1913, performance remarquable compte tenu de la longueur de la période. Des secteurs de pointe apparaissent avec la métallurgie et le pétrole. La concentration industrielle s'accentue. Par le développement et la concentration, la surveillance et le contrôle de la classe ouvrière apparaissent plus aisés. En fait, par sa politique, le pouvoir permet un regroupement encore plus marqué des ouvriers et encourage leur mobilisation. Dès 1912, le mouvement ouvrier commence de nouveau à s'activer.

Enfin, le gouvernement intervient aussi en faveur de

l'armée dont la loyauté en 1905 a été l'élément décisif de la survie du régime. Aussi, dans la période 1911-1912, on peut avoir l'impression que la crise a été surmontée et que l'Empire russe repart sur de nouvelles bases saines et solides.

IV. Vers la révolution (1911-1914)

En fait, à partir de 1912, au moment où l'Empire semble rétabli, au moment où les mouvements révolutionnaires et les partis d'opposition semblent être désagrégés par leurs querelles intestines, la Russie retrouve cette ébullition qu'elle avait connue avant 1905.

D'importants mouvements de grève réapparaissent et vont croissant jusqu'en 1914. Une atmosphère révolutionnaire renaît. Alors que la Russie offre pour l'extérieur l'image d'une puissance militaire et industrielle, on compte 2 millions de grévistes dans les six derniers mois qui précèdent le déclenchement de la guerre. Certes, le mouvement sera stoppé net par les hostilités et la mobilisation mais il existe, il prouve la réapparition d'une aspiration spontanée à la révolution et il trahit de nouveau l'incapacité des partis d'opposition à orchestrer le mouvement.

En 1914, toutes les perspectives demeurent ouvertes à la Russie. D'un côté, une perspective révolutionnaire paraît renaître, de l'autre, le pouvoir est plus fort qu'il ne l'a été en 1905, il s'appuie sur une véritable puissance industrielle. A cette date, tous les partis politiques sont d'une égale faiblesse et aucun ne paraît devoir être privilégié dans la révolution qui s'engagera trois ans plus tard.

Les sociaux-démocrates tout particulièrement se retrouvent divisés entre mencheviks et bolcheviks depuis 1912 et le seront encore au moment du déclenchement de la révolution. Pourtant, sur le fond, peu de chose les sépare : leur division relève plutôt du procès d'intention. Les bolcheviks accusent les mencheviks d'être des « liquidateurs » du Parti social-démocrate en voulant substituer à la lutte révolutionnaire l'action légale. En fait, les mencheviks sont hantés par l'idée que l'action légale puisse déboucher sur la disparition du Parti ; ils demeurent attachés aux principes révolutionnaires.

Lorsqu'un compromis paraît menacer le but ultime de la révolution, ils sont les premiers à le rejeter ; comme Lénine, ils considèrent l'action légale comme un moyen susceptible d'aider le mouvement révolutionnaire mais qui lui demeure subordonné. De même, ils ne sont pas des réformistes comme on les a parfois traités. Certes, ils considèrent que la révolution bourgeoise est une phase nécessaire au développement de la Russie et, face au renforcement de l'Empire et du régime, ils ont la conviction que la révolution ne pourra se déclencher sans un incident extérieur, c'est-à-dire une guerre. Mais, en même temps, pour eux, tout conduit à la préparation de la révolution pour le jour où elle deviendra possible.

Entre 1912 et 1914, dans la période même où la rupture est totale entre les deux tendances sur le plan de l'organisation, les positions politiques et les conceptions tactiques, elles, se rapprochent. C'est le moment où Lénine prône la participation électorale. Le moment aussi où il encourage le noyautage des syndicats, alors qu'il avait négligé jusque-là l'action syndicale. C'est le moment aussi où les mencheviks considèrent comme indispensable l'action clandestine d'un parti organisé et professionnel : jamais ils n'ont considéré comme aussi nécessaire la préparation de la révolution. Pourtant, les querelles d'hommes et les différences de tempérament sont plus fortes et toute réconciliation s'avère impossible.

Un élément joue en faveur cependant des mencheviks, c'est la lassitude de la classe ouvrière devant des querelles qui ne font que l'affaiblir. Dans les années 1910-1914, les pétitions d'ouvriers russes auprès des dirigeants de la social-démocratie se sont multipliées, réclamant l'unité du mouvement et la fin des divisions : la scission de la fraction sociale-démocrate de la Douma provoquée en 1912 par Lénine suscite une désapprobation générale de la classe ouvrière.

Les ouvriers russes ne sont pas les seuls à être excédés par les divisions dont on attribue la responsabilité principale aux bolcheviks. L'Internationale se sent elle aussi concernée. La correspondance des dirigeants de l'Internationale trahit un mépris profond pour la social-démocratie russe et ses querelles sordides. En 1914, elle décide d'intervenir en obligeant de gré ou de force les sociaux-démocrates russes à se réconcilier ou à expulser hors de son sein les perturbateurs. Elle vise tout particulièrement Lénine et ses partisans. Si Lénine refuse de s'aligner sur les positions qui doivent être adoptées au congrès prévu à Vienne pour le mois d'août 1914, s'il refuse la réconciliation, il devra quitter la social-démocratie. Ainsi, à la veille de la guerre, après des années de conflits où les mencheviks s'étaient montrés incapables de lutter à armes égales contre les bolcheviks, ils se retrouvent forts du soutien de la classe ouvrière, de l'appui de l'Internationale tout entière et sont prêts à imposer au mouvement social-démocrate russe une unification autour d'eux afin de pouvoir jouer un véritable rôle comme parti large et puissant dans l'arène politique russe.

L'espoir du menchevisme ne put être réalisé. La guerre intervint pour briser net un tel élan vers l'unité et l'élargissement de la social-démocratie russe. Mais, à cette date, toutes les virtualités demeuraient ouvertes. La voie de la révolution russe et du triomphe de Lénine n'était ni inéluctable ni tracée d'avance. La voie d'un développement capitaliste et d'un régime constitutionnel restait possible. La voie d'une victoire du menchevisme au sein du mouvement social-démocrate était encore probable. D'une certaine manière, la voie la moins évidente à la veille de la guerre de 1914 était précisément celle du triomphe de la fraction bolchevik.

3

La révolution de 1917

On divise souvent en deux parties le schéma de la révolution russe : d'un côté, une révolution bourgeoise, celle de février ; de l'autre, une révolution socialiste, celle d'Octobre. On y ajoute une seconde version traditionnelle selon laquelle toute l'histoire de la période révolutionnaire est une lente marche du Parti bolchevik vers le pouvoir à travers une lutte permanente menée contre les mencheviks, partisans de la révolution bourgeoise.

Le schéma est en grande partie inexact. Trois et non deux révolutions ont eu lieu : une révolution bourgeoise, une révolution socialiste et une troisième que l'on a trop tendance à oublier bien qu'elle soit fondamentale, une révolution nationale. Ces trois révolutions ne sont pas divisées selon une coupure temporelle mais se répartissent selon les caractéristiques de l'espace russe. La révolution bourgeoise est une révolution des campagnes, la révolution socialiste est, pour l'essentiel, un mouvement des villes et la révolution nationale concerne la périphérie de l'Empire. Plus encore, révolution bourgeoise et révolution socialiste ne sont pas successives mais coexistent dans le temps. Février est déjà, à bien des égards, une révolution socialiste tandis que la révolution bourgeoise se poursuit longtemps encore après la rupture d'octobre.

Aussi, le schéma classique doit être abandonné dans la mesure où il ne permet pas de comprendre la suite logique des événements.

I. L'apparition d'une situation révolutionnaire

La révolution de février 1917 ne peut s'expliquer qu'en fonction d'une situation révolutionnaire qui présente des éléments de type classique et d'autres qui le sont beaucoup moins.

Comme souvent, on retrouve les circonstances privilégiées d'une révolution : une grande catastrophe militaire, une pression économique et la déliquescence du pouvoir.

L'ampleur de la défaite militaire fut décisive à plus d'un titre, matériel autant que psychologique. Considéré comme une sorte de colosse que l'Europe entière admirait, l'Empire russe révèle en février 1917 sa faiblesse extrême et sa pauvreté. L'écroulement militaire marque précisément le début de la crise révolutionnaire.

Dès 1915, l'armée avait perdu presque immédiatement 150 000 tués, 700 000 blessés et 900 000 prisonniers. Le commandement militaire qui demeurait optimiste considéra les défaites comme de simples échecs passagers. Il suffisait d'appliquer les solutions de 1812 à la situation de 1915. Or la politique de la terre brûlée se révéla être un élément essentiel dans la progression de la révolution. Elle provoqua l'exode de la population civile vers le centre de la Russie où les villes furent envahies de gens qu'on ne pouvait ni loger ni nourrir. Avant même que la situation ne devienne révolutionnaire, une partie de la population, livrée à l'abandon, mécontente, aigrie, était révolutionnaire.

La même politique militaire avait provoqué par ailleurs la radicalisation des mouvements nationaux. A mesure de la succession des défaites et des retraites, la Lituanie, la Pologne, la Galicie étaient tombées entre les mains des puissances centrales qui s'empressèrent de jouer la carte nationale, préfigurant ainsi la politique de Hitler dans l'Union soviétique de 1941. En 1916, les Allemands parviennent ainsi à constituer une armée finnoise qu'ils lancent à l'assaut du régime tsariste. A la fin de la même année, ils offrent l'indépendance à la Pologne dans le but de constituer une armée polonaise antirusse. Toujours en 1916, à la conférence des Nationalités à Lausanne, les puissances centrales réussissent a retourner l'arme des nationalités contre l'Empire russe alors que la réunion avait été convoquée sur l'initiative des Alliés. La situation est telle en Russie au début de 1917 que le pouvoir tsariste avait perdu le contrôle de la périphérie de l'Empire dont une partie se retrouvait en état de révolte armée totale. Il y avait là une situation révolutionnaire, beaucoup moins connue que celle des villes, et pourtant au moins aussi aiguë.

La guerre était aussi directement responsable des difficultés de l'économie. Toute l'industrie avait dû être réorientée vers la construction des matériels militaires, entraînant une pénurie des biens d'équipement et, en réaction, le stockage des récoltes par la paysannerie. Dans les villes, la hausse des prix agricoles et industriels alors que les salaires stagnent provoque la dégradation des conditions de vie du prolétariat mais aussi des catégories intermédiaires. Ces dernières avaient constitué jusque-là un monde privilégié demeuré hostile à la révolution de 1905 : en février 1917, aigris par leur situation économique, elles vont se retrouver aux côtés des ouvriers dans les cortèges.

L'économie russe payait aussi les conséquences de la politique d'appel aux capitaux étrangers. S'ils avaient permis le développement de l'industrie russe, ils avaient placé le pays et le régime tsariste avec lui dans la dépendance de l'extérieur. Les capitalistes français et anglais qui constituaient les principaux investisseurs, suivaient de près l'évolution de la situation de l'Empire russe. Ils constataient l'incapacité du souverain à mener une politique victorieuse et s'inquiétaient plus encore des rumeurs de paix séparée que l'origine allemande de la tsarine pouvait alimenter. Le maintien de la Russie dans le camp des Alliés passait aux yeux de certains par un changement de régime. La cause révolutionnaire commençait à trouver des appuis à l'étranger.

La bourgeoisie libérale à l'intérieur s'orienta dans la même direction. Ses intérêts étaient liés au capital étranger et l'amenaient elle aussi à considérer la politique de défaite du gouvernement comme inacceptable. Elle se tournait vers une solution radicale contre le régime.

Les masses russes réagissaient encore plus fortement face au problème de la dette russe. Plus celle-ci s'accroissait, plus un soupçon se portait contre les gouvernements étrangers créanciers ; celui d'exiger, en compensation de l'aide financière, un engagement aveugle des troupes russes sur le front oriental. De plus en plus on accusait le gouvernement russe de livrer les troupes au capital étranger, de les faire servir de chair à canon pour payer une désastreuse politique d'investissements. Ce qui était facteur de développement et d'enrichissement dans la Russie d'avant-guerre, était devenu, à contresens, un argument en faveur d'un changement de régime.

Or ce régime était lui-même incapable de se défendre. Au fait classique, en temps de révolution, de la dissolution du pouvoir, s'ajoutait un fait plus original ; l'apparition de pouvoirs parallèles. Le souverain, dans l'impossibilité de faire face aux problèmes posés par la guerre, avait préféré transmettre l'essentiel du pouvoir à l'armée qui elle-même n'était pas prête à jouer un tel rôle. Très vite, le pouvoir paraissait s'évanouir. Les administrations et les bureaux se renvoyaient les uns les autres responsabilités et décisions. En 1917, la réalité du pouvoir n'existait plus.

Face à ce vide, les initiatives privées se sont multipliées au point de créer de véritables pouvoirs parallèles. Le Comité de la Croix-Rouge parmi les tout premiers exemples, s'était substitué au gouvernement impuissant pour faire face au problème des réfugiés et des soldats blessés qui avaient trouvé refuge dans les villes. Pour l'industrie, des comités urbains se chargèrent de rationaliser la production et le ravitaillement, ce qui fut le cas en particulier des comités de coopérateurs. En 1917, on pouvait compter déjà 35 000 comités de ce type regroupant 10 millions de personnes. Au moment où le pouvoir réel était en train de se dissoudre, la Russie s'autogouvernait et s'autogérait pratiquement toute seule. Dans un pays attardé qui n'avait jamais fait l'expérience de la participation au pouvoir, le peuple russe avait trouvé presque d'un seul coup les chemins d'un pouvoir à la fois autonome et efficace.

Le régime tsariste n'était pas le seul dépassé. Toute l'opposition tant légale qu'illégale se retrouvait prise de court. Lénine n'avait-il pas toujours refusé de considérer l'organisation spontanée de la masse du peuple russe ?

L'opposition légale était désarmée parce qu'elle demeurait confinée dans les limites de la seule Douma. La succession de quatre doumas, de plus en plus restreintes, avait discrédité l'institution parlementaire aux yeux du peuple russe. Elle ne paraissait ni représentative ni efficace. De fait, les membres de la Douma ont attendu les dernières semaines précédant la révolution pour envisager, sous la menace d'une dissolution, des solutions de rechange. Ils envisageaient une monarchie constitutionnelle mais ne prenaient guère en compte le mouvement croissant de la rue qui, selon eux, était inorganisé, sans objectif et sans chance d'aboutir. Ils se laissaient le temps de choisir le moment d'entrer en scène et ils furent, en fait, débordés et devancés par les forces populaires qui entrèrent spontanément en action, sans lien avec cette opposition légale.

Ce lien, les partis révolutionnaires ne réussirent pas mieux à le créer. En raison de leurs divisions et de leurs débats sur l'attitude à prendre face à la guerre, ils n'étaient guère en mesure d'agir. Les sociaux-démocrates hésitaient entre la position sociale-patriote défendue par Plekhanov et les arguments défaitistes de Lénine. Les socialistes-révolutionnaires ou les mencheviks, quant à eux, considéraient la guerre comme une chose effroyable, prônaient une paix sans annexion mais pas à n'importe quelles conditions. Il s'agissait d'agir non pas directement sur le terrain mais par l'intermédiaire de la Deuxième Internationale afin de convaincre tous les peuples de procéder à une paix générale. Conception totalement théorique pour le peuple russe qui se battait et considérait toutes ces discussions sur la paix internationale comme vaines et sans portée immédiate. En fait, les masses s'organisaient elles-mêmes et l'idée de révolution cheminait toute seule sans le secours d'aucun mot d'ordre.

II. La fin de la monarchie

Le pouvoir s'est écroulé en raison du mouvement spontané des masses mais aussi parce qu'il n'existait plus ou presque en tant que tel et parce que l'armée l'abandonnait. Les premiers surpris par le passage de l'armée du côté des manifestants, ont été précisément les chefs de parti, aussi bien les bolcheviks que les autres. Tant que l'armée n'avait pas lâché le pouvoir, ils ne croyaient pas dans les possibilités d'une révolution. Les *Mémoires* de Soukhanov – un des meilleurs ouvrages pour comprendre la révolution russe dans la mesure où il ne cherche pas à défendre une thèse plutôt qu'une autre – sont éloquents sur ce point : « Dans les premiers jours de la révolution de Février, raconte-t-il, je suis arrivé à mon bureau. Une dactylo m'a dit : "C'est la révolution." Je me suis assis sur ma chaise et j'ai pensé : "Elle est complètement folle. La révolution, ce n'est pas possible." Après, j'ai pensé : "Si le peuple croit que c'est la révolution peut-être qu'il a raison, peut-être qu'il se passe quelque chose ?" » Et il a constaté qu'il n'y avait plus d'armée au bout de trois jours.

Phénomène de masse, phénomène extraordinaire, sans mot d'ordre, l'explosion de février était la résultante de deux courants : un courant venu d'en bas qui a fait la révolution, le courant des ouvriers, des paysans, des soldats et de tout le peuple mécontent qui rejetait le régime, et puis, au même moment, le courant de la bourgeoisie libérale qui cherchait à agir depuis la Douma.

Si le premier a fait la révolution, c'est le second qui a hérité du pouvoir. De là la faiblesse fondamentale du gouvernement né de la révolution de Février : les membres qui le composaient n'avaient pas fait la révolution, ils l'avaient suivie d'en haut et en avaient recueilli les fruits. Inversement, le courant populaire s'était démis de son pouvoir faute d'organisation et de chef. La seule instance issue de la rue était, comme en 1905, le Soviet. Mais celui-ci était composé d'une majorité de socialistes-révolutionnaires et de mencheviks qui, au nom de la phase nécessaire de la révolution bourgeoise, préférèrent remettre le pouvoir au Comité de la Douma.

A partir de là, on peut distinguer quatre étapes dans l'histoire révolutionnaire qui se déroule de février à octobre.

1. Du *3 mars au 5 mai 1917*, c'est la phase où la bourgeoisie libérale est seule au pouvoir au sein du gouvernement provisoire dirigé par le prince Lvov et soutenu par le Parti constitutionnel-démocrate. Elle doit faire face au Soviet qui représente le contrôle des masses sur la bourgeoisie libérale et auquel elle s'oppose sur deux problèmes : d'une part, la forme du pouvoir (monarchie constitutionnelle ou répu-

blique) et, d'autre part, la question de la guerre (poursuite des hostilités ou paix).

2. Deuxième étape, du *6 mai au 15 juillet*. Elle marque la crise du premier gouvernement provisoire en raison de son attitude face au problème de la guerre. Alors que le Soviet avait obligé le gouvernement à prendre position, non pas sur une paix séparée, mais sur la réalisation proche d'une paix sans compromis, le ministre des Affaires étrangères, Milioukov, avait transmis tardivement aux Alliés une note suffisamment compliquée pour qu'il puisse en ressortir que le gouvernement provisoire ne ferait rien en définitive pour empêcher la poursuite de la guerre et qu'il continuerait à tenir sa place à leurs côtés. Les manifestations qui en résultèrent, en avril 1917, entraînèrent le remplacement du gouvernement provisoire par un gouvernement de coalition où entraient des socialistes-révolutionnaires et des mencheviks. Parallèlement, cette période avait vu l'apparition et la montée d'une force politique nouvelle, celle des bolcheviks, qui n'existait guère jusqu'à présent.

3. Troisième étape, du *24 juillet au 26 août*. Elle fut marquée par la première tentative des bolcheviks pour s'emparer du pouvoir et par la formation d'un deuxième gouvernement de coalition, le 24 juillet, dirigé par Kerenski. Pris entre la gauche et la droite, le gouvernement Kerenski glisse de plus en plus à droite avant de sombrer au cours de la tentative de coup d'État et de restauration monarchique tentée par le général Kornilov. Ce sont les bolcheviks qui réussissent, par la mobilisation des forces populaires, à faire échouer la tentative.

4. Ainsi, le troisième gouvernement de coalition, qui couvre la période du *27 septembre au 25 octobre*, se caractérise par la disparition de tout pouvoir légal. La réalité du pouvoir est aux mains non plus des soviets en général mais soit des soviets dirigés par les bolcheviks soit des organisations bolcheviks elles-mêmes.

Au moment où, le 25 octobre, les bolcheviks s'emparent du pouvoir, la réalité de celui-ci se trouve déjà en leur possession depuis au moins un mois.

III. Les problèmes de la révolution russe

A. Le pouvoir et les pouvoirs

On est confronté, là aussi, à un schéma classique, celui de la dualité du pouvoir qui oppose le gouvernement provisoire issu du Comité de la Douma et le Soviet. En fait, plus que de dualité, il vaut mieux parler de vacance quasi permanente du pouvoir.

Le vrai vainqueur de la révolution de Février, ce n'est pas la Douma mais le peuple des villes. S'il n'a pas conservé le pouvoir conquis ni par l'intermédiaire de ses représentants au Soviet ni par le biais des partis révolutionnaires, et s'il a préféré le remettre à la bourgeoisie, il compte bien conserver un contrôle sur elle. De même, les socialistes du Soviet, dont la majorité se rattache au socialisme-révolutionnaire et au menchevisme, ont refusé toute participation au pouvoir pour ne pas se discréditer et pour laisser la bourgeoisie assumer seule la tâche de la révolution bourgeoise. Mais ils veulent aussi continuer à la surveiller, à l'empêcher de dévier de ses buts et à prendre sa relève le moment venu.

Dans un premier temps, grâce à l'image du prince Lvov qui s'est en quelque sorte substituée comme nouveau père du peuple à l'image du souverain déchu, les relations demeurent bonnes. Mais dès le mois d'avril, en raison de la question de la guerre, le gouvernement paraît discrédité aux yeux des révolutionnaires de février. Cependant, malgré la pression de la rue, le Soviet ne veut pas prendre le pouvoir et ses représentants préfèrent la solution d'un gouvernement de coalition aux côtés de la bourgeoisie libérale plutôt que d'assumer seuls le pouvoir comme les masses voudraient les y obliger. Les manifestants ont beau défiler au nom du slogan « le pouvoir au Soviet », le Soviet répète que l'heure n'est pas venue. Mais qu'il le veuille ou non, à partir des mois d'avril et de mai, par la force des choses il détient le pouvoir : c'est lui qui peut arrêter les manifestations et c'est à lui que les manifestants s'adressent. En revanche, lorsque les défilés reprennent, au mois de juin et de juillet, le pouvoir est en train d'échapper au Soviet pour passer progressivement entre les mains des bolcheviks. Les manifestations de juillet sont organisées et commandées par les partisans de Lénine et leurs mots d'ordre sont : « Le pouvoir aux bolcheviks », « Le bolchevisme avec nous ». Dès cette date, les bolcheviks apparaissent aux yeux du peuple comme la relève du pouvoir.

L'affaire Kornilov confirme cette montée en puissance. Alors que le gouvernement provisoire se trouve désemparé devant la tentative de coup de force, ce sont les bolcheviks et eux seuls qui, bien que persécutés (Lénine a dû s'enfuir, Trotski est en prison), organisent la résistance clandestine, vont chercher les ouvriers dans les usines pour les convaincre d'aller sauver la révolution et y parviennent. Le pouvoir a bien de nouveau changé de mains.

Ainsi, de février à octobre au lieu d'une dualité simple du pouvoir, on a assisté à une multiplication des pouvoirs en même temps qu'à des changements de mains successifs. Après l'écroulement de l'État russe en février, la machine administrative a continué d'exister sans savoir à qui obéir. Toute la hiérarchie des fonctionnaires et des officiers de l'armée, sans plus se référer à personne, est demeurée indépendante aussi bien vis-à-vis du gouvernement que du Soviet; elle a constitué un autre pouvoir parallèle. On a donc eu un pouvoir du gouvernement, un pouvoir du Soviet, un pouvoir de la fonction publique, un pouvoir des comités et des soviets locaux, un pouvoir de la rue, tous jouant un rôle dans le cours des événements.

B. Les aspirations populaires

Au moment où la révolution éclate, cela vaut la peine de se demander quels sont les espoirs et les buts de la population russe. Elle a renversé le régime tsariste, elle découvre la force des pouvoirs parallèles.

De fait, pendant plusieurs mois, la Russie est transformée en une sorte de meeting permanent; les gens ne travaillent plus, se réunissent en comités et rédigent des motions. Ces motions que l'on retrouve sur le 2e Bureau du Comité de la Douma et du gouvernement provisoire, traduisent précisément les aspirations du peuple russe.

Or, en février 1917, les revendications exprimées dans les pétitions ne sont pas radicales. Seule la paysannerie réclame une rupture violente avec le passé mais non pas dans un sens socialiste : elle revendique la propriété pleine et entière des terres après expropriation des propriétaires. Plus modérés, les ouvriers s'intéressent aux problèmes des salaires et des conditions de vie et expriment des revendications plus économiques que politiques : la radicalisation de la position de la classe ouvrière ne se fera que progressivement au cours des mois qui séparent la révolution de Février et le mois d'octobre.

La modération domine aussi les demandes des nationalités. Sans remettre en cause leur appartenance à l'ancien Empire, ils souhaitent une égalité des droits et une autonomie culturelle. Au total, les uns comme les autres ne revendiquent rien qui ne soit acceptable par une monarchie constitutionnelle. Aucune revendication n'est spécifiquement socialiste.

Seul le problème de la guerre et de la paix demeure ambigu. D'un côté, le peuple russe exprime sa lassitude à l'égard de la guerre, à l'égard du moins des défaites et du prix de la guerre. De l'autre côté, il demeure patriote. Il est choqué quand on lui parle de paix séparée ou de défaites favorables au déclenchement de la révolution (le défaitisme) : il n'écoute ni le mot d'ordre socialiste de paix séparée ni les propositions des modérés d'une paix générale de compromis. Restant attaché à sa terre et à l'intégrité du territoire, il souhaite cependant l'arrêt des hostilités.

La tâche du gouvernement provisoire est ainsi particulièrement compliquée. Elle est partagée entre les positions extrêmes des soviets et la position patriote mais fragile du peuple. Une complexité des aspirations populaires que les partis politiques doivent eux aussi affronter.

C. Les partis devant le peuple

Le Parti constitutionnel-démocrate

Le Parti constitutionnel-démocrate regroupe toute l'élite de la société russe qui a abandonné le régime tsariste, c'est-à-dire non seulement la bourgeoisie mais aussi une grande partie de la noblesse, les cadres supérieurs de l'armée et un nombre important de grands propriétaires terriens. Comme avant la révolution, le Parti souhaite la poursuite de la guerre jusqu'à la victoire et la défense de la propriété privée sur le plan intérieur. Sauf vis-à-vis de la petite paysannerie, la position de la bourgeoisie libérale coïncide, dans ses grandes lignes, avec l'état d'esprit général.

Les socialistes-révolutionnaires

La majorité du peuple russe se reconnaît cependant dans le Parti socialiste-révolutionnaire qui détient la majorité au Soviet et représente même, allié aux mencheviks, la quasi-totalité du Soviet au début de 1917. Il est soutenu par la paysannerie ainsi que par la base de l'armée, dans la mesure où le soldat moyen sort en général des rangs de la paysannerie. De ce fait, majoritaire dans le pays et disposant des forces armées, les socialistes-révolutionnaires auraient pu prendre le pouvoir en février et le conserver.

Son programme est très proche de celui des mencheviks de 1905. La démocratie libérale doit être instaurée pour une longue période au cours de laquelle les socialistes ne doivent pas intervenir mais contrôler l'évolution des réformes. Sur le plan militaire, ils rejettent l'idée d'une paix séparée qui aurait pour conséquence le renforcement de l'impérialisme allemand et l'affaiblissement de la Russie mais ils souhaitent un règlement de la guerre dans un cadre général et international sans trop savoir comment y parvenir. En fait, dans un cas comme dans l'autre, politique intérieure comme politique extérieure, il se contente par commodité de la formation d'un gouvernement de libéraux et de bourgeois.

Protégé des critiques liées aux responsabilités du pouvoir, le Parti socialiste-révolutionnaire est le parti à la mode en février 1917, tout le monde se précipite dans ses rangs. En même temps, cet engouement constitue le drame du Parti. Les adhésions entraînent l'arrivée de propriétaires terriens qui se disent paysans mais qui vont s'efforcer, de l'intérieur du Parti, de paralyser le projet de réforme agraire. Elles provoquent aussi la multiplication des tendances et la division entre trois courants principaux : la droite représentée par

Kerenski, le centre gauche qui incarne la tendance originelle du Parti et la tendance de Kamkov située à l'extrême gauche mais dont le poids demeure faible. Or l'afflux d'éléments nouveaux renforce le courant de droite et amène le Parti à suivre une politique qui, à bien des égards, marque une rupture par rapport au programme initial.

Les mencheviks

Leur problème face aux aspirations du peuple n'est pas du même ordre. La classe ouvrière qui constitue leur clientèle est plus homogène, même s'ils doivent la partager avec les bolcheviks. Surtout, ils bénéficient de l'appui de l'Internationale et, au début, de l'alliance avec les bolcheviks de l'intérieur. A l'image des socialistes-révolutionnaires avec lesquels ils font bloc au Soviet, ils ne veulent pas du pouvoir. Même si, de février à mai-juin 1917, ils apparaissent aux yeux de la classe ouvrière, comme un espoir et un recours. Ils vont essayer jusqu'au bout de ne pas prendre le pouvoir.

Les bolcheviks

La difficulté des bolcheviks réside, elle, dans la séparation entre deux tendances, celle des militants restés à l'étranger et qui ne vivent pas la révolution et celle des partisans de l'intérieur. Cette dernière est dirigée par Kamenev et représente une force peu importante. Au début de 1917, elle ne compte qu'une dizaine de milliers de membres au sein du Comité de Pétrograd auquel il faut ajouter le Bureau russe du Comité central qui regroupe surtout des dirigeants et non des troupes. Il faut attendre les mois qui suivent la révolution de Février pour voir se former des comités, à Moscou et en province, qui rassembleront quelques dizaines de milliers de personnes.

Kamenev, qui conduit le Parti jusqu'en avril, adopte une position proche de celle des mencheviks. Lui aussi considère que la bourgeoisie est installée au pouvoir pour un long moment et qu'il faut se contenter de la contrôler. Dans ce but, il vaut mieux s'allier étroitement avec les mencheviks, malgré les positions confuses de ces derniers sur la question de la guerre. A l'exemple de Kamenev, tout le mouvement de l'intérieur est porté vers ce rapprochement entre sociaux-démocrates. La base y pousse en constituant des comités mixtes bolcheviks-mencheviks et en ne comprenant pas les différends entre les deux tendances. En octobre encore, 29 des 163 comités bolcheviks répartis dans le pays sont des comités mixtes. Jusqu'en avril, la plate-forme des mencheviks sert de base au rapprochement.

C'est dire l'originalité et la violence de la position de Lénine au moment où il revient en Russie. D'abord, il n'accepte aucune alliance avec les autres courants socialistes et surtout pas avec les mencheviks. Ensuite, il ne considère pas que le gouvernement bourgeois soit installé au pouvoir pour longtemps et il estime que le prolétariat qui est armé peut s'en emparer dès qu'il le voudra. Enfin, il est partisan d'un arrêt immédiat de la guerre, par tous les moyens, la paix séparée comme la défaite (même s'il parlera moins de celle-là lorsqu'il aura mesuré l'état d'esprit de la population russe).

Sa position découle de l'analyse qu'il a faite de la révolution de Février. Il a été frappé par le fait que la révolution dite bourgeoise n'est pas contrôlée par la bourgeoisie mais par les soviets. Les moyens de coercition, les leviers de la force armée et de la police qui caractérisent jusque-là le pouvoir de la bourgeoisie ne lui appartiennent plus. Depuis février, constate-t-il, ce sont les soviets qui contrôlent le pouvoir, font la police et dirigent l'armée. La révolution n'est donc bourgeoise que de nom ; elle marque au contraire le début de la phase de dissolution de l'État bourgeois qui précède la phase socialiste. D'où son idée, à l'opposé de sa conception de 1905, que les soviets jouent un rôle décisif et qu'ils doivent constituer la base d'une stratégie révolutionnaire. Le 10 avril, lorsqu'il débarque à la gare de Finlande, il lance ainsi le mot d'ordre : « Tout le pouvoir aux soviets. » Il s'oppose ainsi aussi bien à la bourgeoisie libérale, aux socialistes-révolutionnaires qu'aux mencheviks et à ses compagnons bolcheviks. Ceux-ci sont d'ailleurs furieux et tant Kamenev que Staline déclarent que Lénine, victime de l'exil et de l'éloignement, n'a pas compris la nature de la révolution et que, confronté à la réalité, il reviendra sur ses idées.

Il n'en est rien. Les thèses d'avril réaffirment et développent le mot d'ordre du pouvoir aux soviets. Il ne faut pas croire cependant que Lénine en est venu à considérer les soviets comme l'arme et l'aboutissement de la révolution, comme une fin en soi et non plus seulement comme un instrument. Les soviets étaient simplement le signe de la décomposition en cours de la bourgeoisie ; il ne pouvait être question de leur remettre le pouvoir réel dans la mesure même où les bolcheviks y demeuraient minoritaires face aux socialistes-révolutionnaires et aux mencheviks. De plus, les soviets, émanation du spontanéisme des masses, contredisaient les idées classiques de Lénine concernant la centralisation du pouvoir.

Or Lénine ne perd jamais de vue ses conceptions initiales sur le développement de la révolution. Il se place en avril 1917 dans ce qu'il considère être la phase d'achèvement de la décomposition de l'État bourgeois. Il n'est pas devenu soudainement anarchiste ou partisan de la voie spontanéiste.

Deux hommes ont bien compris la stratégie de Lénine : Kamenev d'un côté et Trotski de l'autre. Mais leurs points de vue sont diamétralement opposés. Pour Kamenev, qui veut arrêter le mouvement révolutionnaire à la phase bourgeoise, une stratégie de révolution socialiste est impossible dans un pays comme la Russie qui n'y est pas prête. Pour Trotski, au contraire, la révolution menée par le Parti socialiste est possible. Ses idées de révolution permanente qu'il développe depuis 1905 sont de moins en moins éloignées, estime-t-il, des conceptions de Lénine : le rapprochement entre les deux hommes est désormais possible.

Aussi, malgré le front d'opposition formé en avril par Kamenev et Staline et bien que Trotski n'ait pas encore adhéré au groupe bolchevik, Lénine réussit en quelques semaines à imposer ses thèses à l'intérieur du Parti. Contre la volonté de l'ensemble des cadres du Parti, Lénine oblige les bolcheviks à opter pour la voie de la révolution socialiste au prix d'une rupture avec tous les autres partis, y compris les mencheviks. En octobre 1917, le parti de Lénine apparaîtra comme la dernière et la seule force de recours encore intacte et unie ; toutes les autres forces auront été éliminées l'une après l'autre.

D. Les échecs des partis

L'histoire de la révolution russe entre février et octobre 1917, outre le phénomène du vide du pouvoir, s'apparente à une succession de possibilités manquées, à une démonstration d'impuissance des partis politiques. Tous les possibles existaient en février parce que chaque groupe représentait des forces réelles au sein de la population et exprimait les aspirations réelles de la révolution à travers leurs programmes. Nulle évolution n'était inévitable, ni l'échec de la bourgeoisie libérale, ni le passage du pouvoir entre les mains des socialistes-révolutionnaires, ni le pouvoir qui échoit pour finir aux mencheviks. La possibilité d'un régime de démocratie libérale était réelle, de même qu'un régime dirigé par les socialistes-révolutionnaires ou un régime socialisant instauré par les mencheviks.

Si la bourgeoisie et le Parti KD ont eu à faire face, dès l'origine, à une situation difficile, les autres partis ont échoué en raison de leur faiblesse et de leur carence. Les SR, aussi longtemps qu'ils ont été au pouvoir, ont refusé de lancer les grandes réformes nécessaires et attendues : la réforme agraire, la réforme nationale et, surtout, la convocation d'une Assemblée constituante qui aurait pu être le gage d'un pouvoir légitime, au sein de laquelle ils auraient obtenu la majorité. Or, si curieux que cela puisse paraître, la hantise des SR réside précisément dans une situation majoritaire et légale où ils devraient assumer le fardeau du pouvoir. Dans le seul domaine où ils n'ont pas fui leurs responsabilités, le domaine de la guerre, ils n'ont su que lancer de folles offensives en juillet 1917 dont le contrecoup fut la réaction de la droite et la tentative de Kornilov.

Les mencheviks eux aussi ont manqué le rendez-vous avec le pouvoir. Leurs raisons ne sont pas les mêmes cependant. La peur des responsabilités a moins compté que le processus de glissement à droite provoqué par la politique de Tseretelli qui a toujours su conduire son parti vers des coalitions avec les forces de droite au détriment de l'alliance à gauche. Hantés par l'idée qu'il fallait maintenir la démocratie bourgeoise, ils ont préféré se compromettre en acceptant une participation ministérielle, au risque de ne plus pouvoir apparaître comme un recours au moment de l'écroulement final. Ils avaient ouvert la voie aux bolcheviks.

Ceux-ci, en octobre, avait toute l'attitude pour s'emparer du semblant de pouvoir qui subsistait. Dans les campagnes, les paysans s'étaient approprié les terres et ne reconnaissaient plus aucune autorité. Dans les villes, les ouvriers tenaient la rue. A la périphérie de l'ancien Empire, le contact était totalement coupé avec les peuples allogènes en rébellion. L'anarchie était telle qu'elle pouvait mener, à bref délai, au retour des courants contre-révolutionnaires et à l'échec final de l'expérience révolutionnaire de février.

Si Lénine a dû, de nouveau, combattre à l'intérieur de son parti pour imposer la décision de l'insurrection, on peut penser que le Congrès russe des soviets qui s'était réuni aurait de toute façon remis le pouvoir à la seule force réelle qui subsistait et avait harcelé le pouvoir : les bolcheviks. C'est moins une insurrection qui a eu lieu qu'un coup d'État quasi inévitable de la seule organisation encore présente quand toutes les autres avaient disparu.

Plusieurs conclusions et paradoxes peuvent ainsi se déduire de l'étude de la période de février à octobre.

1. La révolution de février 1917 semblait devoir aboutir à un régime de démocratie libérale si l'on tient compte de la modération des aspirations populaires à cette date.

2. La seule force politique qui semblait mal placée pour réaliser cette révolution libérale, paysanne, nationale et démocratique était, selon son programme, ses mots d'ordre et la situation de sa force et de sa représentativité, le Parti bolchevik.

3. Il n'y avait jamais eu, au moins jusqu'au mois d'avril (le retour de Lénine), de chance d'unité aussi forte dans le mouvement social-démocrate avant que l'on assiste à l'effondrement des mencheviks et au triomphe des bolcheviks.

4. Jusqu'en juillet 1917, rien n'apparaît inéluctable. Les forces de recours existent. Les masses ne sont pas radicalisées. Après juillet, en revanche, à partir de l'échec de l'offensive militaire, au moment où les socialistes-révolutionnaires se sont déconsidérés et où les mencheviks, qui ont participé aux coalitions, perdent leur chance de jouer un rôle

de recours, tout devient inévitable. Pour la première fois dans toute l'histoire du mouvement révolutionnaire russe, une ligne droite s'est dessinée. Pour la première fois, tout est joué d'avance. La révolution bolchevik est la seule voie possible.

5. Si toute l'histoire de la période est marquée par le rôle spontané des masses et le poids des grands facteurs socio-économiques tels qu'ils apparaissent dans toute révolution, jamais l'action isolée de quelques hommes n'a été aussi décisive, dans un sens ou dans un autre.

Jamais le drame des mencheviks n'a été autant lié à l'action d'un homme, Tseretelli, qui a compromis, brisé, les chances de son parti. Jamais, le sort des socialistes-révolutionnaires n'a autant dépendu des décisions personnelles de Kerenski et tout particulièrement au moment où il lance une opération militaire qui ouvre la voie aux bolcheviks.

Lénine, contre la majorité de son parti et de ses chefs, contre un pays qui, en février, aspirait à tout autre chose, a su imposer sa ligne et son idée.

On a longtemps considéré que l'Histoire était le fait d'hommes marquants. On n'a voulu voir ensuite que le rôle des masses ou celui des mécanismes sociaux et économiques. L'histoire russe, dans l'espace de ces quelques mois décisifs, apprend qu'il faut faire appel aux deux approches : elle permet de constater dans quelle mesure la place de l'homme dans le cours des événements peut être déterminante.

4

La révolution et la naissance de l'État soviétique

Les dirigeants bolcheviks avaient pris le pouvoir en octobre 1917 dans la foulée du mouvement de masse et en contribuant à la décomposition du pouvoir issu de la révolution de Février. Étaient-ils prêts à exercer le pouvoir ? Avaient-ils prévu l'organisation de ce pouvoir au lendemain du coup d'État qui devait les mener aux postes suprêmes de l'État ?

En fait, ce sont aussi bien les idées des dirigeants bolcheviks que l'existence d'un certain nombre de situations révolutionnaires qui vont déterminer la forme du pouvoir soviétique.

I. Les trois révolutions russes

Trois révolutions ont coexisté en Russie : la révolution paysanne, la révolution ouvrière et la révolution des nationalités. Tant leurs origines que leurs objectifs en font des révolutions totalement différentes.

A. La révolution bourgeoise à la campagne

La révolution paysanne a été l'aboutissement de tous les mouvements qui ont agité les campagnes russes depuis le XIXe siècle. La faim de terres qui caractérisait la paysannerie depuis très longtemps n'avait été assouvie ni par les réformes de 1861 ni par les projets de réforme de la période

1907-1909. Même le gouvernement provisoire dont le rôle théorique était d'établir un pouvoir et une société bourgeois n'avait osé s'attaquer à la grande propriété foncière. En ce sens, il faut se défier des dénominations rapides. La révolution de Février, dite bourgeoise, n'avait pas joué son rôle et c'est la révolution d'Octobre, modèle de révolution socialiste, qui devra mener à bien une révolution bourgeoise dans les campagnes ; c'est elle qui entérinera la création d'une classe de propriétaires terriens.

Cette alliance entre paysannerie et bolcheviks s'était amorcée dès février 1917. Aucun parti, même les porte-parole des socialistes-révolutionnaires, n'avait osé reprendre à son compte le mot d'ordre « la terre aux paysans ». Les bolcheviks, eux, s'en étaient servis comme arme de bataille contre le gouvernement provisoire et contre leurs concurrents politiques : ils reçurent l'appui de la paysannerie lors du coup d'État d'octobre.

A cette date, les paysans avaient largement confisqué les grands domaines, exproprié les propriétaires et partagé les terres. Le premier acte du gouvernement issu de la révolution d'Octobre, le 26 octobre, ne pouvait que venir consacrer la nouvelle propriété terrienne et la révolution bourgeoise ainsi accomplie à la campagne par un décret sur l'expropriation des grands propriétaires fonciers et la légalisation de la propriété paysanne.

Le gouvernement bolchevik réalisait en quelque sorte la grande idée de Stolypine : il avait créé une classe de petits propriétaires fonciers susceptible de stabiliser la paysannerie sur le plan politique. Mais dans un sens conservateur. La paysannerie constituerait dorénavant une lourde hypothèque : elle défendrait le gouvernement bolchevik pour défendre la propriété acquise au lendemain de la révolution socialiste d'Octobre, elle lutterait contre lui ensuite s'il menaçait la conquête qu'il avait lui-même reconnue. Et la paysannerie représentait la très large majorité de la population russe.

B. La révolution socialiste des villes

Le modèle de la révolution paysanne pouvait s'appliquer aussi aux ouvriers. Au moment de la prise du pouvoir en octobre 1917, Lénine et ses compagnons n'envisageaient pas l'instauration d'un État socialiste. Ils parlaient plutôt d'une dictature démocratique des paysans et des ouvriers. Ainsi le vieux programme de 1905 resurgit dans le dernier texte publié par Lénine à la veille de la révolution d'Octobre. Pour faire face à la catastrophe économique menaçante, il propose cinq mesures dont aucune ne conduit spécifiquement au socialisme :

– la nationalisation des banques (mais non l'expropriation) ;

– la nationalisation des ententes industrielles les plus importantes (pétrole, industrie métallurgique, etc.) ;

– la cartellisation forcée de la majeure partie des industries ;

– la suppression du secret commercial ;

– l'encouragement au regroupement de la population en sociétés de consommateurs dotées d'un droit de regard sur les circuits de production et de distribution.

Lénine précise lui-même dans son texte la différence entre nationalisation et socialisme : « La nationalisation et la confiscation des biens sont deux choses totalement distinctes. Ce sont des fantômes que les capitalistes agitent pour détourner les gens de nous. La propriété reste certifiée par des attestations manuscrites imprimées, etc. » Et il ajoute à propos de la nationalisation des banques : « Le principal avantage de la nationalisation des banques, c'est qu'elle permettrait de faciliter l'obtention des crédits aux petits patrons et aux paysans. Elle est donc conçue comme un moyen de rationalisation économique et comme une aide aux petits propriétaires, non comme une expropriation. » De même pour la cartellisation : « La cartellisation, précise-t-il, ne change pas d'un iota les rapports des propriétaires, n'enlève pas le moindre kopeck à un seul propriétaire. » Et il ajoutait que tous les biens enregistrés le resteraient et que chacun conserverait non seulement ses biens mais aussi ses bénéfices.

« Il s'agit en fait des mesures les plus importantes, les plus indispensables, déjà appliquées en Europe occidentale et qu'une démocratie conséquente devrait s'appliquer chez nous », conclut-il sur ce point. Ainsi, l'objectif fondamental de Lénine est de contraindre, par ces mesures, les capitalistes à se conformer à une activité rationnelle et cohérente au lieu d'agir en ordre dispersé dans une période particulièrement difficile pour la Russie. Il s'agit de surveiller, de contrôler parfois et, seulement dans certains cas, d'exproprier les entrepreneurs qui saboteraient la production nationale.

Un pas tout de même est fait en faveur du changement de vie du prolétariat ouvrier : le contrôle des ouvriers sur les entreprises. Mais on est encore loin là aussi de l'expropriation des propriétaires. Le texte paraît d'ailleurs à la fin du mois d'octobre *après* le décret du 26 octobre qui donne satisfaction aux paysans. Surtout, il peut paraître limitatif et timoré en comparaison de la réalité. Les ouvriers n'ont pas attendu les bolcheviks. Armés et sûrs d'eux-mêmes, ils ont fait la révolution dans la majeure partie des grandes cités, ont exproprié les entrepreneurs et ont pris en main la gestion des usines. Se contenter d'un simple contrôle ouvrier sur la marche des usines leur paraît d'autant plus saugrenu qu'ils ont dépassé ce stade.

En janvier 1918 encore, la Déclaration du peuple travailleur de Russie précise que « la loi soviétique sur le contrôle ouvrier est entérinée comme un premier pas vers la socialisation des industries ». Le fossé entre les textes des dirigeants bolcheviks et la réalité est patent. Le gouvernement de Lénine tente de retenir et de freiner le mouvement des masses ouvrières. Ce n'est qu'à la fin de juin 1918, c'est-à-dire en pleine période du communisme de guerre, au moment où le problème des droits des propriétaires ne se pose plus, que le pouvoir soviétique lance enfin un décret sur l'expropriation de l'industrie lourde. Une procédure d'expropriation qui serait restée lente d'ailleurs sans la pression de la guerre civile.

La période qui va du mois d'octobre 1917 au mois de juin 1918 est donc marquée par un décalage très net entre la reconnaissance rapide et spontanée des aspirations paysannes en faveur de la propriété individuelle et la lenteur des mesures susceptibles de prendre en compte la réalité des revendications ouvrières. En juin 1918, en raison du communisme de guerre et de cette mobilisation de la classe ouvrière contre la paysannerie dans le cadre d'une véritable guerre des classes, les ouvriers reçoivent un certain nombre de satisfactions. Elles n'effaceront pas cependant une certaine amertume, du moins l'étonnement et la méfiance à l'égard de la politique bolchevik et des nouveaux dirigeants.

L'évolution des paysans d'un côté et des ouvriers de l'autre à l'égard de la révolution a donc suivi des directions diamétralement opposées. Ils étaient alliés lorsqu'il s'agissait de renverser le pouvoir et ils se retrouveront de nouveau côte à côte pour faire front devant l'invasion étrangère. Mais, au-delà, les intérêts des uns et des autres divergent, l'individualisme et le sens de la propriété chez les paysans allaient dans le sens inverse de l'aspiration collectiviste des ouvriers. Cette opposition pèsera d'une façon décisive sur l'avenir de l'Union soviétique.

C. La révolution nationale et coloniale des peuples allogènes

Outre les questions soulevées par les aspirations de la paysannerie et par le mouvement ouvrier, le pouvoir bolchevik devait reconnaître un troisième courant, celui des nationalités en voie d'émancipation.

Lénine ne manquait pas de théorie claire sur ce point. Depuis 1916, il défendait la thèse de l'autodétermination nationale contre les idées internationalistes de certains de ses compagnons, tel Radek. A partir de mai-juin 1917, en raison même de l'échec du gouvernement provisoire en ce domaine, Lénine avait compris l'importance d'une action en faveur des nationalités. La révolution de Février avait promis d'instaurer l'égalité des individus devant la loi, sans aller toutefois jusqu'à annoncer l'égalité des nations, laissant la moitié de la population de l'ancien Empire russe en statut d'inégalité. Le thème de la reconnaissance des droits nationaux était devenu ainsi une des armes principales de la stratégie des bolcheviks et l'une des plus rentables. Le gouvernement issu de février avait perdu nombre de ses appuis par son impuissance à réagir sur cette question.

Du coup, au lendemain de la révolution d'Octobre, le gouvernement bolchevik se devait de tenir ses promesses. La Déclaration des droits des peuples de Russie, proclamée le 2 novembre 1917, affirmait à la fois l'égalité des nations et, surtout, le droit à l'autodétermination allant jusqu'à la sécession. Mais de telles mesures, qui pouvaient paraître encourager – sous le couvert d'un régime marxiste – l'exaltation de sentiments nationaux et particularistes, rencontrèrent des difficultés considérables au sein du Parti bolchevik.

Là, intervient Staline. Il reconnaît le droit à l'autodétermination pour le prolétariat seulement et en exclut les anciennes classes dominantes en supposant que le prolétariat en question choisirait de se rattacher au pays – la Russie – qui avait fait la révolution en son nom. Lénine fut profondément heurté par la théorie de Staline et cette divergence explique une partie des difficultés entre les deux hommes entre 1920 et 1924 : Lénine voyait dans les conceptions de Staline l'amorce d'un chauvinisme grand-russien.

Pourtant, dans l'esprit de Lénine aussi, la solution de l'autodétermination et plus encore celle de la sécession ne pouvaient être durables. Lorsque la nouvelle Russie bolchevik aura prouvé aux peuples qu'elle n'entretient plus aucun désir de domination, ceux-ci comprendront que leur intérêt naturel est de se rattacher à la Russie bolchevik pour éviter les risques de l'isolement ou pour ne pas devenir la proie d'autres convoitises.

La pratique de l'autodétermination nationale apparaît autrement plus complexe. L'ancien Empire a subi dans toute sa périphérie une véritable crise nationale. Partout, des gouvernements nationaux se sont instaurés et ont dû se prononcer sur la question de l'autodétermination. Mais ils l'ont fait dans des conditions tout à fait dissemblables.

Dans un premier cas, les peuples ont pu opposer à la pression du gouvernement soviétique une pression ou une protection internationale. Conditions truquées, dira Staline. En tout cas, dans les trois exemples concernés, les trois pays se sont autodéterminés contre la Russie et ont choisi l'indépendance. La Finlande a reçu l'aide de l'Allemagne, les pays Baltes celle de la Grande-Bretagne et la Pologne fut soutenue par la France. Dans les trois cas, après une série de combats gouvernement contre gouvernement, des régimes indépendants se sont instaurés.

En Finlande, Lénine accorda lui-même l'indépendance, non sans conserver une arrière-pensée. Pour lui, ces séparations n'étaient pas éternelles et la révolution internationaliste ne manquerait pas de créer un rapprochement sur des bases nouvelles de fraternité et de solidarité. Un pouvoir bolchevik fut suscité un moment en Finlande contre le pouvoir national et il pouvait représenter la voie d'une autodétermination prolétarienne. Si les circonstances militaires en décidèrent autrement et si la pression étrangère imposa la solution de l'indépendance nationale, dans l'esprit de Lénine et surtout dans celui de ses successeurs, Staline le premier, aucune terre n'était considérée comme perdue à jamais. La marche vers l'ouest de l'Union soviétique en 1939 n'est que la reprise de ce qui avait été interrompu faute de moyens et de puissance stratégique en 1920. Pour Staline, il ne s'agissait, en 1939, non pas d'une guerre de conquête en Pologne, dans les pays Baltes et en Finlande, mais du redressement d'une situation mal orientée deux décennies plus tôt.

D'autres nationalités ne se sont pas trouvées dans les mêmes conditions. Elles ne bénéficiaient pas d'une position stratégique favorable susceptible d'intéresser les puissances étrangères. Partout, cependant, du Caucase à l'Asie centrale, dès 1918, des gouvernements nationaux s'étaient formés mais furent progressivement reconquis par le pouvoir soviétique en raison de leurs hésitations. La reconquête fut militaire mais pas totalement : les nationalités subissaient un désenchantement à l'égard des pays occidentaux et surtout à l'égard des dirigeants des armées blanches, volontiers ignorants des aspirations nationales et qui proclamaient la restauration future du grand Empire unitaire russe en même temps que du régime tsariste. Malgré ses armes et ses atouts, malgré le concours de la paysannerie à partir de 1919, l'échec de la contre-révolution doit beaucoup à cette négation de la question des nationalités. De même, c'est toute l'histoire du pouvoir soviétique, tant sur le plan interne que sur le plan externe, qui sera marquée de façon permanente par les problèmes de la périphérie et de celui des populations allogènes.

La reconquête des gouvernements nationaux se déroule selon des modalités diverses. Par une intervention armée, comme en Géorgie. Par une voie plus pacifique et plus modérée, dans la majorité des autres cas. Pour cela, on crée une fiction d'autodétermination prolétarienne. On expulse hors des partis communistes locaux les représentants de la bourgeoisie qui, en général, avait fourni les cadres principaux des mouvements, compte tenu de la faiblesse de l'industrialisation et des mouvements ouvriers. Considérés comme réactionnaires par nature, on les remplace par des prolétaires et, souvent, au nom de l'internationalisme, par des prolétaires russes ou ukrainiens. Dès lors, les partis communistes votent leur rattachement à l'État soviétique de gré, comme dans la république de Boukhara, ou sous la pression de l'armée Rouge (cernant la salle du Parlement par exemple) dans d'autres cas. Isolés géographiquement, abandonnés par les puissances extérieures, les mouvements nationaux se retrouvant seuls face au pouvoir soviétique ont dû accepter la solution de l'autodétermination, prélude à une réintégration dans l'ensemble soviétique, à une adhésion à la République fédérative socialiste de Russie.

Aussi, les trois courants révolutionnaires – paysans, urbains, nationalités –, s'ils se confondent en partie dans les périodes les plus tragiques et en face de l'envahisseur étranger, ont des intérêts nettement distincts et de plus en plus divergents après 1919-1920. D'où le rôle et les difficultés que doit affronter le nouvel État soviétique en formation.

II. La formation de l'État soviétique

Avant la prise du pouvoir en octobre, Lénine et les dirigeants du Parti bolchevik avaient surtout réfléchi aux moyens et aux méthodes de la conquête de l'État. La forme et la nature de celui-ci après la victoire éventuelle étaient demeurées dans un vague relatif. Or la question était essentielle, compte tenu de la multiplicité des groupes sociaux, l'aspect complexe et multiforme des nationalités, le contexte général de guerre civile.

Malgré tout, dès 1919 et 1920, le pouvoir bolchevik avait réussi à mettre fin à la guerre civile. Menacé plusieurs fois de périr, il était resté en place. A l'arrière des combats, une certaine forme de gouvernement avait pris naissance.

A. La forme du régime et le problème de l'Assemblée constituante

Deux positions existaient en octobre 1917 concernant la nature de l'État et des institutions. D'un côté, l'opinion théorique exposée par Lénine dans *L'État et la Révolution*, de l'autre, l'aspiration globale de la société russe à un régime constitutionnel par la voie d'une Assemblée. Or, en pratique, entre février et octobre, les bolcheviks avait défendu la solution constitutionnelle : la dénonciation de la mauvaise volonté du gouvernement provisoire à réunir une Assemblée constituante avait même été une de leurs armes favorites. Dans les mois qui ont précédé la révolution d'Octobre, ils n'avaient cessé de se présenter comme les seuls garants de l'organisation d'élections libres en vue de la convocation de l'Assemblée. Encore au début du mois de novembre, le 8 exactement, Lénine avait affirmé que les bolcheviks sauraient respecter la volonté populaire, même si le choix de celle-ci leur était défavorable.

Prévues avant sa chute par le gouvernement provisoire pour le 25 novembre 1917, ces élections eurent lieu sous le gouvernement bolchevik et elles lui furent défavorables. Le Parti socialiste-révolutionnaire obtint plus de 50 % des suffrages grâce au soutien de la paysannerie. Les bolcheviks avaient moins du quart des sièges et les mencheviks devaient se contenter d'un huitième. Non seulement le parti de Lénine se retrouvait en situation minoritaire mais ses membres devaient affronter une Assemblée constituante qui avait sa propre conception de la forme de l'État à créer. Dès la première réunion de l'Assemblée, le 5 janvier 1918, le conflit éclata.

La délégation bolchevik y présenta une déclaration qui préjugeait de la forme du régime futur : l'État devait être de nature socialiste. Repoussée à une très large majorité, la tentative provoqua le départ des bolcheviks et de leurs alliés SR de gauche qui quittèrent la salle des débats sans attendre la suite. Le lendemain, lorsque les autres députés voulurent siéger de nouveau, ils trouvèrent l'Assemblée constituante entourée par un cordon de l'armée Rouge. Il n'y avait plus d'Assemblée constituante, l'État socialiste n'en avait pas besoin. Pour Lénine, le verdict des urnes avait été en contradiction avec les aspirations populaires que la révolution incarnait. Non représentative, l'Assemblée ne devait pas être prise en compte. Ainsi l'hypothèque d'un choix démocratique, par l'ensemble des partis, de la forme que devait prendre l'État issu de la révolution d'Octobre était levée.

Cette définition appartenait dorénavant au seul Parti bolchevik.

Les partis cependant ont continué d'exister et d'agir pendant un temps. Ils furent progressivement éliminés ou annihilés. Les socialistes-révolutionnaires le furent dès juin 1918 lorsqu'on les accusa de soutenir la paysannerie contre-révolutionnaire qui refusait de livrer son blé à un prix estimé trop bas. Les mencheviks conservèrent une certaine position jusqu'en 1920 et 1921, accrurent leur popularité dans les syndicats, mais n'avaient plus de réels moyens d'expression depuis pratiquement 1918. Le Parti bolchevik assumait à lui seul les destinées de l'Union soviétique.

B. Pouvoir du Parti ou pouvoir des soviets ?

La question de l'Assemblée constituante masquait un enjeu encore plus grave et plus concret. Qui du Parti ou des soviets devait diriger l'État ? Quel serait le centre du pouvoir ?

Sur ce point, les idées de Lénine, telles qu'elles transparaissent dans son ouvrage écrit en Finlande quelques jours avant octobre (mais publié plus tard), *L'État et la Révolution*, sont pour le moins ambiguës. Selon son idée centrale, le problème du pouvoir ne se posait plus. Le pouvoir avait été conquis par les masses et celles-ci étaient conscientes de tous les problèmes qui en découlaient. Seuls demeuraient des problèmes de gestion dont l'importance irait en diminuant dans le cadre d'un État socialiste. La masse entière était révolutionnaire et tout le monde, à tour de rôle, pourrait occuper le pouvoir. Une cuisinière devait pouvoir assumer les affaires de l'État. Plus aucune fonction administrative ne resterait permanente.

Lénine mit relativement peu de temps pour revenir sur ces idées, formulées en septembre 1917. Dès la fin de 1918, il parlait de « contes de fées » quand on lui disait que n'importe quel ouvrier pouvait assurer n'importe quelle fonction administrative. En 1919, il ajoutait : « C'est une plaisanterie de dire que l'État va dépérir. C'est une vision futuriste et une manière de devancer l'Histoire qui est absolument ridicule. » Confronté avec la réalité, il a très vite renoncé à la plupart des idées formulées dans *L'État et la Révolution.*

Cette réalité, les bolcheviks n'y étaient pas préparés. Issus de la clandestinité, les dirigeants bolcheviks n'avaient guère perçu l'importance des tâches administratives liées à la direction d'un État : ils pensaient que le seul fait de voir accéder le prolétariat révolutionnaire au pouvoir permettrait de résoudre tous les problèmes ou de les laisser s'estomper d'eux-mêmes. La pratique allait prouver le contraire.

La confrontation avec la réalité s'aggrava du fait des conditions particulières, effroyables et dramatiques que connaissait un pays ruiné par la guerre et la révolution, en proie à l'intervention des puissances étrangères et à la guerre civile. Les tâches ordinaires du pouvoir étaient doublées de questions nouvelles et complexes. Or, en 1917, le Parti bolchevik était certes un instrument de combat clandestin remarquable mais sans aucune forme de ramification territoriale. Il ne pouvait se substituer à l'appareil administratif. Les soviets, en revanche, étaient remarquablement décentralisés et répartis sur l'ensemble du territoire et disposaient même des finances publiques. En octobre 1917, le Parti trouva donc tout naturel de s'appuyer sur les soviets et de leur attribuer le rôle d'une administration de remplacement.

Le problème, on l'oublie souvent, c'est que, dans un premier temps, cette sorte de passation de rôle eut pour conséquence l'affaiblissement du Parti. Tout d'abord parce que la majorité des cadres bolcheviks durent s'occuper à plein temps de l'organisation et de l'action des soviets. Ensuite parce que les soviets, qui avaient pris en main l'administration locale, détenaient aussi les moyens financiers et plaçaient le Parti dans sa dépendance en ce domaine. Enfin, parce que les soviets ne semblaient pas poser de problème sur le plan du pouvoir : on retrouvait les mêmes hommes au sommet des deux hiérarchies, tel Sverdlov, à la fois secrétaire du Comité central du Parti et président du Comité exécutif central du Congrès des soviets, véritable garant à ce double titre de la ligne du Parti et de la fonction des soviets.

Toutefois, très rapidement, à la base, les soviets posèrent un certain nombre de problèmes. Ils représentaient à la fois un risque de localisme, de défense des intérêts locaux, surtout dans le cas des nationalités non russes, et un danger de défense des intérêts exclusifs d'une classe sociale. Les soviets paysans dans les campagnes agissaient ainsi au nom des intérêts particuliers de leurs administrés et de leur base : dans la période de famine en 1918, ils refusèrent avec violence et détermination de livrer des vivres comme leur imposaient les directives de Moscou. Le Parti bolchevik qui comptait 200 000 membres en octobre 1917 pour une population totale de 160 millions d'individus était peu présent dans les campagnes. Même s'ils avaient adhéré avec enthousiasme à la révolution et au décret sur la terre, les soviets ruraux, ceux qui étaient éloignés des villes industrielles, n'avaient pas été bolchevisés ; ils demeuraient liés à la cause des intérêts locaux.

Le conflit entre l'intérêt général de l'État soviétique et les intérêts particuliers qu'incarnaient les soviets ne tarda pas à apparaître au grand jour. Jusqu'en 1919, il était demeuré implicite mais semblait miner l'existence même du Parti : la montée du pouvoir des soviets correspondait à une désagrégation du pouvoir du Parti. A la fin de 1918, Preobrajenski suggéra même de le dissoudre s'il ne servait plus à rien. En mars 1919, au VIIIe Congrès, Sverdlov, très peu de temps avant sa mort, avait proposé une régénération du Parti : « Le Parti est en train de mourir, constatait-il, il est en train d'exploser, de se disperser en une série d'intérêts locaux et particuliers. S'il n'y a pas une hiérarchie internationaliste, c'en est fini du régime que nous défendons. »

L'avertissement de Sverdlov fut un élément décisif. Sa mort quelques semaines plus tard le fut plus encore dans la mesure où elle posait le problème du lien entre les soviets et le Parti. Fallait-il de nouveau nommer le même homme à la tête des deux hiérarchies ? Or, si Lénine a été absorbé par les tâches quotidiennes dans les premiers mois de la révolution, il s'attache, à partir de cette époque, à la restructuration du Parti. Jusqu'à la mort de Sverdlov, contrairement à ce que l'on peut croire, le Parti était administré par quelques dizaines de personnes. Lénine décide en conséquence de donner la priorité à la construction d'un appareil administratif du Parti.

Et cette construction fut rapide. Au bout de deux ans, on compte déjà 600 permanents et, très vite, on trouve à leur tête un homme qui a choisi de s'appuyer sur l'appareil naissant : Staline. Acceptant un travail administratif qui rebute les révolutionnaires intellectuels tels que Boukharine, et de ce fait sans rival véritable, Staline réussit à faire de la réforme de l'appareil, même si Krestinski le dirige officiellement, l'instrument de son ascension vers le pouvoir.

L'argent nécessaire au Parti fut apporté par le commissaire aux Affaires intérieures qui dut, sous l'injonction des dirigeants du Parti, amputer les crédits accordés aux soviets. Plus généralement, dans le contexte dramatique de la période du communisme de guerre, la centralisation, loin d'être l'œuvre de la seule période stalinienne, apparut comme une nécessité face à la dispersion des lieux de pouvoir et de décision. En l'espace de deux ans, le Parti avait repris la situation en main. Au début de 1921, la réalité du pouvoir était passée des soviets au Parti qui avait réussi à superposer sa hiérarchie centralisée sur la hiérarchie décentralisée des soviets.

C. Les instruments nouveaux de la répression

La remise en ordre des années 1918-1921 supposait des instruments de répression. Dans les premiers mois, la révolution avait tenté de définir ses propres instruments qui ne devaient rien au modèle de l'État bourgeois où les forces de coercition sont des moyens autonomes dont use le pouvoir. En Russie, dans la période révolutionnaire, ces forces n'étaient pas séparées du peuple ; c'était le peuple lui-même, du moins l'armée soulevée en août 1917 contre l'avance allemande, celle qui poursuivait d'elle-même les profiteurs et jouait le rôle de police.

Très vite, les bolcheviks constatèrent l'insuffisance de ces moyens. L'exemple le plus flagrant fut justement celui de cette armée formée de paysans et d'ouvriers, restée confuse et sans direction ni discipline. Trotski fut l'homme de la reconstruction de l'appareil militaire. « Donnez-moi des gens qui sachent obéir », disait-il. Face aux bandes de guérilla incontrôlées, sa conception de l'armée Rouge était à l'opposé : il défendait une armée centralisée, hiérarchisée et disciplinée. Pour le besoin de la guerre civile, il réussit ainsi à rétablir tous les principes militaires traditionnels, celui du commandement unifié comme celui de la discipline. Demeuré toujours méfiant à l'égard de la paysannerie, il voit dans l'armée un moyen d'encadrer celle-ci par les éléments d'élite de la classe ouvrière. Ainsi, dès 1918, l'armée est devenue une force autonome aux mains du pouvoir, libre de tout contrôle populaire, devenue aussi bien un moyen de défense qu'une forme de correctif social.

C'est aussi en juin 1918 que la peine de mort est rétablie alors que l'un des premiers actes de la révolution d'octobre 1917 avait été de l'abolir, sauf pour les traîtres au régime. De même, si, depuis octobre 1917, il n'existait pas de répression légale, le Comité militaire révolutionnaire avait une annexe, les services de Sécurité, qui fonctionnaient en dehors de tout contrôle populaire et qui étaient dirigés par Dzerjinski. C'est ce dernier justement qui est chargé, toujours à cette date de juin 1918, de fonder la Tcheka pour lutter contre toute entreprise de contre-révolution. Organisée, centralisée, administrative, elle est placée sous le seul contrôle des instances supérieures du Parti, hors de toute forme de contrôle populaire : c'est l'un des premiers véritables organes du Parti.

Ainsi, de 1917 à 1919, les principaux traits de l'État soviétique se sont dégagés avec l'émergence d'un système répressif autonome. On était déjà très loin des utopies révolutionnaires et prérévolutionnaires. Certes, le contexte dramatique de la guerre civile explique beaucoup mais l'État ainsi constitué a perduré bien au-delà de la période du communisme de guerre.

Au moment où ils ont conquis le pouvoir, Lénine et ses compagnons croyaient faire une révolution partielle qui chercherait à accomplir et à achever l'œuvre de la révolution bourgeoise : la dictature démocratique révolutionnaire des ouvriers et des paysans n'était pas, dans leur esprit, l'étape du socialisme. Mais, malgré toutes leurs réserves et leurs craintes d'imposer à la Russie une transformation prématurée, ils adoptèrent, sous la pression des faits et sous les menaces de l'extérieur, la théorie de Trotski prônant la voie de la révolution permanente. Avec un corollaire décisif cependant ; la révolution ne peut se faire dans un seul pays, elle ne peut survivre en Russie sans s'étendre à l'ensemble de l'Europe occidentale. En sus de la tâche déjà considérable de la défense de la révolution entre 1918 et 1920, les bolcheviks s'assignent un but non moins important : la révolution en Occident. Certes, ils s'attendent à son éclatement imminent mais, en cas de retard, ils sont prêts à faire l'impossible pour le provoquer. Pour cela, ils se donnent un instrument qui fut lui aussi essentiel dans la formation de l'État soviétique : le Komintern.

5

Révolution russe et révolution mondiale

Jusqu'en 1921, le problème de la révolution mondiale demeura inséparable de la situation intérieure de l'État soviétique. L'espérance de Lénine en octobre 1917 – allumer l'étincelle en Russie qui embrasera l'univers capitaliste tout entier – a duré quatre ans en trois étapes échelonnées.

1. *En 1917 et 1918*, le problème des meilleures voies possibles pour déclencher la révolution mondiale est posé, notamment lors de la conférence de Brest-Litovsk.

2. *De 1918 à 1920*, les espoirs révolutionnaires sont à leur apogée, la révolution mondiale semble tout près d'éclater et la période culmine en juillet 1920 avec le IIe Congrès du Komintern.

3. *De 1920 à 1921*, on passe à la dernière étape des tentatives pour sauver les chances de la révolution mondiale et le IIIe Congrès du Komintern marque le reflux.

I. Brest-Litovsk : le choix de la voie révolutionnaire la plus sûre

La première étape des négociations de Brest-Litovsk est décisive dans la mesure où tous les espoirs révolutionnaires du monde se concentrent sur le gouvernement de Lénine. C'est le moment où les bolcheviks définissent les voies de l'extension révolutionnaire. En effet, dès le 8 novembre (26 octobre) 1917, le décret sur la paix indique les conditions dans lesquelles le gouvernement de Lénine envisage la paix sans annexion : il s'agit bien plus d'une déclaration aux peuples du monde que d'un engagement d'un gouvernement impliqué dans la guerre.

Lénine savait bien que son programme de paix qui prévoyait la fin des empires coloniaux, l'effondrement et la dislocation de l'Empire austro-hongrois, l'amputation de l'Allemagne d'une partie de ses territoires, n'était acceptable ni par les Alliés ni par les puissances centrales, les uns comme les autres se retrouvant perdants. Lénine, en fait, veut prendre acte aux yeux du monde ; il définit la fin d'un certain ordre international organisé autour des relations entre gouvernements et annonce l'ère nouvelle des relations de peuples à peuples. Son appel s'adresse, par-dessus la tête des gouvernements, aux peuples ; ce sont eux qui doivent faire aboutir le décret sur la paix contre leurs gouvernements et au besoin en les renversant.

Or les peuples en question sont restés sourds à cet appel à la révolution et à un nouvel ordre international et ce sont plutôt les gouvernements des puissances centrales qui ont paru les plus intéressés. La fin de la guerre sur le front oriental devenait possible. En quelques semaines, le décret sur la paix se transforme en négociations pour une paix séparée qui se déroulent à Brest-Litovsk, de décembre 1917 jusqu'au traité de mars 1918. Mais le revirement n'alla pas de soi ; il donna l'occasion de voir s'exprimer les divergences des bolcheviks quant à leur conception de la voie révolutionnaire, nationale ou internationale. A ce titre, les trois grandes tendances furent incarnées par Lénine, par Boukharine à sa gauche et par Trotski, à mi-chemin des deux.

Lénine déduisait sa position de constatations précises tirées de la situation générale. Une enquête sur l'état de l'armée l'avait d'abord convaincu de l'impossibilité absolue, selon lui, de continuer les combats extérieurs sans risquer de favoriser la résistance intérieure au régime bolchevik. Pour reconstituer une véritable armée, seuls une trêve politique interne, un répit accordé aux ennemis du régime et une coalition nationale de toutes les forces politiques étaient possibles. Or Lénine proposait la priorité rigoureusement inverse : donner tout le pouvoir aux bolcheviks pour liquider l'opposition intérieure, sauver le régime bolchevik par la paix extérieure. Les obligations à l'égard des Alliés ou même à l'égard des prolétariats étrangers devaient passer au second plan ; Lénine ne voulait pas que la révolution russe rejoigne la Commune de Paris au rang des glorieux et vains souvenirs du mouvement révolutionnaire international. La révolution bolchevik devait être sauvée dans un premier temps pour que la révolution en chaîne puisse se déclencher ensuite en Europe.

Pour Boukharine, au contraire, la paix représentait une trahison envers le prolétariat occidental qu'on livrait ainsi à l'impérialisme allemand. Il fallait faire confiance à la conscience révolutionnaire du prolétariat européen et prendre la tête d'une guerre révolutionnaire des peuples du monde.

Face à deux conceptions aussi opposées et argumentées, Trotski hésitait. Il était sensible aux avertissements de Lénine, savait combien il pouvait être hasardeux de sacrifier la révolution bolchevik en faisant confiance aux mouvements ouvriers occidentaux et combien aussi il était dangereux de continuer la guerre devant l'affaiblissement intérieur du régime soviétique affronté à ses opposants. Il ajoutait qu'une paix séparée pourrait peut-être déclencher une explosion du prolétariat en Allemagne. Mais rien n'était moins sûr selon lui. A l'instar de Boukharine, il considérait la paix avec le gouvernement du Kaiser comme une trahison à l'égard de tous les prolétariats, le français comme l'allemand : l'Allemagne en sortirait renforcée au point de gagner la guerre et, dans ce cas, d'écraser les velléités révolutionnaires en Europe ainsi que la révolution russe elle-même. La signature de la paix était un saut dans l'inconnu. Sa position « ni paix ni guerre » l'emporta un temps face aux exigences allemandes lors des négociations mais elle aboutit à l'offensive allemande de janvier et février, c'est-à-dire à la décomposition définitive de l'armée russe. A ce moment, Lénine obtient de justesse le ralliement de Trotski et une courte majorité de 7 voix contre 4 au Comité central pour faire accepter la paix séparée, signée à Brest-Litovsk le 3 mars 1918.

Le conflit entre les trois chefs de file bolcheviks avait révélé, en fait, les différences de conception concernant la nature et l'avenir de la révolution mondiale. Fallait-il sacrifier la révolution russe au profit des mouvements ouvriers occidentaux ou devait-on faire de la révolution en Russie le pilier de la révolution mondiale ? Comme le montre le choix final de Brest-Litovsk, c'est la seconde thèse qui l'a emporté. Le bolchevisme russe était défini comme le point de départ du soulèvement mondial des prolétariats. Cette thèse n'était pas cependant plus nationaliste ou moins internationaliste que la conception défendue par Boukharine. Pour Lénine comme pour les autres, l'objectif commun était bien le déclenchement d'une révolution mondiale. Sans elle, la révolution en Russie ne survivrait pas, pensaient-ils.

II. L'attente révolutionnaire (1918-1920)

A. En Europe

De fait, Lénine croyait pouvoir justifier les sacrifices consentis par la paix séparée au nom de l'imminence d'une explosion européenne qui viendrait les annuler. En 1918, le pari est d'ailleurs loin d'être perdu d'avance. L'Allemagne renverse la monarchie en novembre et semble proche de la révolution à l'instar de l'Italie du Nord et de la région de Turin. Le prolétariat anglais et français sont eux-mêmes gagnés par l'agitation. Un vaste mouvement de solidarité avec la révolution bolchevik semble s'esquisser un peu partout en Europe.

Assez vite cependant, entre 1918 et 1920, les espoirs révolutionnaires se révèlent moins fondés qu'on ne le croyait. Le succès du bolchevisme en Russie ne se reproduit pas ailleurs. En Allemagne, la bourgeoisie semble avoir compris les leçons de la révolution russe de février : elle sait s'organiser malgré le désarroi de la défaite et elle réussit à opposer au risque révolutionnaire un fort mouvement social-démocrate légaliste et modéré ; elle parvient à mettre en échec les conseils qui s'étaient multipliés dans l'ensemble du pays. Elle bénéficie aussi du contrecoup des tendances ultra-gauchistes qui ont déclenché l'insurrection spartakiste de janvier 1919. Rosa Luxemburg qui avait déjà condamné le caractère aventureux de la révolution bolchevik de 1917 cherche aussi à freiner le mouvement spartakiste alors que Lénine, avant de le condamner par la suite, y voit la possibilité d'une révolution sur le modèle bolchevik. L'échec de l'insurrection mal préparée et prématurée vérifie les craintes de Rosa Luxemburg : il entraîne le discrédit global du mouvement révolutionnaire allemand.

Malgré ce premier revers, les bolcheviks croient toujours aux chances d'une révolution européenne. L'installation au pouvoir des sociaux-démocrates allemands ne marque-t-elle pas la répétition de l'épisode Kerenski et donc le prélude à une véritable révolution comme en Russie ? Les événements de Hongrie et de Bavière ne témoignent-ils pas de la radicalisation de la situation révolutionnaire ? Aussi, la nécessité de créer un instrument révolutionnaire mondial s'impose. En mars 1919 à Moscou, un Parti mondial de la révolution naît sous la forme du Komintern.

Dans l'esprit de Lénine, les échecs des mouvements révolutionnaires en Europe entre 1919 et 1920 ne sont pas totalement négatifs. Ils démontrent que, à la différence de la Russie, la situation révolutionnaire n'a pas pu être exploitée jusqu'au bout faute de partis révolutionnaires organisés, forts et sûrs. On passait de l'espoir d'une révolution immédiate à la nécessaire organisation des mouvements révolutionnaires telle qu'elle était définie lors du IIe Congrès du Komintern en juillet 1920. Libérée des soucis et des contradictions de la social-démocratie, chargée de la conquête des syndicats afin de les transformer en instruments révolutionnaires, l'organisation communiste, définie par le programme des 21 conditions, doit cependant refuser selon Lénine l'extrémisme social qui effraie la bourgeoisie et les couches intermédiaires.

Lénine ne considérait pas néanmoins le Parti bolchevik comme un modèle absolu. « Le Parti bolchevik, affirmait-il, n'est pas une icône devant laquelle il faut se prosterner, ce n'est pas un modèle qu'on puisse offrir au monde pour l'éternité. » Certes, il affirmait l'efficacité du modèle et, après le reflux révolutionnaire, le parti léniniste devint un exemple d'organisation largement diffusé et imposé, mais, dans la période de l'agitation révolutionnaire des années 1919-1920, cette question de modèle avait peu d'importance pratique. Les révolutions dont le déclenchement était imminent se chargeraient de définir leurs propres organisations.

Malgré les revers révolutionnaires en Europe, le IIe Congrès de l'Internationale en juillet 1920 s'ouvrait dans une atmosphère survoltée. L'armée Rouge se trouvait aux abords de

Varsovie, tendait presque déjà la main au prolétariat allemand pour relancer et, cette fois, faire triompher la révolution en Allemagne puis dans le reste de l'Europe. Tous les participants au Congrès croyaient que le jour de l'embrasement général n'était plus qu'une question de semaines ou de jours. Jamais congrès ne retrouvera un tel souffle révolutionnaire et internationaliste. Le Parti bolchevik pouvait aisément faire admettre sa suprématie, même si les délégués étrangers étaient parfaitement conscients des divergences de conception sur la nature des partis. Serrati ne déclarait-il pas : « Je suis représentant d'un parti qui ne peut rien et Lénine est le grand chef de la révolution mondiale et du Parti bolchevik » ? Lénine exprima d'ailleurs ses propositions et ses exigences au cours des heures décisives de la bataille de Varsovie, au maximum de la tension et de l'espoir révolutionnaire. D'autre part, il pouvait présenter un Parti bolchevik uni et cohérent, exprimant une position univoque, alors que les représentants du mouvement socialiste présents se querellaient ou se dispersaient sur la question de l'opportunité d'une scission entre la social-démocratie et le mouvement communiste. Seul parti au pouvoir, vainqueur dans son pays, victorieux ou presque en Pologne, présentant une façade d'unanimisme, le Parti bolchevik fit accepter les 21 conditions. Il imposait ainsi sa suprématie au sein du mouvement révolutionnaire européen.

B. En Orient

L'espoir révolutionnaire ne se limitait pas à l'Occident. C'est en Orient que la révolution russe provoqua les épisodes révolutionnaires les plus nombreux et les plus spontanés. A partir de la République populaire formée sous le contrôle de l'armée Rouge au nord de l'Iran, le mouvement de propagation s'est étendu en Turquie, où des groupes communistes prennent la tête de l'agitation, et en Chine. Au IIe Congrès du Komintern, la voix des révolutionnaires orientaux se fait entendre par l'intermédiaire de l'Indien M. N. Roy qui demande aux délégués présents de reconnaître l'importance de la situation révolutionnaire en Orient. Même si la majorité des congressistes, à l'exception de Lénine, continuent de considérer que l'avenir de la révolution mondiale se joue en Europe, un congrès spécial destiné aux peuples d'Orient est décidé.

Or, lorsque ce congrès se réunit à Bakou en septembre 1920, la situation a déjà nettement évolué. Les attentes révolutionnaires en Occident ont été balayées et le gouvernement soviétique se retrouve de nouveau isolé en Europe. L'Orient peut apparaître comme un recours ou comme un nouveau champ d'extension de la révolution. Pourtant, les bolcheviks ont manqué cette ouverture possible ; ils ont eux-mêmes fermé la porte aux révolutions orientales. Les thèses finales du Congrès de Bakou qui mettaient l'accent sur la lutte des classes et sur le rejet de l'alliance avec les bourgeoisies nationales mirent fin à l'idée d'un relais des révolutions occidentales par la révolution des pays opprimés. L'affirmation de la spécificité prolétarienne des peuples opprimés, de la primauté de la révolution orientale et le glissement de la révolution sociale vers une révolte des opprimés apparaissaient comme des amorces d'hérésies pour le Komintern. Surtout, l'idée d'un transfert du concept de lutte des classes à l'échelle de la lutte entre les nations était inacceptable aux yeux des bolcheviks.

Ainsi, en 1921, la révolution est arrêtée à l'ouest parce qu'on n'a pas su la déclencher, à l'est parce qu'on l'a délibérément freinée. L'Union soviétique se retrouve seule et pour une longue période ; un constat de faillite que les bolcheviks mettront plusieurs mois à admettre, cherchant encore à ranimer en Occident les derniers espoirs révolutionnaires, contre toute apparence.

Le bilan du IIe Congrès du Komintern demeurait contrasté cependant. Si les bolcheviks avaient demandé aux autres partis de copier le modèle de leur parti, ils le justifiaient par la perspective de la révolution mondiale : une fois celle-ci triomphante, la révolution russe passerait au second plan et avec elle le Parti bolchevik russe. D'une certaine façon, Lénine avait demandé une autorité prééminente dans le mouvement mondial pour mieux la détruire ensuite. L'internationalisme demeurait un absolu, la révolution mondiale le but de tous.

Mais cette révolution échoua et passa sa chance. Restaient les 21 conditions, les partis monolithiques autoritaires. Restaient un socialisme coupé en deux, un mouvement social-démocrate encore dominant, des partis communistes minoritaires. Restait enfin un socialisme globalement affaibli. Et le Congrès laissait aussi en héritage une Troisième Internationale dominée par les bolcheviks selon un mode d'autorité toujours plus bureaucratique.

En effet, à l'image du vote des statuts des partis communistes, les bolcheviks avaient réussi à faire adopter leurs conceptions sur le fonctionnement du Komintern grâce au contexte de l'imminence d'une révolution mondiale. Ainsi, il était prévu que 5 des 15 voix du Conseil exécutif revenaient au pays hôte du Komintern. Certes, il était précisé qu'il devrait être transféré à terme hors de Russie mais à condition de trouver un autre pays d'accueil, à condition qu'un autre régime communiste triomphe à son tour. En attendant, outre les 5 sièges, la Russie bolchevik fournissait l'essentiel des fonctionnaires, le reste devant de toute façon résider sur le territoire soviétique, s'exposant par là même à se soviétiser. Bien que Lénine pensât pouvoir l'éviter, la bureaucratie du Komintern tendit à se confondre avec la propre bureaucratie du Parti bolchevik. Dès avant les années trente, le Komintern devint un moyen d'action mis au service de la politique extérieure de l'URSS ou de la volonté des bolcheviks.

III. La dernière tentative révolutionnaire de 1921 et le reflux

Les bolcheviks et le Komintern tentèrent une dernière offensive révolutionnaire en Allemagne en 1921 lors de « l'action de mars ». Mais cette tentative se révéla un échec de très lourde portée. Malgré l'opposition des chefs du Parti communiste allemand, malgré l'avis contraire de Radek qui connaissait bien la situation en Allemagne, Zinoviev, président de l'exécutif de l'Internationale communiste, organisa une insurrection par l'intermédiaire de son envoyé, Bela Kun, pensant ainsi déclencher une révolution générale en Allemagne et sortir la Russie de son isolement auquel il la voyait de plus en plus condamnée.

Le bilan fut lourd. Non seulement le Parti communiste

allemand fut décimé, mais le Parti social-démocrate s'en trouva renforcé et la division du socialisme allemand consacrée, ce qui s'avérera décisif plus tard face à la montée du national-socialisme.

Après cet échec de 1921, les bolcheviks doivent constater la réalité de leur isolement : « Nous sommes seuls mais notre révolution doit vivre », disait Lénine à cette date. Dès lors, le problème du salut de l'État soviétique passe au premier plan. Tous les compromis nécessaires à la survie de la révolution en Russie doivent être dorénavant admis. C'est le sens du IIIe Congrès du Komintern en 1921, le congrès le plus grave et presque le plus tragique, celui où l'on doit constater la fin de la phase ascendante du mouvement révolutionnaire de mars 1917 à mars 1921 et le début du reflux. Une nouvelle orientation s'impose.

A la stratégie offensive menée jusque-là le mouvement communiste international doit substituer une tactique défensive et tenter de convaincre, de gagner et d'intégrer progressivement le prolétariat. Le quotidien et la lutte économique deviennent prioritaires bien que la porte soit étroite. Dans ce contexte, le Congrès va même jusqu'à poser la question de la raison d'être des partis communistes hors de la Russie. Partis à vocation révolutionnaire, ils risquaient de se confondre avec les partis sociaux-démocrates en se plaçant sur le seul terrain de la lutte économique et en prônant la transformation de la condition ouvrière et le travail syndical. En même temps, le IIIe Congrès consacrait une division du mouvement ouvrier, contribuait à l'affaiblir au moment où il se révélait plus puissant que ce que l'on avait d'abord pensé. Hors le contexte d'imminence révolutionnaire, à quoi donc pouvaient servir des partis communistes ? Mais, sans eux, quelle pouvait être l'utilité du Komintern ? L'Internationale communiste existait-elle encore une fois que les bolcheviks avaient décidé de ne plus croire aux chances révolutionnaires en Occident ?

Pourtant, Lénine et son parti décidèrent de conserver le Komintern. Même sous l'allure du fantôme de la révolution mondiale évanouie, il pouvait encore servir. Servir le régime soviétique en Russie soit sur le plan intérieur, pour justifier l'adoption de la NEP par exemple, soit sur le plan de sa politique extérieure.

6

Le tournant de la NEP

Un tournant décisif fut pris en 1921 lors de l'adoption de la Nouvelle Politique économique (NEP), peu de temps avant la maladie de Lénine et sa disparition.

I. La situation de l'URSS en 1921

A l'aube de l'année 1921, le bilan de trois ans et demi de communisme de guerre se révèle dramatique. Le pays meurt de faim quand la paysannerie, tout entière, est rebellée, hostile au régime. La classe ouvrière était, selon le mot de Boukharine, en voie de dissolution, de désagrégation. Un fossé s'était creusé entre l'ensemble du peuple soviétique et le pouvoir. Pour une révolution qui, par deux fois, était née d'un soulèvement populaire, un résultat aussi rapide était pour le moins déconcertant. Un réexamen radical de la situation s'imposait.

A. L'épuisement matériel

En premier lieu, le pays se retrouvait matériellement épuisé. La paysannerie ne suivait plus le régime. Elle avait d'abord été gagnée à la cause de la révolution parce que celle-ci lui avait apporté la terre et elle l'avait défendue aussi longtemps que le retour à l'ancien régime menaçait. Mais, du jour où la guerre civile s'était terminée, la paysannerie défendit ses seuls intérêts, ses propres bénéfices tirés de la terre. Elle devenait une force d'opposition au régime des réquisitions forcées et arbitraires et produisait de moins en moins. Du coup, dans les villes, la majeure partie de la population mourait de faim et ne travaillait que pour pouvoir survivre en achetant les rares produits au marché noir. Selon les dirigeants soviétiques, tout ce qui était fabriqué dans les usines était aussitôt volé et revendu sur le marché noir contre du pain et des pommes de terre. 1921 restera ainsi l'année de la famine où l'on vit même des scènes de cannibalisme se multiplier dans le pays.

Plus encore, le lien psychologique entre le régime et le peuple des villes et des campagnes s'était rompu. Avec la disparition de la double menace extérieure et contre-révolutionnaire, le peuple pose la question simple des bienfaits apportés par la révolution et de ses conditions réelles d'existence. Le constat produit, en général, une véritable rébellion contre le pouvoir.

B. Les problèmes du pouvoir

Sans doute, le pouvoir avait-il les moyens de réagir. Les nouveaux statuts, nés de la réorganisation de 1919, donnaient au Parti communiste la possibilité d'encadrer l'ensemble du peuple soviétique et des syndicats au travers d'un appareil centralisé et théoriquement fort. Mais, au cours de cette année 1921, le Parti était en proie à des divisions entre courants de plus en plus contradictoires. Dissensions entre personnes tout d'abord avec la rivalité ouverte entre Trotski et Zinoviev, ce dernier jouant très certainement, dès cette époque, le rôle d'instrument de l'ascension parallèle et peu visible de Staline. Divisions sur les questions de fond ensuite et tout particulièrement à propos des relations entre le pouvoir du Parti et la base syndicale soutenue par l'Opposition ouvrière. Ainsi, le Parti bolchevik ne semblait pas avoir seulement perdu le contact avec le peuple, classe ouvrière comprise ; il n'apparaissait plus sous son image d'organe unifié, il semblait avoir perdu l'un de ses principaux atouts.

Face à cette situation, Lénine avait déjà tenté de définir un certain nombre de solutions au IXe Congrès du Parti en mars-avril 1920. En privilégiant la lutte contre les menaces de désastre économique, il avait cependant aggravé les divisions entre courants au sein du Parti, entre le Parti et les partisans des syndicats. Aussi bien l'utilisation des spécialistes dans l'industrie que l'adoption d'une direction uninominale dans l'ensemble de la production marquaient la fin du contrôle de la base sur la marche de l'économie au profit d'une structure autoritaire unique. Sur le principe, Lénine était rejoint par Trotski, favorable à une forme de militarisation complète du secteur productif. Les deux hommes, malgré les désaccords ultérieurs portant sur les méthodes, partaient du même constat du risque d'un glissement de l'économie vers une forme totale d'anarchie.

C'est sur ces premières initiatives et dans ce contexte général que vont éclater les événements qui font de l'année 1921 un tournant du régime : le soulèvement de Cronstadt en février 1921, la décision de la NEP et le Xe Congrès du Parti.

II. Le soulèvement de Cronstadt

Il serait inexact de considérer la NEP comme la conséquence du soulèvement de Cronstadt. Les deux faits sont concomitants et reliés aux mêmes causes mais Cronstadt ne fait qu'éclairer l'atmosphère dans laquelle le grand tournant de 1921 a été décidé.

La révolte intervient à la suite des difficultés matérielles de la classe ouvrière, des problèmes suscités par les mesures de militarisation du travail prônées par Trotski et des décisions d'unité de direction prises par Lénine au IXe Congrès. L'enjeu se situe au cœur des relations entre les organes du Parti et les syndicats et le rôle respectif des uns et des autres dans l'organisation du travail. La tendance de l'Opposition ouvrière s'était d'ailleurs rassemblée derrière Chliapnikov et A. Kollontaï depuis l'automne 1920 pour défendre les idées du contrôle de la production par les syndicats, de l'épuration des éléments non ouvriers au sein du Parti et de l'élection des responsables. Au début des événements de 1921, cette tendance au sein du Parti demeure cependant minoritaire, sans personnalités de renom ni journal ou véritable moyen de s'exprimer.

C'est la querelle entre Trotski et Zinoviev et l'attitude de ce dernier qui donnent de l'écho au débat sur le contrôle ouvrier. Pour miner la position de Trotski, Zinoviev a voulu jouer le rôle d'apôtre de la « démocratie ouvrière » en présentant son adversaire comme l'écraseur des syndicats et le tyran de la classe ouvrière. Lénine n'intervenant pas, la discussion sur les syndicats ajoutée à la démagogie de Zinoviev créèrent une confusion certaine au sein du Parti. Plus encore, elle semblait encourager l'agitation ouvrière et les grèves qui se multipliaient en raison des conditions matérielles et politiques.

Les marins de Cronstadt ne font que prolonger et incarner le mouvement à son point d'apogée. Leur révolte déclenchée le 8 février permet d'élaborer un programme de revendications précis et nullement contre-révolutionnaire. Ils demandaient la dissolution des soviets et leur réélection sur la base d'un scrutin libre et secret ainsi que le rétablissement des principales libertés : la liberté de presse et la liberté de réunion pour l'ensemble des partis, socialistes, anarchistes et pour les syndicats, la liberté économique pour les paysans, le libre droit de disposer de leurs récoltes et donc la suppression des perquisitions et des réquisitions, enfin la liberté de production pour les artisans qui n'emploient pas de salariés.

Le programme pouvait paraître modéré mais pas aux yeux du gouvernement bolchevik : il était le signe extrême de la crise du régime. C'était le fer de lance de la révolution qui, en la personne des marins de Cronstadt, se dressait contre le pouvoir qu'il avait lui-même contribué à installer. Surtout, les bolcheviks craignaient l'effet de contagion de Cronstadt comme en témoignaient déjà les paysans de la province de Tambov, soulevés, armés et formés comme une armée révolutionnaire dirigée par le SR Antonov, ou encore les paysans d'Ukraine emmenés par l'anarchiste Makhno. Très vite après le début de Cronstadt, le pouvoir était contesté partout et de toutes parts, au nom de la liberté revendiquée par les paysans ou selon le slogan, tant de fois agité par Zinoviev, de la démocratie ouvrière.

La gravité des menaces contre le gouvernement bolchevik était telle que la décision de réduire la rébellion de Cronstadt fut prise à l'unanimité des tendances du Parti et sans hésitation. Tous, de Lénine aux membres de l'Opposition ouvrière, en passant par Trotski et Zinoviev, s'accordaient pour réprimer une révolte considérée comme un mouvement petit-bourgeois-paysan. Mais pour cela, il fallut mobiliser, non sans mal d'ailleurs, des troupes d'élite sous la direction de Toukhatchevski (et non sous celle du grand ami de Staline, Vorochilov, comme l'indique l'*Histoire du Parti* de 1938 et encore l'édition de 1962, pourtant postérieure à la déstalinisation...). Résultat : la répression fut lourde et particulièrement meurtrière aussi bien sur le moment, pendant les dix jours de combat, du 8 au 18 mars, que par la suite, lors de la liquidation des fugitifs.

Pour justifier l'écrasement de la rébellion, les chefs bolcheviks invoquèrent le rôle de la contre-révolution, des gardes blancs ou des partis d'opposition. Radek accusait à la fois les Blancs, les mencheviks et les socialistes-révolutionnaires. En réalité, ni les gardes blancs – dont le seul représentant, le général Kozlovski, n'intervint qu'à la suite du soulèvement – ni les mencheviks demeurés hostiles au mouvement ne jouèrent un quelconque rôle. Les deux seuls groupes d'opposition présents avaient été les anarchistes, d'une part, assez nombreux parmi les marins, et les socialistes-révolutionnaires, d'autre part, dans la mesure où la majorité des insurgés étaient d'origine paysanne et que le Parti SR apparaissait encore comme le défenseur de la paysannerie. Le rôle des uns et des autres a compté mais, en profondeur, la révolte des marins de Cronstadt était un acte spontané, révélateur d'un état extrême d'exaspération et symbole du soulèvement de l'ensemble du peuple russe.

III. La NEP

Par l'inquiétude qu'elle a suscitée, l'affaire de Cronstadt a certainement précipité la décision prise par les dirigeants bolcheviks de procéder à un tournant décisif de leur politique. Dès l'année 1920, l'idée d'une rectification de la politique économique apparaissait en filigrane. Ainsi Trotski, au moment où il prônait la militarisation de l'industrie, défendait par ailleurs des mesures de libéralisation en matière de production paysanne et de commerce privé. On est loin de l'image léguée par l'histoire officielle faisant de Trotski l'opposant le plus farouche du tournant de la NEP.

C'est Lénine cependant qui fut le véritable instigateur de cette révision radicale du communisme de guerre. Non sans difficultés d'ailleurs puisque son projet de résolution fut exposé devant le Bureau politique le 8 février 1921, le jour même où se déclenche l'insurrection de Cronstadt, et que le texte parut sous une forme discrète et presque voilée dans le numéro de *la Pravda* du 13 février. La publication complète du projet, le 18 février, coïncide avec la radicalisation de Cronstadt. Au Xe Congrès, alors qu'une bonne partie des délégués sont partis à l'assaut de Cronstadt, les discussions sur la NEP occupent une place minime. Sur les 330 pages de la sténographie des débats, 20 seulement sont consacrées à ce qui était pourtant l'abandon du communisme de guerre et représentait un revirement décisif. Une telle méthode donnait la mesure des craintes d'une opposition et des difficultés qui imposaient à Lénine une prudence extrême.

De fait, les mesures impliquaient un recul de taille par rapport au communisme de guerre. Remplacement des prélèvements et réquisitions par un impôt en nature calculé de façon à laisser à la paysannerie une part non négligeable de sa production et afin de l'inciter à produire. Légalisation du commerce intérieur. Adoption enfin de mesures accordant certaines concessions au capitalisme privé dans le fonctionnement des entreprises. De telles décisions soulevèrent un tollé dans le Parti et plus particulièrement au sein de la tendance de l'Opposition ouvrière qui dénonçait une politique petite-bourgeoise contre-révolutionnaire. Dans les villes, de même, la base ouvrière croyait à l'abandon de tous les acquis de la révolution depuis 1918. Le problème de la signification de la NEP se pose ainsi de façon cruciale.

Les difficultés de l'interprétation ne portent pas sur l'opportunité de la décision : face à un pays fractionné en une multitude de pouvoirs indépendants et de lieux de révolte paysanne, le choix se faisait entre la NEP et la liquidation du régime à brève échéance. C'est bien plutôt la portée et le sens de la politique choisie qui demeurent ambigus après avoir partagé contemporains et historiens. Le nouveau programme était-il un simple arrêt temporaire « pour souffler » un peu, pour rétablir la paix sociale avant de repartir le plus vite possible ? Ou bien s'agissait-il, contre les mesures de socialisation prises dans l'industrie depuis 1918, d'une forme de retour au passé ou, du moins, d'une pause prolongée permettant à l'État soviétique une transition entre capitalisme et socialisme ?

La réponse n'est pas simple. Si l'on étudie de près la chronologie, la décision de la NEP paraît coïncider avec la fin des derniers espoirs révolutionnaires en Europe et notamment avec l'échec de l'insurrection allemande de mars 1921 organisée par Bela Kun et inspirée par Zinoviev. Les conditions internationales et l'isolement de la Russie semblent commander la pause. Lénine serait le premier à le penser. Face à la nécessité d'une pause prolongée, il reprend ses idées de 1917 émises au moment de la prise du pouvoir et contenues dans son ouvrage sur *Les Tâches immédiates de la révolution*. Selon lui, le gouvernement bolchevik devait se contenter, dans un premier temps, d'accomplir la révolution bourgeoise pour préparer les bases du passage au socialisme : la distribution des terres aux paysans sous forme de propriété individuelle n'était pas seulement une nécessité tactique liée aux promesses des thèses d'avril mais trahissait aussi le constat selon lequel la Russie n'était pas prête pour le socialisme. Et si des mesures de socialisation avaient été prises dans les usines, c'était largement le résultat de la pression de la base ouvrière et non celui d'une volonté libre du pouvoir. En 1921, Lénine insiste longuement sur l'idée d'une transition : « On ne peut pas supprimer la paysannerie comme on peut supprimer les capitalistes ou les propriétaires fonciers. Il faut la transformer et la transformer exige une très longue période qu'il faut chiffrer peut-être par dizaines d'années. » On est loin d'une simple pause de courte durée.

Ce chiffre de « dizaines d'années » se retrouve d'ailleurs chez Lénine à propos de la construction de l'industrie : « Construire une grande industrie dans ce pays attardé nous demandera des dizaines d'années. » Lénine semble donc considérer que la Russie soviétique n'est pas mûre pour le socialisme ; c'est le communisme de guerre qui a été une façon de brusquer l'Histoire, une sorte de parenthèse bien plus que ne saurait l'être la NEP. La NEP est au contraire une reconnaissance du niveau réel, social et culturel, du pays et du peuple russe.

Mais, quoi qu'il en soit de l'interprétation, le corollaire indispensable d'un tel tournant était une autorité renforcée du Parti. Pour affronter les oppositions à l'intérieur du mouvement et celles formulées par les syndicats ; pour encadrer une paysannerie qui, sur le plan économique, allait pouvoir organiser librement sa production ; pour faire face à la dispersion d'autorité que les nouvelles mesures risquaient d'entraîner.

Ce fut justement le rôle du Xe Congrès que de décider des réformes qui allaient modifier les structures du Parti et sa place dans l'État. C'était, après Cronstadt, après la NEP, le troisième événement de l'année 1921.

IV. Le Xe Congrès

Le Xe Congrès est à la fois important et particulièrement bien connu. C'est le moment où les fractions sont interdites à l'intérieur du Parti, le moment, plus encore, où toutes les possibilités d'opposition sont liquidées, où la montée au pouvoir de Staline est commencée, où l'appareil devient un instrument monolithique au service du pouvoir stalinien.

Officiellement, les débats portaient sur la question syndicale. En réalité, le problème fondamental du pouvoir était en jeu et opposait la base et le sommet. En opposant aussi Zinoviev et ses partisans à Trotski, accusé de vouloir soumettre les syndicats au Parti et de les réduire au rôle de simples instruments économiques. Lénine lui-même, à plusieurs reprises, critiqua Trotski pour son manque de tact et sa brutalité, même si la divergence ne portait que sur des questions de méthode et ne préjugeait pas d'un accord sur le fond entre les deux hommes.

De plus, alors qu'elle avait peu de poids jusque-là, la tendance de l'Opposition ouvrière reçut au moment du Xe Congrès une recrue de choix en la personne d'Alexandra Kollontaï connue pour ses thèses radicales en matière de libération de la femme et d'amour libre, sujet de scandale pour nombre de bolcheviks puritains, Lénine compris. Elle apporta au groupe de Chliapnikov son grand talent d'oratrice, sa personnalité brillante et son sens critique particulièrement aigu. Elle publia surtout un pamphlet sur la question ouvrière et syndicale, véritable critique en règle, lucide et mordante, du régime soviétique dans son ensemble : elle dénonçait à partir du problème syndical, la perte du pouvoir du prolétariat, la perte de confiance dans le prolétariat et la montée en puissance de la bureaucratie.

La tendance de l'Opposition ouvrière ne se présentait pas cependant comme une fraction organisée au sein du Parti. C'est l'histoire officielle telle qu'elle a été écrite par Staline qui présente l'attitude du groupe de Chliapnikov comme une tentative d'activité fractionnelle, menace sur l'unité du Parti, alors qu'il ne cherchait qu'une discussion sur les problèmes du Parti. C'est aussi une proposition présentée par Zinoviev qui imposa à la tendance de l'Opposition ouvrière un rôle de fraction. En demandant que les élections au Xe Congrès se fassent sur la base d'une plate-forme nette et majoritaire, il avait réussi à inclure dans une sorte d'opposition générale l'Opposition ouvrière et Trotski, malgré la divergence totale de leurs thèses. Tous ceux qui ne s'étaient pas ralliés à la plate-forme pouvaient dès lors apparaître comme fractionnaires.

Trotski avait dénoncé avec vigueur une telle pratique qui engageait d'avance les votes des délégués et empêchait un débat libre. L'*Histoire du Parti*, dans son édition de 1938, présentait pourtant l'affaire sous un angle bien différent : « Mais Trotski, en dépit de la discipline du Parti, fit connaître ses divergences à l'opinion publique en se déclarant, en son propre nom et au nom du groupe de ses amis politiques, en désaccord avec la ligne du Comité central. Il proclama que le Xe Congrès du Parti aurait à choisir deux plates-formes principales : celle de Lénine et la sienne, et il lança au Parti ce défi : “élire au Xe Congrès les délégués par plate-forme”. » La même version subsiste dans les éditions de 1962 et 1964.

Organisées selon ce procédé, les élections au Congrès eurent pour effet attendu de cristalliser les oppositions dans un double duel ; le clivage, d'une part, entre l'Opposition ouvrière et la totalité du Parti, de Lénine à Trotski, et, d'autre part, la division sur la question de la militarisation, qui mettait face à face Trotski-Boukharine et Lénine-Zinoviev. De ce fait, les débats du Parti accordèrent autant d'importance aux questions de fond qu'aux querelles de personnes. La discussion sur la NEP fut ainsi noyée dans la bataille des plates-formes.

On s'occupa, dans les premiers jours, de condamner l'Opposition ouvrière. Les premiers échanges demeuraient modérés. Lénine avait toujours eu pour habitude de faire élire dans les organes dirigeants les personnalités dont ils combattaient les thèses et réciproquement. En octobre 1917, Zinoviev avait été élu au Comité militaire révolutionnaire alors qu'il s'opposait à la décision de prise du pouvoir. De même, Lénine avait demandé qu'on fasse élire Chliapnikov au Comité central. Le débat ne paraissait pas dramatique et nul n'entrevoyait les mesures extrêmes qui se profilaient en conclusion des discussions.

Au milieu des interventions en effet, Lénine imposa brusquement deux résolutions fondamentales dont la portée ne fut guère entrevue sur le moment. En premier lieu, à la suite des phénomènes apparus pendant le Congrès, Lénine faisait décider l'interdiction des fractions, même s'il réaffirmait le principe de la libre discussion au sein des organes du Parti. Surtout, seconde résolution, le Comité central recevait le pouvoir d'exclusion, votée à la majorité des deux tiers, à l'encontre de tous les communistes dont le comportement ne serait pas orthodoxe, soit à l'égard de fractions, soit sur le plan individuel. Cette seconde disposition avait d'ailleurs été tenue secrète, ce qui montrait l'ampleur du débat et des difficultés qu'elle n'avait pas dû manquer de susciter. Radek fit ce commentaire : « L'ensemble des dispositions que nous avons prises sur l'interdiction des fractions, et sur les exclusions, sont des dispositions extrêmement dangereuses qui, un jour, nous engloutiront peut-être ; mais dans la situation dramatique de notre pays, je ne vois pas d'autre moyen que de les voter pour garantir l'unité du Parti. »

Les votes sur la NEP et sur la réorganisation du Parti furent ainsi acquis en raison de la situation générale du pays et du risque de désagrégation du Parti. Le thème de l'unité du Parti emporta la conviction. Cette unité n'avait-elle pas permis la conquête du pouvoir puis la défense de la révolution dans les pires conditions, la clandestinité d'abord, la guerre civile ensuite ? En 1921, les conditions étaient au moins aussi dramatiques, et les délégués du Congrès, même s'ils entrevoyaient les dangers du système, acceptaient la nécessité d'un Parti unanime, purifié et sain pour traverser la période à venir.

L'acceptation des changements touchant l'organisation du Parti entraînait par suite l'accord sur un profond renouvellement du personnel politique. La tête ne faisait que précéder la base en la matière. Ainsi, au Comité central et au Secrétariat, les trois hommes les plus favorables à la conciliation des tendances au sein du Parti et opposés en conséquence à la méthode des exclusions comme au principe des élections par plate-forme durent disparaître des instances dirigeantes. Il s'agissait de Krestinski, Preobrajenski et Serebriakov. A leur place, apparaissent les noms de Molotov, Ordjonikidze, Iaroslovski, Kouibychev... tous membres de l'équipe stalinienne.

Staline se retrouve le seul à appartenir à tous les organes du Parti. A l'aboutissement de sa progression, une petite note parue dans *la Pravda* du 4 avril 1922, presque passée inaperçue, indiquait la nouvelle composition du Secrétariat entérinée par le Comité central du XIe Congrès : Staline y était nommé secrétaire général et non plus simplement secrétaire ordinaire, et se retrouvait assisté de deux secrétaires, Molotov et Kouibychev. Aucun texte n'indique les conditions et les raisons d'une telle décision présentée, de toute évidence, devant le Comité central. Elle semble avoir été prise au titre de mesure administrative sans que sa portée ait été clairement perçue.

Après les départs au sommet de ceux qui n'ont pas accepté le tournant de la NEP et les décisions du Xe Congrès, la base elle-même subit une épuration générale à partir de 1921. S'appuyant sur l'article 7 des résolutions finales prévoyant la procédure d'exclusion, les commissions de contrôle ne cessèrent pas de siéger. Elles visèrent en premier lieu les membres accusés pour des motifs de moralité (vols, trahisons, etc.) mais le résultat pratique atteignit des proportions impressionnantes. Entre 1921 et 1922, 24 % des membres du Parti furent exclus. La théorie de Lénine selon laquelle ce qui était important dans un parti n'était pas d'avoir dix membres en moins, mais un mauvais membre de trop, s'appliquait dans toute sa rigueur. Les raisons de moralité ne furent pas les seules en cause et la fidélité manifestée à l'égard du personnel dirigeant compta aussi pour une bonne part. Il était de toute façon difficile de faire la part entre motifs de condamnation individuelle et motifs politiques.

Au total, le bilan de cette période est marqué par l'adoption de deux politiques apparemment contradictoires. D'un côté, la NEP ainsi que les déclarations du Xe Congrès semblent s'opposer aux principes considérés comme dictatoriaux, ceux de Trotski ou ceux des partisans de Boukharine, et sont présentés sous couvert de libéralisme ou selon une phraséologie démocratique, y compris les mesures contre les fractions. Des personnalités, tel Radek, qui nourrissaient pourtant les plus vives inquiétudes sur les mesures prises, les avaient finalement votées pour sauver l'idée de démocratie et ne pas paraître la condamner.

D'un autre côté, les mesures signifiaient aussi l'affirmation d'un système autoritaire avec le changement du personnel du Parti et la disparition des partisans des tendances libérales, avec la condamnation de l'Opposition ouvrière et l'interdiction des fractions, avec les mesures d'exclusion et la toute-puissance acquise par le Comité central. Cependant, même si Staline semblait déjà avoir la mainmise sur la nomination des hommes, le Xe Congrès comportait bien deux faces et deux courants possibles : l'aspect autoritaire, d'une part, et une forme de volonté démocratique, d'autre part.

Restait à savoir ce qui des aspirations démocratiques ou de l'appareil autoritaire mis en place pour sauver le régime soviétique dans une phase particulièrement critique allait pouvoir l'emporter.

7
Lénine devant son œuvre

Après le tournant de la NEP et à la veille de la mort de Lénine, la question de l'avenir de l'Union soviétique se pose avec toute son acuité. Peu de chefs d'État avant Lénine avaient pu envisager avec calme et lucidité les conséquences de leur disparition et, surtout, dans un délai de réflexion aussi court.

Or la situation du pays était pour le moins contrastée. D'un côté, le peuple russe – après la révolution faite dans l'ambiguïté, après les multiples difficultés liées à la guerre civile, à la guerre contre l'étranger – continue de défendre la révolution qu'il pense avoir faite et de se resserrer autour de ses dirigeants. De l'autre côté, la guerre civile a imposé des structures de pouvoir et des comportements politiques d'un type nouveau, lourds d'avenir.

Le problème, en effet, n'est pas de savoir, comme on l'a souvent affirmé, si le peuple russe était trop attardé pour soutenir une révolution socialiste ou si Lénine ne croyait qu'en son Parti ou qu'en lui-même. Le Parti n'était à l'origine qu'un instrument de pouvoir. C'est la guerre civile qui a conduit les bolcheviks à adopter des moyens de fortune forgés dans l'attente d'un retournement de la situation révolutionnaire mondiale en leur faveur. Le problème apparaît en 1921 lorsqu'il fallut constater l'impasse des révolutions extérieures et la solitude de la révolution russe : « Nous sommes seuls, affirmait dès lors Lénine, il faut que nous sachions comment nous conduire maintenant que nous en avons pris conscience. » Il ne s'agissait plus de choisir des expédients mais des mesures durables tenant compte de la situation réelle du pays.

La NEP tentait de définir l'ensemble de ces réponses. Face

à une guerre civile recommencée avec la paysannerie, face à un Parti fissuré par les querelles personnelles et un prolétariat introuvable, la NEP signifiait l'arrêt de la marche du régime vers la socialisation. Du coup, le régime perdait son objectif déclaré et le Parti, de son côté, ne pouvait plus proposer une ligne claire et cohérente. Les forces populaires faisaient défaut à l'un et à l'autre. C'est pourquoi l'indispensable corollaire de la NEP, fut le tournant du Xe Congrès marqué par l'interdiction des fractions et l'adoption de méthodes d'autorité et d'intolérance au sein du Parti. Autant de mesures qui apparaissent aujourd'hui comme les prémices du régime stalinien mais qui furent d'abord conçues comme une réponse immédiate et temporaire aux problèmes de l'heure, une réponse à un pays en pleine décomposition, même au risque de faire un pas en arrière par rapport à la révolution. Le drame du socialisme soviétique se révélait bien là ; les bolcheviks avaient toujours su que la révolution devait se faire sur des bases économiques et sociologiques précises et non pas seulement sur la vague de révolte populaire qui les avait aidés à s'emparer du pouvoir.

En 1921, le pouvoir soviétique était suspendu pour deux raisons au-dessus du vide : premièrement, face au vide de l'infrastructure économique, deuxièmement, face au vide de la base sociologique. La réponse du Parti et du pouvoir fut précisément de renforcer son autorité sur le pays. Plus encore, le régime devait incarner la volonté révolutionnaire et devenir une force capable de dominer toutes les tendances centrifuges, contre-révolutionnaires ou révoltées qui naissaient de cette sorte de magma social informe que l'ancienne société russe était devenue, la paysannerie en particulier. Le pouvoir autoritaire du Parti devait se séparer de la base soviétique. Selon Lénine, la NEP devait permettre aux paysans de participer à nouveau à la vie économique mais non leur accorder la liberté dont ils se serviraient mal. Le Parti renforcé contrebalancerait sur le plan politique l'influence octroyée à la paysannerie sur le plan économique ; il devait la dominer.

Sur le moment, Lénine n'a pas eu le moyen de prendre en compte toutes les conséquences de cette transformation d'un pouvoir révolutionnaire en un pouvoir autoritaire placé au-dessus du peuple, sans assise populaire. Il avait à faire face à des tâches quotidiennes trop absorbantes pour laisser place à une vision d'ensemble du pays et de son évolution. En revanche, à partir du début de sa maladie, le recul qu'il a pu prendre par rapport à la vie politique lui offrit la possibilité d'une réflexion décisive sur le régime soviétique. En ce sens, la chronologie de sa maladie joue un rôle important ; atteint par les premiers symptômes dès la fin de l'année 1921, il est terrassé par une première attaque de paralysie en mai 1922 et doit rester à l'écart des affaires publiques jusqu'en octobre de la même année. Homme d'une vitalité prodigieuse, il lutta pour guérir avec une énergie qui fit l'étonnement de tous les médecins qui le croyaient perdu dès le départ. Aussi, ses facultés intellectuelles étant demeurées intactes, cette période de maladie fut une phase de réflexion, Lénine gardant l'espoir de pouvoir peser sur les événements.

A son retour en octobre, il était profondément transformé. Quand il apparut pour une dernière fois au IVe Congrès du Komintern, tous ceux qui l'avaient connu furent frappés non seulement par son changement physique mais aussi par l'amenuisement de la vivacité qui caractérisait auparavant ses avis autoritaires, son raisonnement structuré et rapide. Mais il avait aussi pris du recul et portait un jugement d'une grande lucidité sur l'évolution de son pays. De nouveau victime d'une attaque le 31 décembre 1922, il dut se retirer définitivement de la vie politique tout en poursuivant sa propre réflexion sur l'avenir du régime. Il avait conscience dorénavant qu'il était condamné à brève échéance et ses écrits prennent un cours plus désespéré et plus décisif mais aussi plus positif dans la mesure où il se concentre sur le seul problème de sa succession. C'est entre cette deuxième attaque et mars 1923 qu'il léguera une réflexion d'ensemble de la situation de la Russie et du régime à ses successeurs – ce qu'on appellera le testament de Lénine. Après le 10 mars 1923 et sa troisième attaque, il perd définitivement l'usage de la parole ; transporté à Gorki, il est ramené *in extremis* à Moscou.

On dispose ainsi d'un ensemble de textes qui se répartit entre les écrits des dernières journées de son activité politique entre le 23 et le 31 décembre 1922 et le texte ultime « Mieux vaut moins mais mieux » qui date des premiers jours de février. Trois problèmes fondamentaux se dégagent du corpus dont les deux premiers ont une portée à long et même à très long terme : le problème national en URSS et celui de la bureaucratie, d'une part, la question de la succession de Lénine, d'autre part.

I. Le problème national

La question nationale peut paraître primordiale dans la mesure où c'est à travers elle que Lénine a pris conscience de tous les autres problèmes qu'il léguait à ses successeurs.

A. La querelle des principes

L'histoire de la formation nationale de l'URSS était particulièrement complexe du fait des linéaments de la politique menée par Lénine et son gouvernement. Deux phases successives doivent être distinguées à ce sujet. Au moment de la révolution tout d'abord, les nationalités avaient embrassé la cause du gouvernement bolchevik à la mesure de l'espoir suscité par le principe léniniste de l'autodétermination nationale. Lénine accordait certes une valeur temporaire à ce mot d'ordre mais il le confirma et en accepta les conséquences. Il pensait, en fait, que la question nationale deviendrait secondaire du jour où la révolution mondiale se serait déclenchée. Lorsque la révolution extérieure apparut de plus en plus improbable, à partir de 1920, Lénine dut justement réviser sa position et accorder une place décisive aux problèmes des nationalités au sein du système soviétique en formation.

Dans cette seconde phase où l'Union soviétique ne pouvait plus compter que sur ses seules forces, le régime ne pouvait accepter de perdre la moitié des territoires de l'ancien Empire et de se retrouver en face de provinces passées dans le camp de la contre-révolution. La reconquête des nationalités devenait un impératif de survie pour le régime soviétique.

Elle ne se fit pas sans heurts. Dans un certain nombre de cas, l'armée Rouge dut intervenir comme en Géorgie, en 1921, contre les mencheviks. Ailleurs, des traités bilatéraux avaient réussi à définir les relations entre la Russie et les républiques nationales soviétiques en faisant notamment du Parti communiste l'instrument de l'unité et d'une certaine centralisation. Après la période de la guerre civile, c'est lui qui décidait des nominations et des choix d'ordre politique. Son centre de décision était à Moscou. Néanmoins, les républiques conservaient leurs structures d'État souverain et par là même leur illusion d'indépendance ; un resserrement des liens que les traités ne définissaient que de manière confuse s'imposait. Sur ce sujet, Lénine préféra l'empirisme à toute autre solution et il considérait que la pratique allait d'elle-même définir les voies d'une solidarité plus étroite sans heurter les sentiments nationaux.

Ainsi furent créées des unions politico-économiques regroupant plusieurs républiques et susceptibles de faire passer au second plan la notion d'État souverain. Ce serait avec elles et non plus avec les nationalités que la république de Russie pourrait traiter. Outre l'Union de l'Asie centrale, constituée en 1924, la plus importante fut celle qui réunissait dès 1921 les trois républiques du Caucase – l'Arménie, l'Azerbaïdjan et la Géorgie. Englobant une région de nationalisme virulent, tout particulièrement en Géorgie, la Fédération caucasienne devait être le lien entre les trois pays et la république de Russie. Mais, au moins dans un premier temps, l'union ne devait pas aller au-delà de ce rôle d'intermédiaire, dans l'esprit de Lénine. Sa maladie l'empêcha de suivre l'affaire qui se déroula de plus en plus en dehors de son contrôle.

Aussi, tandis que les Azerbaïdjanais et les Arméniens semblaient se résigner à l'idée de fédération, les dirigeants géorgiens ne l'acceptaient pas. Ils s'opposaient tout particulièrement à Staline, responsable des questions de nationalités et déjà secrétaire général du Parti, dans la mesure même où il était leur compatriote. On avait d'ailleurs envoyé sur place Ordjonikidze qui se comporta comme un véritable proconsul colonisateur, imposant une russification brutale et sans nuances. Un conflit ouvert éclata alors, l'opposition des Géorgiens amenant Staline à reconsidérer le modèle des liens bilatéraux entre fédération et république. L'idée d'une fédération englobant tous les États commençait à s'imposer. Une commission fut constituée et Staline élabora un projet d'une extrême simplicité : chaque État socialiste non russe serait constitué en république autonome qui viendrait s'agréger à la république de Russie pour former une fédération couronnée par cette dernière. On était loin d'une réintégration dans un cadre fédéral authentique; le processus aboutissait au contraire à une domination purement russe. La république de Russie devait se confondre avec l'État fédéral; le gouvernement russe serait le gouvernement fédéral.

Lénine cependant, dans le premier temps de la crise – qui est aussi la première phase de sa maladie –, n'a guère prêté attention ou crédit aux plaintes des Caucasiens et aux accusations portées contre Staline et ses brutalités. Seuls les problèmes de principes, que cela soit la nature de crise nationale ou le contenu du projet de Staline auquel il s'opposait, le préoccupaient alors. En octobre 1922, de retour au pouvoir, il tenta d'imposer à nouveau ses conceptions. Il rejetait l'idée d'une fédération placée sous la domination de la république de Russie et proposait de bâtir un véritable système fédéral où l'ensemble des républiques conserveraient des droits égaux et les États leur souveraineté. Lénine n'hésitait pas à préciser : « Il est capital que le gouvernement fédéral soit présidé à tour de rôle par un Letton, un Ukrainien, etc. » Lénine se refusait à détourner le principe de l'autodétermination nationale sous le prétexte de reconstruire le pays à partir de la Russie et à son profit. Il demeurait internationaliste.

Face au retour provisoire de Lénine, Staline ne chercha pas à s'opposer; il battit en retraite et prétendit se rallier au projet de Lénine en répétant que leurs conceptions avaient toujours été très proches. Une telle tactique employée ici à l'égard de Lénine donne déjà la clé de ce qui sera la méthode stalinienne. Lénine s'accrochait à son projet par principe, même s'il éprouvait une antipathie égale pour les nationalistes géorgiens et pour le nationalisme russe et ne faisait pas la différence entre le nationalisme du petit et le nationalisme du grand. Staline, à l'inverse, n'avait pas de principe : il considérait la situation de fait et peu lui importait d'adopter tel projet plutôt que tel autre. Selon lui, son projet de 1922 correspondait à la situation réelle du moment; il ne faisait que reconnaître la domination de fait de la Russie et de l'appareil du Parti communiste. En ce sens, le retrait de son projet devant Lénine ne comptait guère; la situation de fait ne changerait pas et deviendrait tôt ou tard la situation de droit. Tout en semblant se rallier au projet de Lénine, il continuait à construire un appareil du Parti selon ses propres conceptions, selon sa propre vision d'un centralisme favorable à Moscou.

B. Le fond du débat : le chauvinisme grand-russien

Dans cette première phase, si Lénine a pu croire avoir imposé son projet, le retour de la maladie devait lui démontrer le contraire. Imposer un système juridique ne change rien lorsque les rapports de force sont tels qu'un homme comme Staline pouvait lui-même nommer, par-dessus la tête des comités centraux et des représentants officiels du peuple, des cadres politiques venus de Moscou ou écarter ceux qui ne lui convenaient pas.

Staline n'avait pas cependant inventé cette pratique. Elle était un héritage de la guerre civile et n'avait rien d'une manœuvre machiavélique au départ. Elle répondait à la pénurie de cadres qui avait frappé le Parti au moment des pires difficultés. La plupart des nationalités notamment manquaient de dirigeants pour faire face à leurs multiples problèmes et l'habitude avait été prise de faire appel à Moscou pour envoyer un responsable du Parti, un spécialiste du ravitaillement, etc. L'affectation des cadres par le sommet s'était donc imposée d'elle-même en raison des circonstances exceptionnelles du temps de guerre et de révolution.

Mais une telle pratique fut maintenue par la suite. Staline, secrétaire général du Parti, la systématise pour imposer ses vues et créer des situations de fait favorables à ses desseins. La question nationale en fournit la meilleure illustration ; le parachutage des cadres et l'intervention permanente de l'appareil central dans les partis nationaux devaient permettre, dans l'esprit de Staline, de limiter la dérive des nationalités. Si un certain nombre d'États, telles l'Ukraine, l'Arménie, ont été réticents face à un processus de cet ordre, seuls les dirigeants géorgiens ont mené une opposition ouverte en venant à Moscou pour tenter de transmettre des rapports à Lénine et le convaincre d'intervenir.

De fait, Lénine fut frappé par la distorsion de plus en plus marquée entre les pratiques et les principes en raison de la politique menée par Staline. C'est à partir de là qu'il en est venu à différencier de manière radicale deux types de nationalisme : d'un côté, le nationalisme du petit et, de l'autre, le nationalisme du grand et du puissant, beaucoup plus pernicieux dans la mesure où il pouvait écraser le premier et lui imposer toute sa volonté. Ainsi, dans ses notes sur la question nationale rédigées dans la nuit du 30 au 31 décembre 1922, il prend position non plus seulement sur le principe mais sur des faits pratiques. S'il considère que l'ensemble de l'Union soviétique est un champ d'affrontement des nationalismes, il condamne avant toutes choses le nationalisme grand-russien, le seul capable d'opprimer les petits chauvinismes locaux qui, en soi, ne présentent pas un danger véritable. Le problème national pris dans son ensemble est moins grave que le heurt probable entre le chauvinisme grand-russien porteur d'une volonté centralisatrice et les groupes nationaux.

Mais, Lénine ne va pas au-delà du constat ; il n'a pas formulé de solution. Ses notes dictées ont quelque chose de pathétique : ce sont des textes d'un homme proche de la mort, conscient de l'être, à qui l'agilité d'esprit fait défaut à certains moments, qui sait qu'il ne pourra bientôt plus s'exprimer, obligé de se cacher pour dicter ses analyses. Staline, qui jouait le rôle de garde-malade, lui défendait de communiquer avec l'extérieur.

Les analyses de Lénine demeurent sans solution mais elles ouvrent sur la dénonciation d'un problème plus déterminant encore : celui de la nature du pouvoir soviétique en voie de formation.

II. Les problèmes du pouvoir et de la bureaucratie

Lénine avait constaté l'apparition du phénomène de bureaucratie dès la période de la guerre civile mais il n'en a pesé toutes les conséquences et les implications qu'aux derniers mois de son existence. Au départ, il considérait la bureaucratie en train de naître comme le corollaire inévitable d'un pouvoir organisé et structuré dont le régime avait besoin. Il pensait pouvoir éviter la dégénérescence de la bureaucratie. La question relevait du maintien d'une certaine qualité morale et non de l'existence en tant que telle de la bureaucratie.

Sa première absence du pouvoir jusqu'en octobre 1922 l'amena à reconsidérer le problème et à envisager de plus en plus la réalité du phénomène bureaucratique. Revenu au pouvoir, il dénonça la prolifération dans chaque ministère des centaines de commissions et de sous-commissions dont la particularité était d'être totalement inefficaces et d'engendrer une forme de laxisme général. Cependant, il continuait de penser que le problème était qualitatif, qu'il s'agissait d'améliorer les hommes, de former de bons gestionnaires et non de supprimer la bureaucratie compte tenu de la situation de l'Union soviétique. Il ne prenait guère en compte la faculté de la bureaucratie à se perpétuer elle-même. S'il dressait un tableau particulièrement pessimiste de la société en considérant la nécessité d'encadrer fermement l'immense paysannerie, en constatant qu'on ne pouvait pas ou peu compter sur la classe ouvrière dans le moment présent, il n'ajoutait pas à ces éléments le phénomène de bureaucratie. Il ne la regardait pas comme une donnée sociologique et lui réservait encore le rôle d'indispensable instrument de fonctionnement du régime. Le problème fondamental de la Russie révolutionnaire tel qu'il l'entrevoyait dans les derniers mois de son existence était le retard intellectuel du pays : « Nous devons, disait-il, nous fonder sur les meilleurs éléments du pays, ceux qui détiennent la connaissance », ce qui revenait à considérer que ceux qui détiennent la connaissance ont à assumer le pouvoir pendant une longue période face à ceux qui ne la détiennent pas, ceux qui n'étaient pas mûrs pour le socialisme, ceux qui appartenaient à la société demi-barbare, demi-asiatique, demi-analphabète telle que Lénine la voyait. Il ajoutait : « Nous ne sommes pas assez civilisés pour passer au socialisme », et, dans son esprit, la NEP n'était pas une simple pause économique mais une véritable phase de transition susceptible de réaliser la véritable révolution, la révolution culturelle d'un pays attardé.

Ainsi, à la fin de son existence, dans cette forme d'autocritique qu'il menait, le problème de la révolution ne lui apparaissait plus lié à la seule prise du pouvoir comme il l'avait cru mais dépendait de la question fondamentale de la transformation culturelle des hommes et du pays. Malgré la campagne en faveur de la « culture prolétarienne » qui battait son plein, Lénine n'accordait aucune valeur aux termes de culture bourgeoise, prolétarienne ou autre. Pour lui, seule existait une chose élémentaire : les moyens d'accès à la culture, « le minimum culturel, le savoir lire et écrire », la possibilité pour chacun de réfléchir en connaissance de cause. L'objectif du socialisme demeurait impossible, disait-il, tant que le peuple ne saura ni lire ni écrire. « Nous avons à repartir de zéro, ajoutait-il, et à faire la révolution culturelle de notre peuple. »

Mais cette nécessité d'un immense effort à accomplir en direction de l'ensemble du peuple russe et sur une très longue période soulignait encore mieux dans l'esprit de Lénine, l'importance décisive de l'élite capable de sauver le pays en menant à terme la révolution culturelle. Investie de tels pouvoirs, celui de diriger le pays, celui de bouleverser la culture des gens, une telle élite devait être organisée, formée, améliorée. On devait aussi, selon Lénine, veiller à limiter les effets de cette domination d'une classe sur l'ensemble du peuple, domination qui serait par la force des choses de longue durée.

La menace du chauvinisme grand-russien pourrait être écartée lorsque la révolution culturelle serait réalisée ; la dictature de l'élite sur l'ensemble du peuple soviétique laisserait alors sa place à la voie de passage vers un socialisme édifié sur des bases sûres. En attendant, pour gagner tous ceux qui, par leur compétence, méritaient d'appartenir à l'élite nouvelle, il fallait accepter de leur accorder une situation privilégiée en rapport avec leurs pouvoirs exorbitants, en risquant aussi de voir la bureaucratie se stratifier dans l'avenir. Devant ce problème, Lénine formula un certain nombre de propositions qui visaient à contrebalancer les pouvoirs des bureaucrates mais qui se révélèrent aussi des moyens pour Staline d'asseoir son pouvoir.

Le premier moyen fut d'augmenter le nombre des membres du Comité central afin de renforcer son prestige et l'équilibrer. Lénine cherchait ainsi à fondre la domination des sept personnalités les plus fortes du Comité central dans une assemblée plus nombreuse et noyer ainsi leurs conflits personnels au profit de plus larges possibilités de discussion.

Ensuite, Lénine proposait de greffer sur le Comité central, un second organe, une Commission centrale de contrôle dont le but serait d'être à la fois un corps de gestion de l'État et un instrument de contrôle de l'ensemble de l'appareil du Parti, y compris du Comité central et de ses émanations qui avaient eu tendance à occuper une place déterminante dans l'architecture du pouvoir. Enfin, il proposait de réunir cinq ou six fois l'an le Comité central et la Commission de contrôle auxquels on adjoindrait des techniciens et des spécialistes de la gestion, formant ainsi une grande assemblée de 400 à 500 membres capable de gérer l'ensemble du pays et de contrebalancer les aspirations autoritaires de la bureaucratie.

L'application des solutions de Lénine aboutit très exactement au contraire du but recherché. Au lieu de coiffer les organes bureaucratiques, le Comité central élargi perdit son autorité comme son efficacité et dut déférer ses pouvoirs, les perdre encore un peu plus au profit de la bureaucratie. Le mot d'ordre de Lénine, « que l'on fasse entrer dans le Comité central beaucoup d'ouvriers », s'était révélé trompeur. Lénine considéra lui-même que les ouvriers étaient incultes et qu'il fallait recruter des gestionnaires compétents, c'est-à-dire prendre le risque de constituer une couche privilégiée.

III. Les problèmes du pouvoir et la succession

Au-delà de toutes ses tentatives, Lénine savait que l'ensemble des problèmes et des éventuelles solutions reposait sur une question plus étroite mais aussi plus décisive : celle de sa succession. Ici, l'attitude de Lénine se fit sinon ambiguë, du moins difficile à interpréter. Pour en juger, on dispose de cet ensemble de notes et du journal tenu par ses secrétaires pendant les derniers mois et où l'on peut trouver les jugements qu'il portait sur ses successeurs éventuels.

Cependant, il semble que Lénine a justement voulu éviter toute prise de position susceptible d'encourager l'un ou l'autre, de nourrir les querelles personnelles en permettant à des hommes de s'armer de sa caution. Tout au contraire, il semble avoir voulu placer tous les concurrents sur le même pied d'égalité afin de les rendre tributaires, pensait-il, des décisions du Comité central au nom de l'appareil tout entier. Il présente toujours ses possibles successeurs deux par deux, aucun ne pouvant se détacher. Il distingue ainsi trois équipes selon une hiérarchie croissante de priorités.

La première équipe était composée de Piatakov et de Boukharine. Lénine insistait sur leur jeune âge – ils avaient entre 30 et 36 ans –, les considérait bons théoriciens, malgré leur mauvaise compréhension du matérialisme dialectique, espérait les voir s'améliorer. Sa conclusion était qu'il fallait les garder en réserve en attendant qu'ils démontrent l'ampleur de leurs qualités. Il ne favorisait aucun des deux vis-à-vis de l'autre, les plaçait sur le même plan, c'est-à-dire en retrait.

Au deuxième niveau apparaissaient Zinoviev et Kamenev. Lénine rappelait leurs erreurs au moment de la révolution, de la prise de pouvoir et leur manque de jugement historique, même s'il ajoutait qu'il ne fallait pas le leur reprocher dans l'avenir. La remarque pouvait aussi bien s'interpréter comme une mise en garde ou comme une réelle absolution. En tout cas, elle ne les faisait pas sortir gagnants du palmarès que Lénine était en train de dresser.

Le premier plan, en effet, était occupé sur une ligne rigoureusement égale, par Staline et par Trotski. Chacun, disait Lénine, possédait d'immenses qualités et chacun suscitait une réserve précise. Pour Staline, c'était l'accumulation du pouvoir qu'il avait réalisée à son profit et le danger qu'il en use sans prudence. Pour Trotski, c'était, à la mesure de ses capacités intellectuelles, la trop grande confiance en soi et sa tendance trop marquée à ne considérer que l'aspect administratif des choses.

Difficile devant de tels jugements de savoir où allaient les préférences de Lénine. Dans les derniers moments de sa vie, il est clair qu'il choisit Trotski pour faire bloc contre Staline dont il dénonce les défauts humains et le cynisme politique. Mais le texte, lui, n'indique rien de clair et cherche surtout à ne pas dissocier les deux hommes.

Toutefois, dans les derniers jours de son existence intellectuellement active, le 15 janvier 1923, il ajouta un dernier texte consacré à Staline, une dernière note qui détruit l'effet équilibré voulu par le « testament » puisqu'il dit : « Staline est trop brutal et ce défaut, supportable dans nos rapports entre communistes, devient intolérable dans les fonctions de secrétaire général. C'est pourquoi je propose aux camarades de réfléchir au moyen de déplacer Staline de ce poste. » Pour la première fois, Lénine tranche entre les deux rivaux. Entrevoyant le pouvoir immense que détenait déjà Staline et surtout l'usage brutal, sans frein, qu'il pouvait en faire, Lénine avait compris ce que les adversaires de Staline ne devaient faire que beaucoup plus tard.

Il semble donc que, dans les derniers mois de sa vie, Lénine ait mis le doigt sur tous les problèmes fondamentaux de l'État soviétique tels qu'ils pouvaient se poser en 1922 et, plus encore, sur toutes les questions qui surviendraient après sa mort. Mais, s'il a décelé les causes de faiblesse, il n'a pu proposer de véritables solutions et, pire, les remèdes envisagés sont devenus des armes d'une redoutable efficacité entre les mains de Staline pour sa montée au pouvoir.

1. Sur le plan de l'organisation du Parti, le projet de noyer les tendances autoritaires du Parti en créant des assemblées délibératives où, en fait, aucune décision efficace ne pouvait être prise, permit la concentration du pouvoir réel au sein des organes bureaucratiques de gestion, c'est-à-dire au profit de Staline.

2. L'insistance mise sur le thème de l'inculture du peuple soviétique et sur la nécessité d'une révolution culturelle conséquente offrait au futur pouvoir stalinien la meilleure des justifications. C'est précisément au nom du combat contre l'inculture que Staline rassemblera entre ses mains la totalité du pouvoir et organisera le système de terreur qui devait peser sur la société soviétique.

3. La forme de la critique, enfin, faite par Lénine des dirigeants soviétiques, le fait de les placer sur le même plan et de ne pas indiquer ses préférences dans le but de favoriser une direction collégiale qui mettrait le Parti à l'abri des luttes fractionnelles qui l'avaient affaibli, n'ont fait qu'aiguiser les rivalités. Staline, le plus condamné des personnages, mais pas de façon précise, y compris dans le texte de janvier 1923, était placé dans la position la plus faible en apparence au moment de la succession et donc précisément dans une situation de force. Les autres dirigeants se sont méfiés les uns des autres avant de se méfier de Staline qui paraissait avoir été

écarté de la course au pouvoir. Du coup, les rivalités immédiates se sont développées entre cinq personnes laissant le sixième personnage cumuler les pouvoirs réels, manipuler et opposer les uns aux autres les concurrents, défaire ses adversaires l'un après l'autre, et, à la fin, rester seul devant le pouvoir.

DEUXIÈME PARTIE

L'URSS après Lénine (1923-1930)

En 1923, commence une deuxième période de l'histoire de l'URSS. Elle est marquée par la montée de Staline vers le pouvoir et dure jusqu'en 1929-1930.

Le problème de la succession de Lénine s'était posé dès l'année 1923, un an avant la mort de Lénine et ne va cesser de mêler, à partir de là, les querelles personnelles et les questions fondamentales qui touchent à la vie du pays et au devenir du régime. Les rivalités entre les hommes, les faiblesses et les travers des personnalités ont en effet constamment interféré avec les thèses ou les politiques défendues par les uns ou par les autres. Il serait trop simple de réduire la succession de Lénine soit à un combat d'idées soit, au contraire, à une lutte entre personnes hantées par une volonté implacable de s'emparer du pouvoir.

La vérité se situe à mi-chemin. L'unique constatation indéniable est que, parmi la pléiade de rivaux et de prétendants à la succession, un seul ne défendait aucune thèse véritable en dehors de l'idée simple et élémentaire de l'accession au pouvoir et cet homme c'était Staline. Entre lui et ses adversaires, le combat était inégal. Les uns opposaient des arguments théoriques alors que Staline demeurait concentré sur la seule stratégie de conquête du pouvoir comme en témoigne l'examen des crises qui ont conduit à la solution du problème successoral.

Quatre crises peuvent être ainsi distinguées, chacune reflétant un des grands problèmes de l'URSS, chacune laissant entrevoir aussi ce que sera par la suite l'organisation du pouvoir stalinien.

– La première crise est celle de 1923 qui aboutit à la défaite de Trotski opposé à Zinoviev et Kamenev. Fait caractéristique, Staline n'apparaîtra guère avant la dernière crise.

– La deuxième se déroule en 1925 et débouche sur l'échec de Zinoviev et de Kamenev ainsi que sur la défaite d'une partie de l'opposition de gauche.

– La troisième, en 1927, scelle la défaite de l'opposition unifiée et l'élimination définitive de Trotski et de l'opposition de gauche.

– Enfin, entre 1928 et 1930, Staline, en reprenant à son compte les thèses de l'opposition de gauche qu'il avait exclue au cours de la crise précédente, réussit à évincer l'opposition de droite conduite par Boukharine.

1

La défaite de Trotski

I. La crise présuccessorale et la première campagne contre Trotski

La première crise qui conduit à la défaite de Trotski se déroule du vivant de Lénine. Elle s'engage à un moment où le pouvoir soviétique apparaît vacant du fait de la maladie de Lénine mais où la succession n'est pas encore ouverte. Le Parti compte encore sur le retour de son fondateur qui est certes condamné mais dont l'énergie laisse encore des espoirs à la plupart des dirigeants.

A. Le XIIe Congrès et la question nationale

Dans cette première période où la succession commence déjà à hanter tous les esprits, deux hommes se trouvent en position de force mais pour des raisons radicalement différentes. D'un côté, Staline vient d'être nommé au nouveau poste de secrétaire général du Parti et détient par là même des pouvoirs très étendus au sein de l'appareil. De l'autre, Trotski qui n'a pas de poids particulier dans l'appareil est devenu le confident, celui vers lequel se tourne de plus en plus Lénine, irrité et inquiet des méthodes de Staline, de sa brutalité. Trotski possède même une sorte de mandat que lui confie Lénine malade pour s'opposer à la politique stalinienne des nationalités et préparer l'élimination de Staline.

En un certain sens, dans le combat qui s'engage en 1923, c'est Trotski qui se trouve au départ dans la position la plus favorable et ce d'autant mieux – même s'il ne le saura qu'un peu plus tard – que Lénine commence à dicter son « testament » dans lequel il consigne des avis de plus en plus défavorables à Staline. Mais, dans un autre sens, fort de cette situation, Trotski a tendance à ne pas considérer Staline comme un adversaire dangereux alors que ce dernier, à l'inverse, a déjà fait de Trotski son rival le plus immédiat dans la succession qu'il voit s'entrouvrir. Le débat sur les nationalités fournit l'illustration et la base de cette première crise entre rivaux.

En prévision du XIIe Congrès où la question devait être débattue, Lénine avait confié tout un dossier à Trotski afin de critiquer et de faire rejeter de façon définitive la politique menée par Staline. Or l'attitude de Trotski lors du Congrès révéla chez lui une étonnante faiblesse, une forme d'aveuglement, qui se reproduira dans les années suivantes jusqu'à sa défaite absolue. Au lieu d'utiliser la carte maîtresse qu'il détenait des mains de Lénine, au lieu de conduire la discussion sur l'affaire géorgienne, il demeure silencieux et se rallie à la position défendue par Staline, malgré les instructions de Lénine, malgré les pressions exercées par les membres de son entourage.

B. Le silence de Trotski au XIIe Congrès et la crise de l'URSS

Aucun des ouvrages consacrés à Trotski, même ceux fondés sur l'examen de ses archives personnelles déposées aux États-Unis, ne permet de comprendre son comportement lors de ce XIIe Congrès. Sans doute, Trotski a invoqué une explication, celle du souci de l'unité du Parti au cours d'une période d'extrême difficulté marquée par l'absence de son chef le plus prestigieux. De fait, sa hantise de l'affaiblissement venait de la conscience très claire qu'il avait acquise de la situation économique du pays. Celle-ci, à la suite de la NEP, était proche de la catastrophe.

Dans un premier temps, pourtant, la NEP avait eu des effets quasi magiques. L'économie soviétique avait été relancée, les industries avaient recommencé à fonctionner, les villes avaient retrouvé leur population. On avait connu un moment d'euphorie. Très vite cependant les véritables conséquences de la NEP étaient apparues. Trotski lui-même les avait analysées à travers la notion de crise des ciseaux qui illustrait le phénomène de distorsion entre les prix industriels et les prix agricoles et son effet désastreux sur les conditions de vie du prolétariat urbain. Tandis que les prix industriels avaient augmenté dans des proportions vertigineuses, atteignant en 1923 un taux de 190 % à 200 % – par rapport aux prix d'avant guerre –, les prix agricoles n'avaient gagné que 50 %. Le gouvernement s'efforçait de réduire les prix industriels et par tous les moyens incitait le secteur qui dépendait de l'État à produire davantage, à améliorer la productivité, à réduire les dépenses salariales et à ne pas augmenter le chômage. On comptait, en effet, 500 000 chômeurs en 1922 et 1 300 000 à 1 400 000 chômeurs au milieu de l'année 1923.

De ce fait, le mécontentement de la population des villes avait atteint un degré extrême. Les ouvriers ressentaient particulièrement durement la dépendance de leur condition vis-à-vis de la fraction la plus riche de la paysannerie, celle qui avait tendance à réduire ses livraisons, découragée par les hauts prix industriels. Trotski comme Boukharine ont fait la même analyse des problèmes sociaux engendrés par la NEP : d'une part, le décalage en ville entre les conditions des ouvriers et de ceux qui bénéficient des mesures économiques, d'autre part, le fossé qui se creuse aussi à la campagne entre la paysannerie pauvre et les agriculteurs aisés.

Pourtant, leur vision commune de la situation ne les conduit pas à rassembler leurs forces pour critiquer l'orientation de la politique économique du gouvernement soviétique. Boukharine, dont les analyses sont parfaitement claires sur le plan économique, ne définit aucune action sur le plan politique parce qu'il considère que la solution ne se trouve pas à l'intérieur de l'URSS. De ce fait, il laisse Trotski pratiquement seul.

Celui-ci a cependant une autre raison de ne pas s'attaquer ouvertement à l'unité du Parti dans une telle période et à éviter une crise interne. Le Parti, en plus des difficultés multiples de l'économie et du mécontentement diffus qu'elles suscitent, doit faire face à la renaissance d'une opposition organisée. En plus des mencheviks qui n'ont pas été totalement éliminés et qui tentent de mettre à profit, dans la clandestinité, le malaise général de la population, deux groupes vont exprimer de façon virulente les revendications de la base ouvrière.

Le premier, la Vérité ouvrière, est formé pour l'essentiel d'intellectuels sous la direction du vieux militant Bogdanov et critique les méthodes de travail et la structure du Parti, son incapacité à développer une véritable conscience de classe parmi les ouvriers. Le second, le Groupe ouvrier, composé en majorité d'ouvriers à la différence du premier, va beaucoup plus loin. Il dénonce l'oppression de la bureaucratie du Parti et le fait qu'elle se substitue au pouvoir de la classe ouvrière. En même temps, le groupe ne limite pas sa mission à donner une conscience de classe aux ouvriers mais cherche à les organiser. Il tente de constituer des cellules dans les usines afin de mener un travail direct, « sur le tas », et de préparer des grèves qui se déclencheront à l'automne 1923.

L'épisode de Cronstadt semble se reproduire. Mais, dans un certain sens, l'affaire du Groupe ouvrier est encore plus grave car on ne peut invoquer l'influence des mouvements socialistes-révolutionnaires ou anarchistes. La critique vient d'une fraction du Parti communiste et elle a pour origine une opposition ouvrière, hostile à la bureaucratie ; elle pose des problèmes théoriques ressentis par tous.

Même Dzerjinski qui, à l'époque, est le chef de la GPU (ou Guépéou, police politique qui a succédé à la Tcheka en 1922) reconnaît les difficultés de la situation du Parti. Simplement, sa solution consiste à mettre le Parti au service de la GPU, à contraindre chaque membre du Parti à dénoncer toutes les activités fractionnelles ou oppositionnelles, à se transformer par là même en auxiliaire de la GPU. C'est cette proposition, ajoutée à son silence du XIIe Congrès et à la répression des grèves ouvrières de l'automne 1923, qui décide Trotski à prendre position et à s'exprimer ouvertement devant le Parti.

C. Le conflit devant le Comité central et les débats de la fin de 1923

Trotski choisit de s'adresser directement au Comité central pour éviter toute accusation de fractionnisme. Dans la lettre qu'il adresse au Comité le 8 octobre 1923, il s'interroge sur les méthodes de gestion du Parti et sur la dégradation de l'esprit de parti dont la proposition de Dzerjinski lui paraît être l'exemple le plus net. Le fait de vouloir transformer, dit-il, le Parti en une entreprise de délation de la classe ouvrière dans son ensemble témoigne du divorce absolu entre la masse et le pouvoir.

Ainsi, Trotski, qui disposait d'une carte maîtresse au début de 1923 avec le soutien de Lénine sur la question nationale, a préféré engager le combat non pas sur ce problème mais sur celui de la bureaucratisation. En fait, il n'a jamais été en accord avec Lénine au sujet des nationalités et se sentait beaucoup plus proche, en ce domaine, des thèses centralisatrices de Staline. En comparaison, le problème de la dégénérescence bureaucratique l'avait toujours préoccupé au plus haut point comme le révèle la lettre du 8 octobre.

Par malchance – ou par chance – pour Trotski, à quelques jours de distance, une opposition, encouragée sans doute par la lettre de Trotski, se manifeste au sein du Parti sous le nom de l'opposition des « quarante-six » et au sein de laquelle on retrouve, outre Preobrajenski qui était le meilleur économiste du Parti, Antonov-Ovsseenko, Kossior, Serebriakov, Ivan Smirnov, Vladimir Smirnov, Mouralov, Piatakov, Sapronov, Sosnovski, tous de vieux et prestigieux bolcheviks. Cette opposition réclamait la réunion immédiate du Congrès du Parti afin de débattre sur la question de la bureaucratie et, à ce titre, paraissait d'autant plus importante qu'elle rejoignait Trotski dans la condamnation de la politique de la NEP et semblait former avec lui une plate-forme nettement située à gauche.

La conjonction des deux oppositions obligea de fait le Parti à prendre en compte les problèmes mis au jour. Mais Staline employa ce qui deviendra sa méthode favorite, bientôt classique, à toutes les étapes de son ascension ; il discrédite dans un premier temps les personnes qui soutiennent des thèses contraires avant de reprendre à son compte les analyses des problèmes qui sont posés et de se faire le porte-parole du redressement du Parti. Il obtient ainsi au cours des réunions qui se déroulent dans le courant du mois d'octobre (25-27 octobre) une condamnation de l'activité de Trotski et des quarante-six, accusés ou presque de fractionnisme, puis fait admettre par le Comité central la réalité des problèmes posés et la nécessité d'une autocritique de la part du Parti.

En cela, Trotski lui facilite la tâche ; il est absent, porté malade, au moment des débats les plus cruciaux. En son absence, la discussion, inévitablement, est plus violente, se retourne contre lui, permet de l'accuser de déviation fractionnelle, terme qui commence à devenir l'obsession du Parti. Le seul mot de déviation fractionnelle suffit à provoquer contre la personne ou le groupe visé l'unité factice de toutes les autres tendances. Si bien que le débat sur la bureaucratie lancé par un article de Zinoviev dans *la Pravda* du 7 novembre 1923 et qui inonde d'articles les organes du Parti reste confiné et contrôlé par le Parti, par la Direction du Parti, par son secrétaire général, Staline, qui conserve la haute main sur la presse et les réunions. Les discussions reconnaissent le déclin de la démocratie interne et la pratique des nominations autoritaires à tous les postes mais concluent aussi que tous ces défauts peuvent se corriger aisément.

Le résultat de ce débat public fut d'enfermer Trotski dans une fausse position : obligé de constater que sa critique de fond avait été reprise par l'ensemble du Parti, il dut accepter de signer la résolution de compromis élaborée conjointement avec Staline et Kamenev et qui reconnaît la nécessité d'un « nouveau cours » au sein du Parti tout en dédouanant la Direction du Parti de toutes les critiques qu'il avait portées contre elle. Il offrait ainsi une caution au Politburo qui put, après la grande campagne d'explication sur les déviations, étouffer petit à petit la discussion.

Cependant, comprenant l'échec de la grande campagne d'explication du mois d'octobre, Trotski décida de récidiver et publia les 28 et le 29 décembre un texte dans *la Pravda* intitulé « Le cours nouveau » qui mit le feu aux poudres dans le Parti et entraîna sa condamnation dans des termes beaucoup plus graves. Il y défendait la thèse centrale selon laquelle la démocratisation du Parti, comme l'avaient révélé les débats d'octobre, ne pouvait venir d'une décision de la direction mais devait partir de la base. La machine était, selon lui, trop sclérosée pour accepter de se réformer elle-même. Toutefois, une telle discussion menée en termes théoriques ne concernait guère la base, abusée par l'adhésion de Trotski aux résolutions du mois d'octobre, préoccupée de la seule situation concrète, du déplacement constant des cadres et de l'impossibilité réelle de discuter de quelque problème que ce soit.

D. La XIIIe conférence du Parti

La conférence du Parti de janvier 1924 consacra l'échec de Trotski. Alors que celui-ci était de nouveau absent, faisant une cure de repos au bord de la mer Noire, alors que des manipulations d'appareils et des déplacement de cadres avaient permis de réduire la représentation de l'opposition à trois délégués, la conférence adopta une résolution sur l'ensemble du problème de la démocratisation et de la dégénérescence bureaucratique. Elle formulait une nouvelle condamnation de l'opposition en englobant Trotski. Elle faisait de l'opposition l'élément le plus défavorable à la démocratisation du Parti et, sur le plan de la politique économique, considérait la paysannerie comme la clé de voûte du régime, nouvelle manière de condamner Trotski et ses thèses qui avaient dénoncé le rôle central dévolu par la NEP à la paysannerie. Trotski perdait ainsi deux fois la partie.

II. La mort de Lénine, la succession ouverte et la deuxième campagne contre Trotski

Deux jours après la fin de la conférence, Lénine meurt. Le problème de la succession se trouve dès lors ouvert.

En réalité, il était déjà posé en termes estompés et avait déjà été en partie résolu. A cette date, en effet, les positions des uns et des autres se sont précisées de façon décisive. D'un côté, Trotski apparaît isolé ; s'il est toujours ministre de la Guerre, ses positions tant politiques qu'économiques ont été condamnées par la XIIIe conférence du Parti après l'avoir été par une réunion du Comité central. Il a perdu de ce fait tout appui au sein du Bureau politique. De l'autre côté, un groupe s'est constitué pour défendre à la fois la politique économique et l'autorité du Parti. Staline, Kamenev et Zinoviev forment ainsi une troïka à laquelle Boukharine apporte son soutien ainsi que celui qui a pris la succession de Lénine à la présidence du Conseil des commissaires du peuple, Rykov.

Ainsi, parmi les hommes désignés par Lénine comme ses successeurs éventuels, Trotski paraît déjà en position de faiblesse alors que Staline, au contraire, occupe une place stratégique fondamentale, soutenu par tous ceux qui ont rejeté Trotski.

A. Staline, le culte de Lénine et la transformation du Parti

C'est aussi le moment où Staline réussit une série d'opérations destinées à renforcer sa position. En tout premier lieu, il crée un culte de Lénine afin de personnaliser le problème de la succession et de mettre l'accent sur le prétendant le plus proche, le « plus fidèle disciple » du chef disparu. Sa méthode a souvent été analysée mais elle mérite d'être rappelée. Il organise un enterrement grandiose où, comme par hasard, Trotski est absent, mais où lui conduit ou presque la délégation du Parti, y tenant une place centrale. Il réussit aussi à diffuser l'idée qu'il existe un système de principes et de conceptions que l'on peut regrouper sous le terme générique de « léninisme » auquel il donne une structure en créant une revue, *Le Bolchevik*, destinée à porter la théorie léniniste au cœur des masses.

Malgré les protestations de la veuve de Lénine, le culte du chef de la révolution d'Octobre se développe et se systématise. Le dogme prend corps et Staline prend les devants par une série de conférences organisées sur le thème des « fondements du léninisme ». Il peut alors imposer l'image de celui qui joue le rôle de meilleur défenseur du culte de Lénine afin d'utiliser une telle arme dans la bataille ultérieure. Mais, pour prouver cette qualité qu'il s'est lui-même arrogée, Staline fait modifier la composition du Parti grâce à une « promotion de Lénine » qui consiste à ouvrir les rangs à la base ouvrière, à marquer la mort de Lénine par un élargissement du Parti en faveur des ouvriers ; il paraît ainsi se conformer à l'un des thèmes défendus par Lénine dans les derniers mois de son existence.

De fait, le recrutement est de grande ampleur et concerne

200 000 nouveaux adhérents qui viennent combler les vides laissés par les épurations du début des années vingt. Mais, le choix se fait de manière tout à fait particulière. Les gens sont recrutés à la base, dans les usines, mais ne sont pas des volontaires comme ce fut le cas pour les bolcheviks des années antérieures : ils sont choisis par les secrétaires de comités qui appartiennent déjà à la machine du Parti entièrement dominée par Staline. En 1924, Staline constatera lui-même que 50 % des militants du Parti sont des analphabètes ou des quasi illettrés et il semble bien que ces 50 % devaient provenir en majorité de la promotion Lénine. Un telle pratique avait permis – en recrutant une base attardée, encore proche de son origine rurale, sans guère de conscience de classe, en lui procurant d'importantes satisfactions (une promotion sociale rapide) –, de créer une masse de manœuvre particulièrement malléable qui reconnaîtrait la Direction du Parti comme le seul représentant de l'orthodoxie.

Dans l'immédiat, le nouveau recrutement massif entraîna la transformation des règles de fonctionnement interne du Parti. Jusqu'alors, les nouveaux inscrits devaient se plier à une période de stage avant de bénéficier du droit de vote. Avec la promotion organisée par Staline, les nouveaux adhérents disposent d'emblée de la totalité des droits d'un militant éprouvé et peuvent voter dès leur entrée dans le Parti. Disposition décisive puisque la promotion Lénine formait le tiers du Parti et allait modifier ainsi radicalement les conditions de préparation et de désignation du XIIIe Congrès.

B. Le XIIIe Congrès (23-31 mai 1924)

En raison du vote des nouveaux militants, les délégations envoyées au Congrès furent soigneusement triées sur le volet et peu aptes à entendre la voix de l'opposition, même si celle-ci avait encore le droit de s'exprimer. Un tel dispositif se révéla tout particulièrement efficace dans l'affaire du « testament de Lénine » – celui qui contenait la phrase sur l'exclusion de Staline – que sa veuve était allée porter au Politburo pour qu'il soit lu au Congrès. Or, au cours des réunions préliminaires, on décida de ne pas soumettre au

Congrès le texte de Lénine, contrairement au vœu de ce dernier, mais de le transmettre simplement aux délégations qui seraient envoyées. L'accord évitait ainsi une discussion publique des dernières thèses de Lénine.

Cependant, au cours de la réunion préliminaire qui examina le testament, Staline avait proposé sa démission, démission qui ne fut acceptée par personne, ni par Trotski, isolé, privé de tout droit depuis sa condamnation pour fractionnisme, ni surtout par Zinoviev et Kamenev qui craignaient encore que l'élimination de Staline ne renforce la position de Trotski. Ainsi, le « problème Staline » est passé sous silence et, malgré la condamnation formulée par Lénine, Staline se présente en position de force au Congrès. Trotski avait, de nouveau, perdu une carte qui aurait pu être décisive ; il s'était privé du soutien de Lénine vivant au moment du XIIe Congrès, il se privait maintenant du soutien contenu dans le testament. Il continuait à vouloir combattre seul et se retrouvait dans une position de plus en plus faible, condamnée, minée par ses reculs successifs.

C. « Les leçons d'octobre » et la réaction contre Trotski

Malgré tout, Trotski décida de lancer un ultime assaut au moment du sixième anniversaire de la révolution d'Octobre en publiant le fameux texte intitulé « Les leçons d'octobre » à l'occasion de la publication du tome 3 de ses *Écrits et Discours* consacré à l'année 1917. Son analyse se place dans une perspective strictement « trotskiste », c'est-à-dire dans le cadre de la dénonciation du problème de la bureaucratie qu'il envisage sur un plan politique et non encore sociologique. Selon lui, la bureaucratisation vient du sommet du Parti et il n'envisage pas la question d'une manière globale, ce qui marque l'une des faiblesses de sa position à cette époque.

Il considère que la révolution risque toujours d'être trahie par sa droite comme l'a montré une première fois la révolution d'Octobre et comme le révèle, une seconde fois, la période difficile de la disparition de Lénine. Dans le premier cas, la révolution a été trahie par deux hommes, Kamenev et Zinoviev, qui avaient peur de se lancer dans l'action révolutionnaire parce que, sur le fond, ils étaient des mencheviks. Dans le second cas, en 1923, la révolution a été trahie sur le plan mondial et plus particulièrement dans le cas des perspectives révolutionnaires en Allemagne, lâchée de nouveau par la droite, par Kamenev et Zinoviev, effrayés par la révolution. Mais, malgré la solidité de l'argumentation, Trotski se prive de la possibilité d'un large débat en limitant les échecs révolutionnaires du Parti bolchevik à la responsabilité de quelques hommes ; il se prive probablement de l'appui de la base qui ne s'intéresse guère aux rivalités personnelles opposant Kamenev, Zinoviev et Trotski.

Néanmoins, les « Leçons d'octobre » dépassent les simples attaques personnelles et Trotski pose à travers ce texte un certain nombre de problèmes fondamentaux : la stagnation de la révolution depuis la disparition de Lénine, un certain repli du régime soviétique à l'intérieur de ses propres frontières et le refus de regarder à l'extérieur, d'espérer la révolution mondiale. Trotski dénonce conjointement l'arrêt de la révolution dans et hors de l'URSS, en raison de la NEP d'un côté, à cause de l'inactivité du Komintern de l'autre. A travers la critique contre Zinoviev qui était à la tête du Komintern, il vise l'ensemble de la Direction du Parti, cherche à atteindre Staline. Les attaques cependant sont portées par personnes interposées : Staline ne s'en prend jamais à Trotski personnellement mais nourrit les critiques dirigées contre lui. Trotski choisit Kamenev et Zinoviev pour cible principale mais évite l'affrontement avec celui qui manipule le Parti, le responsable des déviations du Parti, avec Staline.

Ce dernier, toutefois, ne s'y trompe pas ; il sait que les « Leçons d'octobre » dénoncent l'ensemble de l'orientation droitière du Parti sur le plan interne comme sur le plan externe. Aussi décide-t-il de mobiliser la totalité du Parti pour écraser son adversaire de manière définitive, les condamnations précédentes s'étant révélées insuffisantes. De fait, toute la presse soviétique de cette fin d'année 1924 se nourrit des accusations les plus violentes contre Trotski, de la part de l'ensemble des dirigeants bolcheviks. Staline remet en question le rôle de Trotski pendant la révolution, dénie à celui-ci la place de compagnon de Lénine en 1917, ce qui paraît d'autant plus cocasse qu'il avait publié en 1918, pour le premier anniversaire de la révolution, un article consacré aux mérites de Lénine et de Trotski, texte qui disparaîtra des œuvres de Staline publiées ultérieurement.

Mais les attaques ne s'arrêtent pas là. Elles remontent dans le passé de Trotski jusqu'à ses positions prises pendant la révolution de 1905, avant son adhésion au bolchevisme. Elles permettent de dénigrer l'idée de révolution permanente bien que le terme figure chez Marx, bien que Lénine l'ait reprise à son compte en 1917. Mais surtout, l'ensemble du « trotskisme » ainsi stigmatisé subit le reproche principal : le manque de confiance dans la Russie et dans le Parti bolchevik, la priorité aveugle accordée à la révolution mondiale au détriment de l'expérience russe et de la possibilité de construire le socialisme en Russie, en s'appuyant sur les capacités propres du peuple et du Parti communiste russes, vainqueurs de la révolution de 1917. On reproche ainsi à Trotski son internationalisme et, du même coup, on commence à mettre l'accent sur les seuls problèmes de la Russie et ses seules possibilités de transformation. On commence à suggérer l'idée du socialisme dans un seul pays, même si Staline n'ose encore l'exprimer ouvertement.

Ce furent cependant Zinoviev et Kamenev qui prirent la parole pour demander l'exclusion de Trotski du Parti. Situation paradoxale dans la mesure où Zinoviev optera bientôt à son tour pour des positions de gauche en matière économique et dans le domaine de la politique internationale. C'est lui qui reprendra le programme d'industrialisation opposé à la NEP et formulé en premier par Trotski. C'est lui, chef de l'Internationale, qui continue de croire en une révolution mondiale, notamment en Allemagne. Comprenant la nécessité d'un rapprochement entre communistes et sociaux-démocrates face à la candidature de Hindenburg lors de l'élection présidentielle allemande, il s'oppose ainsi à Staline. Ce dernier défendra contre Zinoviev et contre la Direction du Parti communiste allemand l'idée d'une candidature communiste isolée, cause essentielle de l'échec des socialistes, échec qui représente lui-même le premier pas de la marche de Hitler vers le pouvoir.

C'est pourtant bien Zinoviev, par inimitié personnelle, qui demande l'exclusion de Trotski du Bureau politique. Staline a beau jeu alors de paraître défendre Trotski et de mettre en garde contre le risque d'exclusions en chaîne, ce qui lui permettra dans l'avenir, d'une part, de mener à bien lui-même les épurations successives, d'autre part, de soutenir que les premières têtes n'ont pas été demandées par lui. Ainsi, grâce à Staline, Trotski n'est pas exclu du Parti mais se retrouve éliminé en fait de toutes les fonctions qu'il exerçait jusqu'alors. Il perd notamment sa dernière assise politique, l'armée, lorsqu'il est évincé de son poste de commissaire à la Guerre.

Cependant, si Trotski se trouve mis à l'écart du Parti et privé du droit de parole, il n'a jamais, au cours des différentes conférences et congrès, accepté de s'humilier. Hors une phrase générale sur le Parti qui a toujours raison face au militant, il n'a accepté à aucun moment de faire une autocritique. De ce fait, malgré son isolement, sa défaite, il conserve une force et un certain prestige moral. Une force suffisamment grande pour lui permettre de prendre, deux ans plus tard, la tête de l'opposition unifiée.

2

La fin de la troïka

Au début de l'année 1925, le jeu politique se resserre autour des trois vainqueurs de Trotski : Staline, Kamenev et Zinoviev. Maintenue jusqu'en 1925 par la crainte de Trotski, par la peur de voir surgir un nouveau Cronstadt, par la nécessité de rester uni face au soulèvement national de la Géorgie en 1924, leur alliance se fait précaire du moment où Trotski est éliminé et les Géorgiens réprimés.

La division éclate, comme en 1923, à propos d'un problème d'analyse économique. En effet, si la situation économique de l'URSS est meilleure en 1925 qu'elle ne l'était en 1923, la société soviétique, elle, paraît de plus en plus gravement touchée par les conséquences de la NEP. Celle-ci a cristallisé en quelque sorte les différences sociales, a rendu insupportable le décalage de richesse – à la campagne entre une paysannerie appauvrie et un petit groupe de paysans enrichis, en ville, entre les Nepmen, les profiteurs de l'industrie et du marché privés, et la masse ouvrière. On aboutit à la constitution de groupes sociaux opposés dans leurs intérêts : un groupe privilégié qui tend à se constituer en classe et pèse de plus en plus lourdement sur les décisions politiques face à de larges couches défavorisées.

Or c'est sur la nature de ce processus, sur sa durée et sa portée que les dirigeants du Parti vont à nouveau se diviser.

I. Le débat Preobrajenski-Boukharine

L'inquiétude suscitée par les conséquences sociales de la NEP fut cristallisée par l'une des polémiques les plus fortes sur le plan intellectuel que le Parti ait connu depuis la mort de Lénine, celle qui opposa Boukharine à Preobrajenski. Tous deux économistes de la plus grande valeur, tous deux partant d'analyses similaires et de la même préoccupation des voies d'accès au socialisme, ils empruntent cependant des directions de plus en plus opposées à partir de 1925 quant aux méthodes.

Pour Preobrajenski, l'URSS pâtissait de l'insuffisance du développement économique du pays avant la révolution. Elle avait perdu les avantages du système capitaliste sur le plan de la modernisation économique et n'était pas encore en mesure de profiter dans l'immédiat des bienfaits du socialisme. Face au « capitalisme des monopoles », l'État révolutionnaire se retrouvait en position d'infériorité. Dès lors, le problème était double : il s'agissait à la fois de franchir le plus rapidement possible cette période de transition critique et de découvrir les lois de développement économique propres à cette phase si particulière. Ces lois dites de « l'accumulation socialiste primitive », impliquaient que l'accumulation se fasse aux dépens des fonds consacrés aux salaires et aux revenus du secteur privé dans le cadre d'un système capitaliste. Or, pour réussir, la seule formule possible, selon Preobrajenski, était ce qu'il appelait un peu brutalement l'« exploitation » de la paysannerie combinée avec la priorité accordée à l'industrie lourde.

Sa théorie était particulièrement brutale. Il reconnaissait lui-même que le processus supposerait une phase de transformation cataclysmique de vingt années au cours desquelles les conditions de vie seraient extrêmes. Le prix à payer pour le développement du pays consistait à mettre la partie majoritaire de la population en coupe réglée et donc, par voie de conséquence, à utiliser les moyens de pression les plus impitoyables afin de réduire toutes les oppositions. De tels sacrifices supposaient un système de pouvoir autoritaire poussé jusqu'à une forme de véritable dictature.

Boukharine considérait lui aussi que la paysannerie détenait la clé de l'enrichissement du pays mais il voulait faire appel à sa bonne volonté et à son intérêt, non la forcer. Selon lui, il fallait inciter la paysannerie à s'enrichir en lui montrant quel était son intérêt immédiat, c'est-à-dire lui offrir la possibilité de gagner de l'argent, de s'équiper, de consommer et de produire au maximum pour permettre au pays de constituer un capital. Contrairement à la première formule qui faisait payer le prix du développement immédiat aux paysans, il s'agissait ici d'offrir des avantages substantiels et d'attendre que la paysannerie choisisse le moment où elle confierait ses capitaux, le moment où elle ferait confiance au régime pour construire le socialisme, sans couper la population en deux, paysannerie contre classe ouvrière.

Ce débat entre économistes servit de toile de fond au conflit opposant la nouvelle gauche conduite par Zinoviev et la Direction du Parti. L'idée même de la NEP était au centre de la remise en cause de la politique suivie. Pour les uns, la NEP devait être stoppée le plus vite possible dans la mesure où elle favorisait le renforcement d'une paysannerie aisée qui n'accepterait pas que ses privilèges fussent sacrifiés à la construction de l'État socialiste. Le changement devait être immédiat. Pour les autres, il fallait poursuivre la NEP, persévérer dans le pari fait sur la paysannerie et croire que celle-ci accepterait un jour de mettre délibérément ses richesses acquises au service de la construction du socialisme, étant entendu que, dans ce cas aussi, le véritable État socialiste devait passer par la dépossession de la paysannerie.

II. La XIVe conférence du Parti

Du 27 au 29 avril 1925, la XIVe conférence du Parti sembla donner raison à Boukharine en décidant de poursuivre et de développer la NEP. Elle décidait d'autoriser la location de terres et le recours à un personnel salarié, elle faisait libérer les prix agricoles et diminuer l'impôt foncier. Si elle ne reprenait pas l'invitation célèbre de Boukharine aux paysans « enrichissez-vous », elle ne la mettait pas moins en pratique.

Mais c'est précisément contre cette politique que Leningrad (Petrograd jusqu'en 1924) va se soulever.

A cette date, Leningrad demeurait une ville à part au sein de l'URSS. Cela tenait à son passé révolutionnaire mais surtout à l'importance de sa concentration ouvrière. Sur les 90 000 membres titulaires et stagiaires que comptait le Parti en 1925, 72 % étaient ouvriers dont la moitié travaillant dans l'industrie, lieu d'élection de la gauche. Touchée par un chômage élevé, la classe ouvrière s'indigne des concessions accordées par le pouvoir à la paysannerie et ne peut admettre que le rythme de l'industrialisation, problème vital pour elle, est dorénavant suspendu à la merci d'une décision des paysans.

Sur ce fond de mécontentement populaire, le Parti local, conduit par un vieux bolchevik, lieutenant de Zinoviev, décida de prendre la tête de l'opposition et de l'animer. Se dessinait ainsi, à Leningrad, un conflit entre Staline et ses collègues de la troïka qui couvait déjà depuis un an, tant les motifs d'animosité étaient multiples. D'une part, Staline avait tenté en 1924 de mettre la main sur les appareils de Leningrad et de Moscou, dont Zinoviev et Kamenev restaient les maîtres, en remplaçant leurs hommes par les siens. D'autre part, il s'était opposé à leur demande d'exclusion de Trotski du Bureau politique. En 1925, dès lors que Trotski ne représentait plus un rival dangereux, Zinoviev décidait de passer à la contre-attaque au moment où son autorité au sein du Komintern était menacée par les manœuvres de Staline.

En avril, lors de la XIVe conférence, un compromis avait pu être maintenu de justesse. Mais le conflit devait éclater en septembre, au moment où Zinoviev publiait son ouvrage *Le Léninisme*, critique féroce de l'idée du socialisme dans un seul pays et de la NEP traitée de « retraite stratégique ». De plus, le débat, d'abord placé sur le plan des idées, descendit rapidement au niveau d'une lutte entre les appareils, Staline s'efforçant de remplacer par un homme qui lui était fidèle, Komarov, le chef du Parti à Leningrad, Zaloutski, qui, lui, répondit en épurant l'appareil local à son profit. Le conflit entre Zinoviev et Staline se livrait ainsi par l'intermédiaire des structures du Parti, celles de Leningrad détenues par Zinoviev contre celles de Moscou passées sous la dépendance de Staline depuis la nomination d'Ouglanov et la réorganisation qui avait suivi.

Dans ce contexte, lors du XIVe Congrès tenu en décembre 1925, Zinoviev franchit un dernier degré en décidant d'attaquer Staline en son nom propre. Ayant obtenu du Congrès l'autorisation de présenter un rapport politique, il invoqua la nécessité de rétablir la dictature ouvrière, dénonça le rôle excessif de Staline, s'appuya sur le testament de Lénine ; il demandait que le pouvoir cesse d'être personnalisé et confisqué au profit d'un seul homme. Surtout, Zinoviev obtenait le soutien de la veuve de Lénine, Kroupskaïa, qui rappelait qu'une minorité n'avait pas toujours tort comme l'avait prouvé le Congrès de Stockholm au cours duquel Lénine avait été mis en minorité et que le Parti devait faire place à la voix des minorités.

Cependant, à nouveau, Staline réussit à apparaître comme l'élément modéré dans ce conflit. S'il est cette fois directement pris à partie, ce n'est pas lui mais Boukharine qui explique avec violence que la responsabilité de la rupture de la troïka n'incombe pas à Staline et que celui-ci continuera son travail. Le résultat est éloquent ; Staline triomphe par 559 voix contre 65 à l'opposition. Des partisans de Zinoviev doivent quitter le Comité central, remplacés par des partisans de Staline et celui-ci en profite aussitôt pour arracher Leningrad à Zinoviev. Dès les premiers jours de 1926, une délégation du Secrétariat, composée de Molotov, Vorochilov, Kalinine, Kirov, fut envoyée pour mettre de l'ordre dans l'organisation locale du Parti. Kirov devint premier secrétaire et Zinoviev perdit son poste de président du Soviet. Au final, Molotov put annoncer au Comité central que sur 85 % des membres du Parti de Leningrad consultés, 96 % s'étaient prononcés contre l'opposition. Zinoviev et Kamenev étaient désormais privés de troupes : le mécanisme mis en marche contre Trotski deux années plus tôt avait servi à les écraser à leur tour.

3

L'Opposition unie contre Staline

En 1925, des successeurs désignés par Lénine dans son testament, Staline a déjà partiellement éliminé ses trois principaux rivaux : Trotski, Zinoviev et Kamenev. Il avait frappé en deux coups. Une première fois, en 1923-1924 contre Trotski avec l'aide de Zinoviev et de Kamenev. Une seconde fois, contre Zinoviev et Kamenev afin d'unifier l'ensemble du Parti sous sa direction. Dans le premier cas, Trotski avait été éliminé de toutes ses fonctions gouvernementales et conserva son siège au Politburo grâce à l'intervention tactique de Staline. En 1925, la crise avait abouti à la mise à l'écart presque totale de Kamenev, nommé à la fonction subalterne de commissaire au Commerce pour une brève période, rétrogradé d'un poste de titulaire à un poste de suppléant au sein du Politburo. Zinoviev réussissait à se maintenir au sein du Bureau politique mais s'y retrouvait en position de minorité, Staline ayant fait élargir cet organe de 7 à 9 membres pour pouvoir y introduire ses amis politiques. De plus, Zinoviev avait perdu sa présidence du soviet de Leningrad et avec elle toute l'autorité qu'il avait encore sur l'organisation du Parti : il avait perdu ses troupes de Leningrad comme Trotski le soutien de l'armée Rouge. Il ne gardait la direction du Komintern que pour une brève période.

Profitant de l'élimination de Kamenev et de Zinoviev, Staline s'était dorénavant engagé dans une voie plus claire. Jusqu'alors, il avait agi un peu dans leur ombre mais, à partir de 1925, il s'engage de plus en plus à visage découvert. Se présentant en véritable théoricien, il publie alors *Les Problèmes du léninisme* où il développe la théorie du socialisme dans un seul pays, celle-là même qui va constituer la base du combat ultime au cours duquel Staline se débarrassera définitivement de toute l'opposition de gauche.

Pour cela, il doit encore admettre que si Trotski, Zinoviev et Kamenev sont affaiblis, ils ne sont pas éliminés du Parti, ils demeurent des dirigeants prestigieux et leur mise à l'écart rencontre encore de sérieuses résistances. Ils ne sont pas prêts à se laisser dévorer.

I. Le regroupement de la gauche

Le problème de l'opposition jusque-là était de s'être présentée en ordre dispersé et d'avoir constamment sous-estimé la force de Staline. En 1925, en revanche, il était clair pour tout le monde que l'homme dangereux est bien Staline. C'est Zinoviev qui, à la suite du XIVe Congrès où ses positions venaient d'être condamnées, soulève le premier l'hypothèse d'un rassemblement de l'opposition de gauche sur un programme commun dirigé contre Staline.

Bien entendu, de nombreux contentieux avaient marqué les relations entre Trotski d'un côté, Zinoviev et Kamenev de l'autre. Mais Trotski accepta d'oublier les injures dont l'avaient couvert Zinoviev et Kamenev et, notamment, leur tentative pour l'exclure du Parti. La terreur morale inspirée par Staline commençait à être ressentie si fortement à partir de 1925 que toutes les strates de l'opposition formées depuis 1920 comprirent que leur regroupement était la dernière possibilité pour barrer la route du pouvoir à Staline. Quatre groupes se retrouvèrent ainsi alliés par volonté et par circonstance : Trotski et ses amis qui soutenaient la thèse de la révolution permanente, Zinoviev-Kamenev qui conservaient un certain nombre d'amis et d'appuis dans le pays et les deux groupes d'opposition défunts de 1921, le Centralisme démocratique et l'Opposition ouvrière qui avaient réussi à réapparaître après quatre années de silence. Tous se dressent contre Staline et contre l'application systématique de la NEP voulue par son théoricien, Boukharine.

Mais, telle quelle, l'Opposition unie présente deux grandes faiblesses. Tout d'abord, le caractère hétéroclite des origines idéologiques et les conflits encore récents qui ont opposé les hommes. Les conflits personnels passés sont secondaires par rapport aux différences de doctrine. L'accord ne put se faire notamment sur la thèse de la révolution permanente défendue par Trotski et celui-ci dut accepter de la placer en retrait dans ce qui paraissait être le dernier combat.

La faiblesse de la nouvelle opposition vient ensuite de l'absence de base politique et administrative. Tout ce qu'elle conserve se résume dans la direction du Komintern et de l'appui, dans les sphères supérieures de l'État soviétique, de deux partisans : Lachevitch, commissaire à la Guerre, et Mouralov, inspecteur général de l'armée Rouge.

La force réelle de l'Opposition unie lui vient avant tout de son prestige moral. Jamais une opposition n'avait rassemblé autant de révolutionnaires illustres et d'intellectuels aussi importants : Trotski, Zinoviev et Kamenev à sa tête ; Kroupskaïa, la veuve de Lénine, en appui ; comme adhérents directs, les trois successeurs de Sverdlov, Preobrajenski, Serebriakov et Krestinski ; des héros de la guerre civile comme Antonov-Ovsseenko, Lachevitch et Mouralov ; les économistes les plus reconnus, tels Preobrajenski et Piatakov ; les responsables des relations internationales et des diplomates, Radek, Rakovski et Joffe. Tous les grands noms du pays semblent se retrouver dans l'Opposition unie. En face, à l'exception de Boukharine, on ne compte que des bureaucrates.

Ces grands révolutionnaires ont un tel prestige qu'ils nourrissent un optimisme extrême. Il leur suffira d'apparaître sur la scène politique, pensent-ils, pour que le pouvoir s'écroule aussitôt. A l'exception de Trotski qui a les plus grands doutes sur le succès de l'opération, ils sont convaincus que leur force morale suffira à écraser sans aucune difficulté l'équipe dirigeante. Or l'aventure que cette opposition connut fut singulière. Frappant à deux reprises – une fois en 1926, une seconde en 1927 –, elle tente d'intervenir à chaque fois à partir d'un événement international : elle s'attaque d'abord aux organes dirigeants du Parti puis essaie d'atteindre la base en contournant l'appareil du Parti, se plaçant ainsi dans la position impossible à tenir de groupe fractionnel. Ce qui la conduit à une tentative de compromis, à une capitulation, à la défaite intégrale ; le scénario se reproduit à l'identique au cours des deux épisodes.

Dans le premier moment, lorsque l'opposition se rassemble, elle doit compter ses troupes et déterminer un programme. Double problème. Les troupes sont minces. Les chiffres sont certes imprécis mais on peut estimer que l'Opposition unie pouvait compter sur 8 000 sympathisants, au mieux. Face aux 750 000 membres du Parti, c'était peu. En revanche, ce sont tous des militants de longue date, aguerris, déterminés, politisés, qui ont connu la période de la clandestinité prérévolutionnaire et qui s'engagent dans le nouveau combat comme ils avaient pu s'engager hier pour la révolution, infiniment plus combatifs et efficaces que l'ensemble des autres membres du Parti.

Ainsi, dès le départ, l'opposition organise des réseaux clandestins et reconstitue la vieille structure du Parti, gage de force dans un premier temps, cause de faiblesse dans un second, dans la mesure où une telle forme de clandestinité permettra au Parti d'assimiler l'Opposition unie à une véritable conspiration, à une sorte de Parti parallèle à l'intérieur de l'Union soviétique en violation flagrante avec les règles adoptées lors du Xe Congrès.

Par ailleurs, le programme fut rédigé à peu près intégralement par Trotski, principal théoricien de cette opposition. Il dénonçait, au nom de la gauche prolétarienne, l'équipe dirigeante comme le représentant de la bureaucratie et de la bourgeoisie soviétique, celle des Nepmen, koulaks, « spécialistes » et de tous les profiteurs du régime de la NEP. Considérant que le conflit opposait dorénavant la classe ouvrière privée de ses intérêts à une bourgeoisie renaissante protégée par la bureaucratie du Parti, Trotski pensait, par là même, se faire mieux entendre de la base ouvrière. Dans cette optique, le programme prévoyait aussi des mesures à court terme pour faire face aux conditions de plus en plus dégradées de la classe ouvrière : amélioration immédiate des salaires ouvriers et de ceux des paysans pauvres, système fiscal limitant la puissance des industriels privés et des koulaks à la campagne.

Mais, au-delà de ces revendications immédiates, l'opposition propose, d'une part, l'industrialisation et, d'autre part, la collectivisation, autrement dit la réalisation du programme socialiste, la mise sur pied d'un véritable plan quinquennal et la fin de la NEP.

Cependant, l'Opposition unie avait la hantise d'être

accusée de fractionnisme, tant la crainte des divisions était devenue permanente depuis 1921. Elle voulait se présenter comme un groupe cohérent de communistes agissant au sein des organes dirigeants du Parti et animant dans ce cadre un véritable débat, non comme une fraction.

II. Le premier combat de l'Opposition unie – 1926

A. La « Déclaration des 13 »

L'événement qui permit à la gauche unie d'effectuer sa première sortie lui fut fourni par l'actualité internationale. Elle attribua à la politique opportuniste du Parti communiste de l'URSS et du Komintern, l'échec de la grève du mois de mai 1926 en Angleterre, accusant la direction soviétique d'avoir apporté sa caution au réformisme des syndicats anglais. L'Opposition unie considérait l'événement comme une défaite majeure de la cause des révolutionnaires dans le monde et saisissait l'occasion pour présenter devant le Comité central de juin 1926 un texte intitulé la « Déclaration des 13 » signée en tête par Zinoviev, Kamenev et Trotski, cosignée par d'autres personnages aussi prestigieux que la veuve de Lénine.

La déclaration critiquait la politique internationale du pouvoir soviétique comme non prolétarienne, reflet de l'évolution du phénomène bureaucratique à l'intérieur de l'URSS. Elle présentait dans le même temps un programme à court et à long terme et exigeait qu'un débat s'engage dessus. L'unanimité de l'opposition s'était réalisée autour de cette déposition et Trotski fut chargé de la lire. Dans la forme, la critique demeure courtoise et modérée, disant : « Nous voyons les faiblesses du Parti et de la politique suivie par ses organes dirigeants mais nous ne tenons pas à éliminer les personnes concernées ; nous voulons simplement corriger les faiblesses. » Ainsi, la déclaration peut se présenter sous la forme d'un programme correctif et non comme une arme de lutte dirigée contre l'équipe au pouvoir. Sur le fond, cependant, la critique vise bien la « fraction Staline » alliée à la droite conduite par Boukharine, et jugée responsable des déviations du Parti.

Le débat se révèle d'une telle âpreté que le chef de l'OGPU (la GPU est ainsi rebaptisée en 1924), Dzerjinski, meurt d'une crise cardiaque pendant la séance après avoir attaqué Kamenev avec une extrême violence. Non seulement l'incident renforce le caractère dramatique de la discussion mais Staline n'hésite pas à accuser aussitôt les oppositionnels d'être des assassins. Il va même plus loin en considérant que le fait même d'avoir présenté une déclaration signée par treize personnes constituait une prise de position fractionnelle et justifiait toutes les sanctions. Zinoviev est chassé du Politburo au profit de Roudzoutak, Lachevitch perd le poste de commissaire à la Guerre et doit quitter le Comité central. De son côté, l'OGPU, sous le prétexte d'une « conspiration » et de la découverte de rencontres secrètes dans les bois – ce qui était vrai–, pourchasse et arrête un certain nombre d'opposants mais en se limitant aux moins connus d'entre eux.

B. L'opposition se tourne vers la base

Malgré son échec initial et la réaction du pouvoir, l'opposition de gauche ne se découragea pas. Constatant l'impossibilité d'un véritable débat au sein des organes dirigeants, elle décida de s'adresser directement à la base. Cependant, dès ce moment, son caractère hétérogène se révéla cruellement. D'un côté, l'ancienne Opposition ouvrière et l'ancien Groupe du centralisme démocratique prônent la création d'un autre parti, en marge du premier et capable d'attirer le prolétariat. De l'autre côté, les opposants de 1923-1925 demeurent attachés à l'idée d'unité du Parti et ne peuvent accepter la création d'un autre mouvement. Ils préfèrent en appeler contre les dirigeants et organiser à cette fin une campagne d'explication à la base. Ainsi, en octobre 1926, tous les leaders de l'opposition commencèrent à tenir des réunions dans les cellules d'usines du Parti où ils tentèrent d'expliquer leur position et demandèrent aux ouvriers de les rejoindre. Au début, d'ailleurs, les premières rencontres se déroulèrent favorablement, les ouvriers écoutaient avec un certain intérêt les orateurs de l'opposition. Mais, très vite, la Direction du Parti expédia des militants de choc qui apostrophèrent les opposants, terrorisèrent les ouvriers et empêchèrent au total la tenue des réunions. A la quatrième ou cinquième réunion prévue, ce furent les ouvriers eux-mêmes qui reconduisirent Zinoviev quand celui-ci voulut prendre la parole. C'était la classe ouvrière qui semblait refuser la discussion. Surtout, le fait d'avoir voulu s'adresser à la base par-dessus les organes dirigeants aggravait l'accusation d'activité fractionnelle.

C. Le compromis et la déclaration du 16 octobre 1926

Affaiblie, l'opposition chercha à négocier avec le Parti. Pour cela, elle publia une déclaration signée de Trotski, Zinoviev, Kamenev, Piatakov, Sokolnikov et Evdokimov, qui tenait en quatre points principaux :

– la confirmation et le maintien de la « Déclaration des 13 » ;

– la condamnation des prises de position de Chliapnikov et Medvedev en faveur de la création d'un nouveau parti ;

– la reconnaissance que l'Opposition unie a eu une activité fractionnelle ;

– l'engagement de rentrer dans la voie de la discipline du Parti.

D. La XVe conférence du Parti et l'effondrement

En fait, Trotski espérait pouvoir encore s'adresser aux organes dirigeants du Parti lors du prochain Congrès, d'autant mieux que les Congrès étaient annuels dans cette période et que le dernier s'était tenu en décembre 1925. Mais Staline, de toute évidence pour éviter un débat risqué devant un congrès, préféra réunir une simple conférence, la quinzième (26 octobre-3 novembre) qui se transforma en un véritable triomphe pour lui-même et pour ses thèses favorables au socialisme dans un seul pays. Les délégués ont été triés avec soin, l'opposition est huée, accueillie par des cris haineux, empêchée de parler ou presque. Seul Trotski réussit à imposer son temps de parole et à obtenir, même, un succès personnel notamment en faisant rire la salle en déclarant :

« Boukharine prétend qu'on peut faire le socialisme dans un seul pays, sans se soucier des conditions extérieures. C'est à peu près aussi intelligent que si Boukharine disait qu'il peut se promener nu comme un ver dans les rues de Moscou. Sans doute le peut-il, à condition de ne pas se soucier de la température ni de la milice qui l'enfermera aussitôt. »

Malgré ce succès relatif de Trotski, l'Opposition unie a très nettement perdu la bataille. Une partie de ses membres – Kroupskaïa, Medvedev, Chliapnikov – l'abandonnent, Trotski et Kamenev sont exclus du Bureau politique, Zinoviev devra quitter bientôt ses fonctions au Komintern, l'ensemble de l'opposition est condamnée comme manifestation « sociale-démocrate » et invitée à une soumission totale. A cela s'ajoute l'effet de démoralisation sur ceux qui restaient attachés aux thèses de l'opposition. Trotski a toutes les peines du monde à convaincre Zinoviev – qui n'a jamais brillé par son courage il est vrai – et Kamenev de ne pas capituler devant Staline.

C'est ainsi que s'achève dans un échec quasi total la première période de l'opposition. Jusqu'au mois d'avril 1927, elle demeure dans l'expectative, Trotski ressentant un certain isolement, essayant de reconstituer des réseaux mais qui sont aussitôt démantelés par l'OGPU, cherchant malgré tout à ranimer le courage de troupes de plus en plus défaillantes.

III. Le second combat de l'Opposition unie – 1927

A nouveau, un événement international permit à l'opposition de se ressouder en 1927 ; il s'agit du massacre des communistes chinois à Shanghai perpétré par Tchang Kaï-chek en avril-mai. Ce fut un choc profond en Union soviétique notamment chez les opposants, dans la mesure où le Kouo-min-tang ne fut pas exclu du Komintern en tant que parti associé et que Staline alla même jusqu'à le féliciter de la justesse de sa ligne suivie à l'égard du Parti communiste chinois.

Du coup, devant une telle forme d'impudence face à la

catastrophe subie par les communistes chinois, devant ce qu'elle estimait être un faux pas de Staline, l'opposition se remit à espérer et à croire dans la chute de celui-ci. Elle réalisait de nouveau son unité mais limitée, cette fois-ci, à Trotski, Zinoviev et Kamenev et leurs partisans, les autres groupes ayant définitivement abandonné la partie.

A cette date, l'opposition pouvait encore compter sur 4 000 à 5 000 militants résolus et croyait pouvoir attaquer la Direction du Parti sur une erreur estimée très grave. Elle engageait ainsi un combat du même type que celui engagé l'année précédente dans l'affaire anglaise et, dans cette perspective, préparait une plate-forme qui mettait en accusation les dirigeants et leur politique.

A. L'attaque dans le cadre du Parti et la « Déclaration des 83 »

Au lendemain de l'échec chinois, Trotski se livra devant le Komintern à une violente attaque contre la politique stalinienne. Surtout, dès la fin du mois de mai, il présenta un texte qu'il avait lui-même rédigé et intitulé la « Déclaration des 83 », véritable acte de rupture, nettement plus violent que le texte de l'année précédente, vis-à-vis de la Direction du Parti. En plus de la critique dirigée contre la politique internationale et intérieure déjà présente dans la première plate-forme, la « Déclaration des 83 » comporte une condamnation définitive de l'équipe dirigeante, l'opposition se proposant même à la succession de cette dernière. Les événements ont montré selon elle l'incapacité de Staline et de ses acolytes à diriger aussi bien les affaires internes de l'URSS que les destinées internationales du communisme.

Le choc provoqué par cette attaque fut, comme on le conçoit, plus violent que celui de 1926, même si l'opposition a pris soin d'agir à l'intérieur des organes dirigeants du Parti, afin d'échapper à l'accusation de fractionnisme, en s'adressant directement à la base. Il s'agit pourtant d'une véritable déclaration de guerre et Staline la ressent bien comme telle. Il réagit encore plus vite, avec une plus grande efficacité que l'année précédente : le Parti, les éléments qui ont renié l'opposition en 1926 et l'OGPU sont mobilisés à cet effet.

De plus, il bénéficia lui aussi d'une circonstance extérieure qui lui permit de s'appuyer sur l'ensemble du peuple soviétique. A partir d'un incident mineur, les relations entre l'URSS et l'Angleterre furent rompues. En mai 1927, la découverte par la police anglaise, après une descente dans les locaux de la représentation soviétique à Londres, d'un matériel de propagande et de subversion considéré par elle comme du matériel d'espionnage, entraîna la rupture des relations diplomatiques après expulsion des services commerciaux. L'incident provoqua, à ce moment, soit de façon spontanée, soit de manière voulue par le pouvoir, une véritable psychose de guerre, développée notamment au cours d'une campagne de presse auprès de la population soviétique. On y insinuait que les entreprises de l'opposition pouvaient avoir partie liée avec la menace d'intervention extérieure.

Staline put alors attaquer l'opposition sous prétexte que le moment était mal choisi pour susciter des conflits internes alors que l'URSS était en butte à l'hostilité générale du capitalisme international et qu'elle se retrouvait à la veille d'une guerre mondiale. Tout juste s'il n'accusait pas directement l'opposition d'être une émanation de l'entreprise extérieure qui menaçait le pays. Les opposants répliquèrent d'ailleurs que la menace étrangère n'en soulignait que mieux la faillite de la politique de l'URSS et du Komintern incapable de ranimer le mouvement révolutionnaire international pour contrer l'offensive du capitalisme. Cependant, pour un peuple traumatisé par l'idée de guerre, de tels arguments ne pesaient guère devant la logique stalinienne.

Fort de cette situation, Staline réagit immédiatement lorsque la « Déclaration des 83 » est présentée en discussion : il déclare que la seule solution est d'abattre l'opposition. Et il le fait. Il commence par démanteler les réseaux d'opposants au moyen d'une série de nominations arbitraires qui obligent un nombre important de chefs de l'opposition à rejoindre des postes à l'étranger. Preobrajenski est envoyé à Paris auprès de l'ambassadeur Rakovski, Piatakov est nommé ambassadeur à Ankara et Kamenev à Rome, étrange nomination pour un homme éliminé de toutes fonctions officielles. Par là, Staline tente de couper les opposants les uns des autres, l'OGPU y ajoutant la découverte presque permanente de complots, préfiguration des méthodes staliniennes de la pire période où le NKVD (successeur en 1934 de l'OGPU) invente des complots, tente d'établir des liens entre l'opposition et les anciens gardes blancs ou les puissances étrangères.

En même temps, Staline essaie cette fois-ci de frapper l'opposition à la tête en demandant au Comité central d'exclure de son sein Trotski et Zinoviev déjà écartés du Politburo. On découvre là une politique d'escalade, une progression dans les degrés de l'exclusion et de l'élimination. Cependant, en août 1927, il est clair que Staline ne bénéficie pas d'une majorité suffisante dans le Comité central pour faire accepter la mise à l'écart de deux personnages dont le prestige demeure encore important. Un groupe surnommé le « groupe tampon » s'organise même autour de vieux bolcheviks et de la veuve de Sverdlov pour écrire une lettre demandant une réconciliation générale et la constitution d'un Comité central représentatif de toutes les tendances.

Si ce groupe réussit provisoirement à sauver les opposants, le climat général s'alourdit de plus en plus autour de ces derniers. Une campagne antisémite s'amorce à cette époque. Prenant pour cible Trotski, elle insinue que toute la théorie de la révolution permanente témoigne du peu de confiance de son promoteur pour le peuple russe et « il est bien évident que Trotski ne peut avoir confiance dans le peuple russe de par sa nationalité ». Une telle campagne d'insinuation qui n'en est qu'à ses débuts préfigure elle aussi la tournure que prendra le régime stalinien, peu d'années plus tard. Et c'est d'autant plus grave que personne, à ce moment-là, ne s'en est véritablement méfié.

B. L'appel à la base

L'opposition ainsi attaquée considéra qu'elle devait tenter une dernière sortie. Sa chance ultime résidait dans la possibilité de s'exprimer devant la totalité du Parti, c'est-à-dire de réclamer la réunion du XVe Congrès. Staline en l'occurrence n'avait pas encore réussi à imposer une fréquence irrégulière et espacée des Congrès : il devenait impossible de le retarder de nouveau. On annonça donc la réunion du XVe Congrès pour la fin de l'année 1927 et, dès les mois de juin-juillet, l'opposition se prépara pour ce qui devait être l'explication décisive.

Pour cela, elle rédigea après la « Déclaration des 13 » et la « Déclaration des 83 », une troisième plate-forme expédiée au Comité central dans le but de la transmettre à tous les délégués et de lancer les discussions avant le Congrès. Mais le Comité central refusa, prétextant de l'illégalité d'une telle démarche qui revenait à accepter la reconstitution d'une fraction en contradiction avec les directives du Xe Congrès. Il acculait ainsi l'opposition à des solutions extrêmes : soit renoncer, soit aller jusqu'au bout, tenter d'imposer son programme au moment du Congrès. De plus, l'opposition était confrontée à un débat interne d'une grande âpreté. Zinoviev apparaissait de plus en plus hésitant ; malgré ou en raison de la violence de la campagne déclenchée contre les opposants, il paraissait prêt à renoncer et à capituler. Il fallut toute la force démonstrative de Trotski pour lui faire comprendre que la capitulation serait illusoire, qu'il s'agissait d'une lutte à mort, de la dernière chance pour l'opposition de renverser les dirigeants ou d'être balayés à tout jamais. Trotski d'ailleurs était optimiste et le demeura jusqu'à la fin – il considérait que la justesse de sa position était telle qu'une explication publique devant le Parti ne pourrait pas ne pas emporter la victoire.

En cela, l'opposition sous-estimait d'une manière dramatique les possibilités de manipulation du Parti par Staline et en particulier sa capacité de faire élire des délégués au Congrès par le biais des secrétaires du Parti, tous gagnés à sa cause depuis longtemps. Pourtant, Trotski et ses collègues procédèrent exactement de la même manière que l'année précédente : par une sortie clandestine, en décidant de s'adresser à la base par-dessus les organes dirigeants. Ils firent imprimer clandestinement leur plate-forme, s'empressèrent de la diffuser dans les usines et les différents lieux de travail pour obtenir le maximum de signatures au bas de leur document, convaincus de réunir quelque 50 000 noms. Ils en obtiennent quelques milliers assez vite et, très rapidement, le mouvement piétine. S'ils ont obtenu la signature de ceux qui étaient déjà gagnés à leurs thèses, ils ne vont pas au-delà, la masse ouvrière ne bouge pas. L'opération tourne court, d'autant que l'OGPU, qui a découvert l'existence de la pétition et localisé l'imprimerie clandestine, démantèle le système et le réseau, arrête un certain nombre de personnes, toujours des personnalités de second plan comme l'année précédente.

Le programme continuant cependant à circuler, les dirigeants allèrent sur les lieux de travail exposer leur plateforme, organiser des meetings, tenter d'obtenir l'adhésion des ouvriers. Mais le pouvoir, lui aussi, procède de la même façon que l'année précédente avec un degré supplémentaire franchi dans l'échelle de la violence et de l'intimidation. Les brigades de choc viennent assommer tout le monde, Preobrajenski notamment est ramassé, littéralement massacré, sur le lieu d'une réunion. L'OGPU usait déjà de violence auparavant mais n'était jamais encore allée jusqu'à battre les gens à mort comme ce fut le cas en 1927. On sent qu'elle n'a plus besoin de prendre des précautions. Le pouvoir sait qu'il peut aller assez loin.

Néanmoins, avant le Congrès, l'opposition compte encore sur deux dates fatidiques pour tenter deux nouvelles offensives, profitant encore du fait que ses chefs sont en liberté. Le 7 novembre apparaît dans ce contexte comme un rendez-vous important – c'est le dixième anniversaire de la révolution. Staline ne s'y est d'ailleurs pas trompé. Pour faire face à l'opposition et devancer ses adversaires, il a fait une série de promesses au peuple soviétique et notamment la journée de travail de sept heures et la semaine de cinq jours. L'opposition a beau rétorquer que c'est irréalisable, elle se retrouve en porte-à-faux auprès de la masse ouvrière tentée de croire que l'opposition ne défend pas ses intérêts comme paraît vouloir le faire le pouvoir.

Le jour du 7 novembre, deux manifestations parallèles eurent lieu. D'un côté, la manifestation officielle du Parti communiste. De l'autre, la manifestation des divers groupes d'opposants réunis *in extremis*, apparaissant avec leurs propres banderoles, leurs pancartes et leurs mots d'ordre. Si Trotski obtient un triomphe personnel auprès de la foule, le pouvoir a cependant pris ses précautions – les groupes d'opposants sont isolés et leurs pancartes déchirées. Les seuls qui réussirent à arriver près de la tribune d'honneur sur la place Rouge furent les protestataires chinois opposés à l'écrasement de leur Parti communiste. Mais leur manifestation représentait un danger limité pour la Direction

– leurs banderoles ne traitaient pas des affaires de l'URSS. Aussi, en définitive, la journée du 7 novembre se révéla être un échec complet pour l'opposition, plus qu'une défaite même – elle marque la fin de l'opposition. La partie est définitivement perdue. La rupture est consommée. Les manifestants qui ont crié « Vive Trotski ! » sont tous arrêtés. Les chefs de l'opposition réunis une dernière fois dans l'appartement de Zinoviev furent acculés à tirer les leçons de cet échec, dernière occasion d'un échange de phrases célèbres. Zinoviev à Trotski : « L'heure est venue. Il faut avoir le courage de capituler » ; et Trotski à Zinoviev : « S'il ne fallait que ce courage-là, il y a très longtemps que la révolution serait faite dans le monde entier. » Il devenait clair que Zinoviev avait décidé de s'en remettre aux décisions de Staline, d'accepter tout ce que celui-ci demanderait.

C. L'effondrement : le XVe Congrès

Staline, justement, était décidé à aller jusqu'au bout et tout de suite. Avant même que le Congrès ne se réunisse, il procéda à l'exclusion de Trotski et de Zinoviev du Parti et à la mise à l'écart du Comité central des autres opposants – Rakovski, Kamenev, Smilga, Evdokimov –, toute la base étant, elle, sous les verrous. La dernière phase de la liquidation de l'opposition est marquée, le 15 novembre, par le suicide de Joffe, estimant que tout était perdu pour son pays. Le lendemain, sur sa tombe, Trotski et Rakovski disent leur refus de se mettre à genoux devant Staline, leur détermination de ne pas céder. Le processus d'avilissement de la vieille garde bolchevik, qui trouvera son apogée dans les années 1936-1938, est cependant mis en route dans les jours suivants, lors de la réunion du XVe Congrès.

Le Congrès se réunit en décembre 1927, quinze jours après la défaite finale de l'opposition. Staline y fait entériner l'exclusion du Parti de ses adversaires, les 75 opposants de la fraction Trotski-Zinoviev, les 18 opposants de la fraction Centralisme démocratique-Opposition ouvrière. Mais le Congrès ne se contente pas d'exclure – il exige l'autocritique intégrale des réprouvés, leur renoncement à leurs idées et à ce qu'ils ont été, l'aveu de leurs erreurs et la glorification de la position de Staline. Trotski et ses amis refusent. Le lendemain du Congrès, ils sont déportés : 30 personnes, Trotski et Rakovski en tête, prennent le chemin de l'Asie centrale.

De leur côté, Zinoviev et Kamenev ont non seulement accepté de se mettre à genoux, de reconnaître leurs erreurs, de donner raison entière à Staline mais ils publient dans *la Pravda* du 27 janvier un article qui dénonce le trotskisme et le rendent responsable de tous les malheurs de l'Union soviétique.

Toute l'opposition de gauche est morte à ce moment. Plus encore, elle est discréditée par l'autocritique acceptée de la majorité de ses dirigeants. Le refus et le courage de Trotski et de quelques-uns de ses amis n'ont pas suffi au rachat de l'opposition. Kamenev et Zinoviev ont espéré, en s'en remettant à la décision de Staline, ne pas être définitivement éliminés. Dix ans plus tard, d'autocritique en autocritique, l'engrenage lancé en 1927 les conduira à la mort.

IV. Pourquoi l'opposition de gauche a-t-elle été défaite ?

Comment expliquer la défaite d'une opposition qui conservait un prestige considérable dans le pays et la victoire d'un homme sans aura, qui pouvait compter sur un appareil mais non sur le pays ?

A. L'attitude de la classe ouvrière

La première explication réside dans l'attitude passive de la classe ouvrière au cours des différents affrontements entre dirigeants et opposants. Son apathie tient d'abord à sa lassitude, à son désir d'entendre des paroles sécurisantes plutôt que des appels à un nouvel effort et à une nouvelle remise en cause de l'ordre acquis. Staline a d'ailleurs constamment agité cette idée et accusé ses adversaires de vouloir imposer une révolution permanente. Conscient de l'état d'esprit d'une grande partie de la population, il répétait qu'il valait mieux préférer un semi-ordre et un minimum de possibilité d'existence que l'engagement dans un combat chimérique.

A ces paroles de raison, il faut ajouter un autre facteur : le débat s'est déroulé à un niveau beaucoup trop élevé pour la classe ouvrière soviétique. Certes, celle-ci s'est reconstituée puisque la production de 1927 a retrouvé son niveau d'avant-guerre, mais il s'agit, dans une large mesure, d'une nouvelle classe ouvrière. Elle est inculte dans son ensemble, sans éducation politique, de telle sorte qu'un débat comme celui soulevé par Trotski et Zinoviev lui échappe et est mis sur le compte des querelles internes de la Direction du Parti.

B. Le caractère hétérogène de l'opposition

Le caractère hétérogène de l'opposition concernait aussi bien les hommes que les idées et les thèses qu'ils avaient défendues ou défendaient encore.

Ainsi, on retrouvait, d'un côté, un homme comme Trotski, d'une profonde lucidité, qui a commis d'incontestables erreurs, mais courageux, prêt à mener le combat décisif jusqu'au bout et, de l'autre, des hommes aussi peu courageux que Zinoviev et Kamenev, préoccupés avant tout par leur sort personnel et beaucoup moins par celui du régime. En ce qui concerne les idées et les origines idéologiques, les mêmes différences se répètent. Le mot démocratie selon celui qui le prononçait n'avait pas le même sens ; il avait souvent servi à écraser un adversaire dans un conflit antérieur. Trop de rancœur, de méfiance doublées de divergences profondes continuaient de séparer les opposants pour que le combat mené puisse être cohérent.

A cela s'ajoutent un certain nombre d'erreurs commises. A cet égard, le cas Trotski est significatif. En 1926, il détenait encore l'arme du testament de Lénine qui condamnait Staline et sur lequel il aurait pu jouer. Or, après la publication du texte aux États-Unis par un journaliste américain, Max Eastman, ami de Trotski, ce dernier a préféré, pressé par Staline, désavouer le testament en dénonçant le document comme suspect et comme un faux probable. Il se privait, ce jour-là, au nom d'un compromis qui se révélera totalement inutile, d'une arme qui aurait pu se révéler décisive lors du XVe Congrès. Pire, il voulut se servir du testament de Lénine au moment où son exclusion se décidait. Staline eut beau jeu de lui rappeler qu'il avait lui-même contesté l'authenticité du document. La série de compromis réalisés par Trotski et les autres chefs de l'opposition les avaient placés dans une position d'une incohérence extrême.

La question que l'on peut poser en dernière instance est celle-ci : pourquoi de tels compromis ? D'où vient la faiblesse d'hommes comme Trotski ou Rakovski ? Pourquoi cette alternance de défis et de compromis ?

Il semble que le sentiment dominant de tous ces hommes était la croyance profonde dans la nécessité de l'unité du Parti et du prolétariat. L'idée de la remettre en cause leur paraissait certainement impossible et avait sur leur action une sorte d'effet paralysant. Trotski n'avait pas accepté ainsi la proposition faite par les anciens tenants de l'Opposition ouvrière de créer un parti en dehors du Parti, la discussion s'étant révélée impossible à l'intérieur de ce dernier. Il n'a pas accepté de fractionner le Parti : le Parti du prolétariat devait rester indivisible, on ne pouvait attenter à son unité.

S'ajoutait l'idée que l'état de faiblesse et d'isolement dans lequel se trouvait l'Union soviétique interdisait toute division du Parti. Face à l'hostilité du monde extérieur, à des problèmes internes considérables, à une bourgeoisie renaissante, le Parti demeurait le symbole du socialisme et de la révolution de 1917, un garant qu'on ne pouvait risquer d'affaiblir sans d'irréparables dommages.

Se refusant par absolue conviction à menacer le Parti, les opposants à Staline ont laissé le Parti mettre en marche une machine qui d'abord les brisa, puis qui, un jour, devait les achever définitivement.

4

La rupture avec la droite

De 1923 à 1927, Staline avait réussi à liquider ses adversaires de gauche même si le conflit qui existait entre lui et eux était plus d'ordre personnel et successoral qu'idéologique. En 1927, ne subsiste à ses côtés qu'un petit groupe de droite, Boukharine, Rykov, Tomski qui l'ont aidé à se défaire de la gauche. Il ne lui reste plus, dès lors, qu'à se débarrasser de ces alliés quelque peu encombrants. La querelle qui permit à Staline d'écarter la droite constitue la dernière phase à la fois de son ascension vers le pouvoir et de l'histoire présocialiste de l'Union soviétique, c'est-à-dire de l'histoire de la construction du socialisme selon la dénomination donnée par Staline lui-même.

Un auteur américain a dit de la lutte qui opposa Staline et la droite qu'elle offrait le spectacle singulier d'un groupe politique d'abord battu et ensuite – seulement ensuite – attaqué. Ce fut en effet de cette façon que cette opposition fut liquidée. Vaincue sur son programme sans avoir été directement prise à partie, elle fut attaquée lorsqu'elle était déjà vaincue.

I. Le tournant à gauche : ses origines

En 1927, l'alliance entre Staline et le groupe de droite était fondée sur la poursuite de la NEP. Le XVe Congrès avait justement rappelé de façon solennelle l'attachement au principe de la NEP et réaffirmé que la principale source d'accumulation du capital résidait dans les dépôts d'épargne d'une agriculture prospère.

Il y eut au cours du XVᵉ Congrès quelques signes ténus qui pouvaient indiquer que la tolérance dont bénéficiait la paysannerie ne serait pas éternelle. Quelques phrases sur la NEP disaient qu'il ne fallait pas laisser se cristalliser une classe de propriétaires incarnée par les koulaks. Mais cela demeurait fragmentaire et rien ne permettait de prévoir pratiquement un brusque tournant à gauche.

Le premier problème que l'on peut donc se poser est de savoir quand ce tournant a été décidé. En effet, lorsque l'historien retrace l'évolution de l'URSS au cours des événements de l'année 1928, il peut avoir tendance à considérer que Staline savait dès le XVᵉ Congrès ce qu'il voulait et où il allait. En ce cas, on ne s'explique pas son silence pendant le Congrès, l'opposition de gauche étant déjà vaincue.

En fait, la raison profonde de l'attitude de Staline tient dans la difficulté même d'une réorientation. Le passage de la NEP au grand tournant à gauche de 1928-1929 s'avérait particulièrement périlleux dans la mesure où c'est au sein même du Parti que se situaient les oppositions potentielles. Si le Parti avait continué de pencher à gauche jusqu'en 1923-1924, les manipulations effectuées par Staline, le déplacement des cadres, la reconstitution de l'élite dirigeante avaient modelé un Parti nouveau, uni précisément autour des thèses de droite.

En ce qui concerne les organes dirigeants, le Politburo comptait ainsi, depuis le renouvellement du XVᵉ Congrès, quatre membres sur huit plutôt favorables aux thèses de la NEP, si bien que Staline devait rester très prudent avant de se lancer dans un combat décisif. Trotski avait d'ailleurs défini la Direction du Parti de cette époque-là en distinguant trois groupes – celui de la droite, de Boukharine et Rykov, représentant les intérêts de la paysannerie, celui de Tomski défenseur de la bureaucratie syndicale et enfin celui que Trotski appelait le « groupe du centre », s'appuyant sur l'appareil et que Staline utilisera pour affirmer son image de « centriste », tenant la balance égale entre les tendances durant toute sa montée au pouvoir.

En ce qui concerne la base, la situation paraît tout aussi peu favorable à un tournant brutal. L'ensemble des cadres moyens et subalternes que le Secrétariat dirigé par Staline avait manipulés suivaient la politique de la NEP, dans la mesure où des promesses de sécurité et de promotion matérielle leur avaient été faites. Ils étaient loin de pouvoir adhérer aisément à des combats nouveaux, synonymes de difficultés et d'incertitudes.

Si tout cela peut aider à comprendre, à défaut de base documentaire, le silence de Staline lors du Congrès, une autre question se pose immédiatement : pourquoi l'éventualité d'un changement politique est-elle évoquée presque aussitôt après la fin du Congrès et malgré cet ensemble de conditions défavorables ?

II. La crise de 1927, la guerre entre la ville et la campagne

Ce sont des éléments intérieurs qui semblent avoir le plus milité en faveur d'un changement de politique et tout particulièrement la situation économique et les problèmes posés par la paysannerie. L'année 1927 avait été marquée, en effet, par une aggravation générale de la situation au point que la situation sociale de la fin de l'année 1927 et du début de 1928 était mauvaise à l'extrême avec ses 1 700 000 chômeurs et ses 500 000 bureaucrates employés dans la comptabilité de l'industrie de l'État. La famine commençait à menacer les villes alors que rien ne le laissait prévoir dans les récoltes antérieures, toutes excellentes depuis 1925. Or les livraisons de blé de l'année 1927 avaient été de moitié inférieures à celles de 1926 ou de 1925, soulignant la mauvaise volonté évidente de la paysannerie à l'égard du gouvernement et des villes. Face au stockage pratiqué par les paysans, face aux difficultés de plus en plus aiguës de l'approvisionnement, le gouvernement décida de prendre des mesures d'urgence à la fin de l'année 1927. Si ces mesures n'étaient pas encore présentées comme un revirement général de la politique de la NEP, elles n'en marquaient pas moins la première réaction du gouvernement contre l'attitude de la paysannerie et une tentative de répondre aux critiques formulées au sein du prolétariat urbain menacé de famine.

A. *Les premières mesures (fin 1927)*

Ce sont d'abord des mesures à caractère d'urgence et présentées comme exceptionnelles pour faire face aux exigences des paysans portant sur la réévaluation du prix du blé et la livraison des biens de consommation. La réponse vint d'une façon assez brutale avec le remplacement des collecteurs ordinaires par de nouveaux fonctionnaires. En effet, les responsables de la collecte pour l'année 1927 étaient demeurés très prudents dans la mesure où toute velléité de pression sur la paysannerie pouvait entraîner l'accusation de trotskisme.

Les brigades de collecte venues des villes, sans être encore aussi violentes que celles de 1928 qui porteront la guerre civile à la campagne, étaient composées de gens affamés, prêts à s'emparer des stocks des paysans avec une énergie certaine, même si le Parti les tenait bien en main. Face aux paysans récalcitrants, ils utilisaient en général la menace de l'article 107 du code criminel qui prévoyait la saisie sans aucune contrepartie de toute la récolte. Il ne s'agit pas encore de mesures extrêmes et dramatiques mais leur caractère stalinien, fondé sur la délation, s'affirme déjà. Ainsi on avait prévu de distribuer aux paysans pauvres le quart de la récolte saisie afin d'inciter ces derniers à dénoncer les détenteurs de stocks et de mettre en place par là même un véritable système de délation.

Cependant, ces mesures encore limitées sur le fond, n'eurent guère d'effet : les paysans pauvres n'osèrent dénoncer personne ou presque et la majorité des collecteurs observaient toujours une grande prudence. Aussi, face à l'aggravation de la situation dans les villes où les boulangers manquaient de farine, une nouvelle étape est franchie par le Parti. Cette fois, la riposte a été préparée et orchestrée à l'avance par le Secrétariat. Staline, le 15 février 1928, publie un violent éditorial dans *la Pravda* intitulé « Les koulaks relèvent la tête » dans lequel il dénonce le danger encouru par l'Union soviétique du fait de la liberté acquise par les koulaks, l'éditorial allant jusqu'à dire : « Qui fait la loi ? Quel est le vrai gouvernement de l'URSS ? Ce sont les koulaks. »

B. La radicalisation

Devant la campagne de presse ainsi développée et qui accueille toutes les protestations de la classe ouvrière, de nouvelles mesures d'urgence, nettement plus énergiques que les premières, sont prises. La première prévoit la confiscation par des brigades de choc. On envoie 10 000 ouvriers à la campagne pour réquisitionner les stocks d'autorité et, cette fois, ce sont des ouvriers qui viennent pour nourrir leur famille et qui croient s'attaquer aux affameurs du peuple. En face d'eux, les paysans se mettent pratiquement sur le pied de guerre et les collecteurs répliquent par la violence. C'est donc un climat de guerre civile qui entoure ces réquisitions.

Avant même la collectivisation, le fossé a donc été créé entre la ville et la campagne. Dorénavant, à partir de 1928, c'est la campagne qui ressent la ville comme un monde ennemi prêt à la détruire. A la confiscation autoritaire s'ajouta le blocage des prix et, en tout premier lieu, celui du pain, ce qui accrut considérablement la fureur des paysans. D'autant qu'à tout cela, on ajouta encore les lois d'auto-imposition, sorte d'emprunt forcé auquel sont soumis les paysans riches. Mais, précisément, les paysans riches, nul ne les connaît avec précision. Dans les villages, les listes des personnes considérées comme koulaks sont dressées par les soviets locaux, ce qui rend possibles toutes les exactions. De tels faits restèrent longtemps dans l'ombre jusqu'aux années poststaliniennes, entre 1957 et 1964, où des articles, reprenant des mémoires et des souvenirs de paysans, avaient révélé, au-delà de tout ce qu'on pouvait soupçonner en Occident, le caractère de violence extrême pris par cette forme de guerre des classes imposée à la campagne à partir de 1928.

C. Le rebondissement de la crise

A la fin du mois d'avril, la crise du blé, que l'on croyait en voie de résorption en raison des mesures autoritaires, paraît être relancée. En fait, on ne sait si le pouvoir a lui-même fait rebondir la crise ou si l'aggravation est spontanée. Quoi qu'il en soit, la situation conduit à une révision radicale de la politique générale. Car, outre le bilan de faillite du gouvernement à la campagne, l'affaire du Donetz éclata à ce moment.

Elle prenait pour origine la découverte par l'OGPU d'une vaste affaire d'espionnage mettant en cause les « spécialistes bourgeois », présents en grand nombre dans le bassin du Donetz. Surtout, le scandale fut rapidement monté en épingle par le pouvoir et par *la Pravda* afin de pouvoir démontrer que toute la politique de la NEP favorable aux paysans et aux spécialistes bourgeois représentait au bout du compte une véritable menace pour la sécurité de l'État soviétique ainsi que pour sa situation matérielle.

Pourtant malgré ces affaires, malgré le climat dégradé, le Parti continue à affirmer sa fidélité vis-à-vis de la ligne générale de la NEP, considérant les mesures comme secondaires et empiriques. En fait, Staline ne pouvait pas encore se sentir assuré de l'obéissance du Parti et ceci en raison même des appuis sur lesquels la droite pouvait compter.

III. Les étapes du tournant à gauche

Au-delà des mesures d'urgence, il faut tenter de repérer les signes véritables du tournant de la politique de l'Union soviétique. L'amorce du changement se situa sur deux plans, celui de la politique extérieure, celui de la politique intérieure, le premier permettant de justifier le second.

A. Les propositions de Staline

Staline choisit la fin du mois d'avril 1928 pour proposer devant le Comité exécutif central des soviets un plan de réformes agraires très radical. Le plan qui n'avait pas été annoncé à l'avance semble jouer le rôle de manœuvre d'intimidation ou du moins de surprise car, devant l'opposition à laquelle il se heurte, Staline décida de le retirer en admettant la nécessité de nouvelles discussions avant de pouvoir y revenir.

Ce plan constituait une loi agraire complète prévoyant la suppression de la jouissance de la propriété pour l'ensemble des paysans, à l'exception du lopin individuel octroyé au kolkhozien. Pour la confiscation des terres, Staline prévoyait d'utiliser les listes électorales pour « débusquer » les koulaks ce qui, semble-t-il, suscita une certaine opposition et des débats, un tel critère de définition paraissant extensible à l'excès et risquant de conduire tout droit à des actions arbitraires.

Le plan agraire qui représentait, à travers le projet de collectivisation rapide de la paysannerie, le premier volet du changement, fut donc retiré mais, quelques jours après, au mois de mai 1928, Staline présenta le second volet fondé sur l'objectif d'industrialisation.

L'idée d'un plan d'ensemble capable de définir les voies de l'industrialisation de l'Union soviétique n'était pas nouvelle. Le Gosplan travaillait déjà depuis longtemps à cette question en conformité avec les directives générales de la NEP. Or, en mai, on découvre qu'en marge du Gosplan, un Comité administratif dirigé par Kouibychev, ami personnel de Staline, travaille aussi sur le même sujet et prend conseil auprès d'un théoricien, Stroumiline, lui-même employé du Gosplan. Le plan de ce comité parallèle paraît tout à fait irréaliste puisqu'il propose une augmentation de 130 % de la production industrielle de l'Union soviétique sur une période de cinq ans. On est très loin du pourcentage avancé par le Gosplan et il est clair que les deux commissions ont travaillé sur des bases théoriques et pratiques totalement divergentes, le Gosplan déclarant ainsi que le projet de la commission parallèle est non seulement irréalisable mais utopique et propose un objectif mythique.

La réponse de la commission parallèle, qui est aussi celle de Staline, illustre tout à fait la ligne d'évolution suivie par le pouvoir stalinien. La commission rejette en effet l'aspect purement économique du débat pour proclamer que le combat de l'industrialisation est une nouvelle lutte menée au nom du bolchevisme : « C'est une forteresse que nous devons investir. Si nous en décidons ainsi, les données économiques n'ont rien à voir. » Staline ajoute même : « Nous n'avons pas à étudier la science économique, nous avons à la transformer. Nous ne sommes liés par aucune loi économique. La question du rythme de développement dépend tout simplement de la décision humaine. » Se trouve affirmée l'idée selon laquelle l'industrialisation se fera non pas en fonction des conditions présentes mais de la décision politique devant laquelle les réalités économiques devront se plier.

C'est dire que Staline jette tout son poids dans la balance en faveur du plan élaboré par la commission économique. Si le Gosplan continue l'élaboration de son propre projet, Staline, à la fin du mois de mai, annonce au cours d'un discours tenu devant les travailleurs de Moscou que les années à venir seront marquées par des choix décisifs, que la poursuite de la NEP risque de mener à la crise générale de l'économie du pays comme l'a montré l'année 1927 et que deux solutions se dégagent nécessairement : la collectivisation et le développement de l'industrie fondé sur la seule industrie lourde. Les capitaux seront pris chez les paysans, comme le proposait la thèse de Preobrajenski, non pas grâce à leur bonne volonté, comme l'avait pensé Boukharine, mais par voie de force et de contrainte.

Du coup, l'ensemble de la droite du Politburo a compris que le combat décisif était engagé autour de la question de la NEP et de son dépassement.

B. La gauche face au tournant stalinien

Boukharine est persuadé de bénéficier, face à Staline, du soutien d'une majorité de dirigeants et de la base. Engagé dans un combat politique, il préfère ne pas rompre de façon brutale mais ruser et faire basculer en douceur la majorité du Politburo et du Parti de son côté. La discussion se déroula au cours du mois de juillet en parallèle avec l'autre grand combat du moment, celui qui concernait le Komintern.

Dès le début juillet, avant la réunion du VIe Congrès du Komintern, le débat sur l'avenir économique de l'Union soviétique est amorcé tout en évitant de mettre en question le problème de l'abandon ou de la poursuite de la NEP. Staline tente de peser les forces en présence mais, comme l'avait prévu Boukharine, la majorité se prononce en faveur de la

NEP, y ajoutant seulement quelques correctifs en direction de la paysannerie.

Or Staline soutient ses thèses avec détermination et violence. S'il évoque par rapport à ses propos antérieurs l'idée d'un certain gradualisme dans le processus de collectivisation, il ne parle plus en revanche de l'aspect « volontaire » de la collectivisation. Les volontés de la paysannerie ont cessé de l'intéresser et, malgré l'insistance mise par ses adversaires à souligner cette carence dans son discours, Staline s'est départi d'une certaine prudence.

De son côté, Boukharine craint de voir l'opposition de gauche qui a été en partie réintégrée dans le Parti, à l'instar de Kamenev et Zinoviev, s'allier et se rallier à Staline pour favoriser le tournant politique. Et la crainte n'est pas vaine. La gauche, celle restée à Moscou, celle qui est revenue ou celle encore restée en déportation et dont on peut connaître les analyses à travers les correspondances, engage, en effet, un grand débat entre avril et juillet 1928 sur la question du changement de politique. C'est le cas de Preobrajenski, celui de Radek et surtout celui de Zinoviev et de Kamenev qui ambitionnent de reprendre une place de choix dans le Parti. Toute cette partie de la gauche est tentée d'oublier les querelles passées pour soutenir Staline et empêcher le triomphe des thèses de la droite qu'elle a toujours combattues.

Le groupe conduit par Trotski et au sein duquel on retrouve Rakovski et les éléments les plus jeunes de l'entourage de Trotski considère, au contraire, que les tournants effectués par Staline sont de pur ordre tactique, qu'il cherche à évincer l'opposition de droite et que, de toute façon, il ne serait pas l'homme capable de conduire de tels changements. Trotski propose dès lors de ne pas intervenir dans le conflit, de laisser les alliés de la veille s'entre-dévorer et d'attendre. Mais Trotski se retrouve dans une situation de plus en plus minoritaire, abandonné de presque tous ses amis qui, même s'ils n'osent l'avouer, sont déjà partisans, dès juillet 1928, de la réconciliation. Après le tournant du VIe Congrès du Komintern, tous les éléments conciliateurs de l'ancienne opposition de gauche vont officialiser leur rapprochement à un degré ou à un autre.

C. Le tournant à gauche du VIe Congrès du Komintern

Un nombre important de raisons ont dû conduire Staline à porter le débat au sein même du Komintern. Mais l'une des plus décisives fut certainement sa position de faiblesse relative au sein du Parti face à Boukharine et, inversement, l'importance des appuis sur lesquels il pouvait compter au sein du Komintern, bien que Boukharine y fût le président de l'exécutif.

Or Staline décida de mettre en accusation devant le VIe Congrès, qui siégea de juillet à septembre 1928, toute la politique internationale de droite suivie depuis 1924, c'est-à-dire sa propre politique suivie de concert avec Boukharine. Plus encore, il réussit à faire annoncer et justifier le changement de politique par Boukharine lui-même, trop hanté par l'idée de ne pas rompre avec Staline sous peine d'exclusion du Parti pour refuser. C'est donc Boukharine qui se fait le défenseur du tournant politique voulu par Staline et l'accusateur de la politique qu'il a défendue et incarnée.

Mais cette rupture avec la ligne de droite paraissait s'imposer d'elle-même dans la mesure où elle avait conduit à des échecs considérables, échecs en Angleterre et en Chine principalement, échecs largement dénoncés par Trotski et dont il avait imputé la responsabilité à Staline et à son équipe. Le rapport de Boukharine critiquant sa politique est un chef-d'œuvre de double pensée et Staline dut ajouter d'autres accusations pour renforcer le réquisitoire jugé trop mou de Boukharine. Ainsi, toute politique d'alliance avec la social-démocratie et les partis socialistes, jugée responsable de la défaite des partis communistes, est abandonnée. Par rapport aux années 1924-1928, la situation est marquée, considère-t-on, par un renforcement et une certaine stabilisation du capitalisme d'un côté et par les progrès du socialisme et l'émergence de nouvelles possibilités révolutionnaires de l'autre. Dès lors, l'ennemi principal désigné, ce sont les partis sociaux-démocrates en même temps que le trotskisme, aussi difficile puisse-t-il paraître d'apparenter le trotskisme à une déviation de droite. L'important est de condamner toutes les déviations et de rejeter toute la politique suivie jusque-là par le Komintern.

Pour renforcer l'attaque d'abord menée par Boukharine, Staline fait intervenir non seulement le reste de la délégation russe mais un allié de choc : Thaelmann. Celui-ci explique que les dangers du fascisme se situent très précisément dans la politique suivie par les partis sociaux-démocrates. La meilleure manière de lutter contre le fascisme est donc de commencer par combattre la social-démocratie.

Cependant, le Komintern demeurait partagé sur la question. Il admettait l'analyse des erreurs commises au cours des années précédentes en raison de la politique droitière suivie mais il était sensible par ailleurs à l'évolution de la situation internationale, aux nouveaux dangers qui se profilaient à l'horizon, ceux, précisément, que Trotski avait mis en exergue dans une lettre envoyée au Komintern. Cette lettre, qui a largement circulé, expliquait que, face au fascisme, on devait passer à une phase défensive au cours de laquelle le maximum d'alliances allait se révéler nécessaire.

Face à ces arguments, l'appui de Thaelmann fut très précieux à Staline. Aussi, les délégués du Komintern, tout en manifestant une certaine désapprobation, n'osèrent s'opposer jusqu'au bout à la volonté de Staline. Certes, ils ont pu déclarer par la suite, tels Maurice Thorez ou Ercoli, que la bureaucratie stalinienne les avait obligés à adopter des positions qui leur semblaient dangereuses dans leur for intérieur, mais aucun n'émit un vote contraire au moment d'entériner la ligne stalinienne. Décisif pour l'avenir de l'Union soviétique, le Congrès du Komintern le fut aussi pour l'avenir du monde puisque l'effacement du Parti communiste en Allemagne et sa lutte contre la social-démocratie facilita sans conteste l'ascension de Hitler vers le pouvoir.

IV. Le conflit ouvert entre Staline et la droite

Fort des décisions du Komintern, Staline tenta, dès le lendemain du Congrès, de faire adopter sur le plan de la politique intérieure le tournant à gauche. Pour cela, il pouvait utiliser le discrédit qui touchait son adversaire Boukharine, défenseur d'une politique de gauche à l'extérieur et partisan d'une politique de droite à l'intérieur et dont la position, à cet égard, pouvait paraître bien incohérente dans les discussions du Parti. Plus généralement, Staline jouait sur le fait que l'URSS ne pouvait guère refuser sur le plan intérieur le tournant qu'elle avait imposé au sein du Komintern.

Tout ainsi contribuait à renforcer la position stalinienne comme l'illustre *la Pravda* qui, quelques jours après la fin du VIe Congrès, publiait un article dont le sujet portait précisément sur la nécessité d'appliquer le tournant à gauche à l'intérieur de l'URSS et en premier lieu à la lutte contre les koulaks. Aussi, à partir de septembre 1928, on peut considérer que le conflit se joue dorénavant de manière ouverte entre Staline et la droite.

Toutefois, il demeure cantonné au seul domaine des idées. La droite cherche à éviter soigneusement de se présenter comme une opposition et, à aucun moment, elle n'attaque Staline par voie directe. Elle va même jusqu'à présenter les différents plans et programmes de la Direction comme des décisions consensuelles du Politburo, ce qui permet à Staline de les imposer progressivement et en douceur, de les faire endosser même par ses adversaires. En fait, Boukharine ne veut entrer en lutte ouverte à aucun prix et préfère voter des motions de compromis dans l'espoir de gagner du temps.

A. *L'offensive de Boukharine contre le tournant à gauche (septembre 1928)*

Se croyant en position de force, Boukharine fut cependant incité à changer de tactique. En effet, lors de la réunion tenue quelques jours après la parution de l'article de *la Pravda* et destinée à expliquer aux militants de la ville de Moscou les décisions prises par le Komintern, les rapports de force apparaissent avec une certaine clarté. Staline, qui cherche à tâter le terrain et à mesurer l'éventuelle évolution du Parti, a vivement soutenu la thèse de la transposition du tournant à gauche à l'intérieur de l'URSS. A l'inverse, Ouglanov, le chef de l'organisation du Parti de Moscou, ardent partisan de Boukharine, tout en reconnaissant la justesse des décisions internationales du Komintern, plaide pour la spécificité de la situation réelle du pays et pour la nécessité de poursuivre la politique suivie jusque-là.

Or le vote qui conclut la réunion apporte un soutien massif de l'organisation moscovite à Ouglanov et non à Staline, démontrant ainsi que la droite conserve au sein du Parti des positions aussi fortes qu'au début du conflit et s'appuie sur un atout maître : le degré d'attachement des membres de l'appareil du Parti aux privilèges que la stabilisation de la situation intérieure commence à leur offrir.

Mesurant l'importance de ce soutien, Boukharine décida de passer à l'offensive. Une fois de plus, ce n'était pas Staline mais ses adversaires qui déclenchaient le conflit. Pour cela, Boukharine, utilisant sa position de rédacteur en chef de *la Pravda*, fit connaître ses thèses à l'ensemble du pays en publiant une étude, « Les notes d'un économiste », long plaidoyer en faveur de la NEP et document essentiel car il est le seul que l'on possède sur les idées de la droite face au tournant de la politique intérieure soviétique.

Selon Boukharine, la NEP est une incontestable réussite dans la mesure où elle a répondu au but recherché. Sur le plan industriel, écrit-il, le développement connu par l'URSS est patent puisque, après les destructions provoquées par la guerre civile, la production a atteint le niveau global de 1914 et le dépassait très nettement dans de nombreux secteurs essentiels, les investissements industriels étant passés de leur côté de 12 % en 1921-1924 à 23 % en 1928. Mais la réussite la plus remarquable provient, insiste-t-il, du secteur agricole où la production de machines agricoles a été multipliée par trois par rapport à la période précédant la révolution. De plus, le secteur agricole socialisé se développe, lentement sans doute, mais de manière volontaire, sans provoquer de crise au sein de la paysannerie.

La base du raisonnement de Boukharine repose en effet sur la théorie de la création du marché paysan. Pour cela, le pays doit s'inspirer non pas de la Russie prérévolutionnaire où l'existence d'une paysannerie pauvre avait bloqué le développement général mais du modèle américain où la création d'un marché agricole vaste et prospère a permis l'industrialisation. Or, selon lui, on s'apprête à commettre la même erreur qu'avant la révolution en considérant la paysannerie comme quantité négligeable alors qu'il faut au contraire la considérer, comme l'ont fait les Américains, comme point de départ de tout le développement du pays.

De là découle son analyse de la crise du blé présentée comme le symbole de l'échec de la NEP et la justification du grand tournant. Il récuse avec force l'idée selon laquelle les paysans stockent leur blé. Les paysans ne peuvent engranger une denrée qui ne peut se conserver indéfiniment. La pénurie de blé résulte de la mauvaise organisation de l'économie agricole soviétique, de la parcellisation de la propriété paysanne trop petite et exiguë. Ce que le paysan retire de la vente de ses produits ne lui permet pas de vivre. Le coût du blé est trop bas pour l'inciter à augmenter sa productivité. Boukharine demande donc une planification de l'économie agricole par le regroupement des propriétés, la mécanisation et par une politique de justes prix susceptible d'inciter le paysan à produire.

Tout ce qui est proposé par Boukharine est précisément ce qui a été refusé par le Parti dès le mois d'avril 1928. Pourtant, Boukharine conclut sur l'idée qui lui paraît fondamentale : le développement industriel doit marcher de pair avec le développement agricole. Affirmer que l'on peut obtenir une véritable industrialisation sans appui agricole est un pur mensonge ou, alors, on crée une industrie qui sera le parasite de l'agriculture, on se coupe de la population paysanne, on risque de devoir faire face à une sorte de boycott permanent des paysans. De fait, quand on considère l'URSS même un demi-siècle après la révolution, le paysan soviétique continue à saboter et à ne pas accepter son sort. Ce que Boukharine demandait en résumé, c'était une forme de planification raisonnable et progressive à l'opposé de ce qu'il appelait lui-même « la planification à la Stroumiline ».

La publication de ces « Notes d'un économiste » brisait la convergence de façade, image que le Politburo avait cherché à donner de lui-même jusqu'alors. Du même coup, elle obligeait le Parti à prendre position dans le conflit qui opposait Staline et la droite.

B. La rupture (octobre 1928-novembre 1929)

En décidant de rompre au mois d'octobre 1928, Boukharine avait en fait lui-même fourni des armes décisives contre lui.

Hanté par l'idée d'un rassemblement définitif de la gauche aux côtés de Staline, il tenta une série de démarches désespérées entre septembre et octobre 1928. En particulier, il avait essayé de convaincre son vieil ennemi Kamenev, qu'il avait pourtant contribué à faire exclure du Parti, de s'allier à lui. Dans le compte rendu laissé par Kamenev, l'attitude de Boukharine trahit un désarroi et une peur intenses. Parlant de Staline comme d'une sorte de nouveau Gengis Khan, il se déclarait prêt à nier toutes les divergences qui l'opposaient à Kamenev alors même que ce dernier était partisan du tournant à gauche. Il traitait Staline d'individu cynique et sans scrupules, pour qui politique de droite ou politique de gauche, NEP ou industrialisation n'avaient aucune espèce de signification. Selon lui, la seule idée de Staline était de s'emparer du pouvoir absolu au prix de l'écrasement et de la liquidation physique de tous ses adversaires.

A ce titre, le récit de Kamenev témoigne du climat de terreur qui pesait sur une partie de l'opposition dès cette période. Certes, Boukharine pouvait apparaître de nature émotive et, en plusieurs circonstances, il s'était effondré et pleurait assez facilement. Son affolement n'en coïncide pas moins avec le renforcement du pouvoir stalinien et reflète avec acuité les formes illimitées que commençait à adopter celui-ci.

Mais le plus grave pour Boukharine fut l'échec de cette entrevue. Non seulement la gauche à laquelle appartenait Kamenev se ralliait à Staline, refusant de considérer qu'un combat décisif s'engageait en faveur de ses propres idées, mais le compte rendu de la rencontre entre Boukharine et Kamenev fut ronéoté et largement diffusé à travers le pays à partir du mois d'octobre 1928. On ne sait s'il s'agit d'une manœuvre de l'OGPU ou d'une action des trotskistes, furieux de voir la gauche rejoindre le camp de Staline. En tous les cas, le résultat était le même : Boukharine offrait une arme inespérée au pouvoir stalinien qui n'allait pas manquer de s'en servir contre lui.

Staline procède selon sa méthode désormais classique. Il commence par frapper à la base et attend le dernier moment pour s'attaquer aux dirigeants. Il déplace tous les partisans des thèses de droite dans les organisations du Parti. Ainsi, lorsqu'il propose, en novembre 1928, son plan de changement politique fondé sur l'idée de la victoire du socialisme et le dépassement à terme du niveau économique de l'Occident, le Comité central l'approuve.

L'industrialisation à outrance est justifiée à la fois pour des raisons de sécurité – les militaires demandant l'aide de l'industrie lourde pour pouvoir assurer la défense de l'URSS – et par les nécessités du développement agricole fondé sur la mécanisation. En faisant voter ce plan, Staline a donc déjà réussi à vaincre sur le plan des idées l'opposition sans avoir eu besoin de l'attaquer directement. De son côté, l'opposition prenant acte de l'évolution du Comité central, préfère voter elle aussi le plan de Staline afin de gagner du temps et de préserver l'essentiel, à savoir sa place dans le Parti.

Après avoir imposé ses idées et s'être attaqué à la base de l'opposition, Staline peut s'attaquer aux dirigeants de la droite. Au début du mois de février 1929, la Commission de contrôle du Parti convoqua les trois leaders de l'opposition, Boukharine, Rykov et Tomski, les mettant en face d'un véritable acte d'accusation. On leur reproche d'avoir enfreint les règles du Parti, d'avoir fomenté des « conspirations » avec Kamenev, d'avoir voulu former une fraction. Pour se défendre, ils ne peuvent s'en prendre qu'à la bureaucratie du Parti, bureaucratie qu'ils avaient eux-mêmes utilisée pour contribuer à éliminer d'autres vagues précédentes d'opposants. En fait, leurs arguments sont faibles et se retournent contre eux. La participation de Boukharine à la transformation de la ligne du Komintern, le vote des décisions du Comité central de novembre, tout montre que les opposants sont d'accord avec les réformes proposées. Leur attitude ne peut résulter dès lors que de la mauvaise foi ou de l'ambition personnelle. La Commission de contrôle décida en conséquence d'exclure Boukharine de l'exécutif du Komintern, Tomski de ses fonctions dirigeantes auprès des syndicats, seul Rykov demeurait président du Conseil des commissaires du peuple pour un moment.

Dans ce contexte, la XVIe conférence du Parti qui se tint en avril 1929 put entériner toutes les décisions prises par la Commission de contrôle et adopter le grand tournant de la politique industrielle et agricole proposé par Staline. Mais comme l'exige le schéma classique, elle va encore plus loin et demande l'autocritique de l'opposition vaincue, d'abord celle des hommes de second plan puis celle des trois chefs. S'ils tentent de se défendre dans un premier temps, n'acceptant qu'une autocritique partielle, le Parti les oblige à faire une seconde autocritique, le 29 novembre 1929, totale et humiliante. Boukharine, Rykov et Tomski reconnaissent avoir eu tort et avoir tenté des menées fractionnistes. Non seulement ces hommes sont détruits moralement par leurs propres aveux mais, plus encore, c'est sur la base de leurs déclarations que Staline pourra les liquider physiquement eux et l'ensemble de la vieille garde bolchevik, le moment venu.

Malgré l'exemple des défaites des oppositions antérieures, la droite donne elle aussi l'impression de ne pas avoir su résister à Staline, presque de s'être laissé faire. Elle aussi, comme la gauche, était marquée par la hantise de l'unité du Parti au point d'accepter les compromis puis les humiliations jusqu'aux aveux de l'autocritique finale. Mais, chose nouvelle, l'opposition de droite a ressenti la peur, une peur physique, viscérale. Alors que jusque-là, Staline demeurait en partie caché derrière le paravent formé par ses divers alliés successifs, la droite a dû affronter un Staline qui, pour la première fois, s'est dressé tout seul, fort de tous les pouvoirs concentrés entre ses mains, fort de son caractère brutal et grossier déjà dénoncé par Lénine et qui apparaît dès lors en pleine lumière. Pour la première fois, les sentiments de peur et de panique ont dominé les débats et le combat. Pour la première fois, comme le dira Boukharine, le Parti ressemble plus à une bande de gangsters qu'à un parti d'intellectuels luttant pour un avenir politique.

Le 27 novembre 1929, Staline peut annoncer que l'Union soviétique passe d'une politique de limitation des activités des koulaks à une politique de liquidation des koulaks en tant que classe.

TROISIÈME PARTIE

Le système stalinien

1

La transformation de la société soviétique à partir de 1930

Dans la période qui précède la révolution de 1917 et dans celle qui va de la révolution à 1930, aucune évolution de la Russie n'était tracée par avance. Tous les chemins restaient ouverts. On ne peut dire que tout conduisait nécessairement à la révolution et de même pour le choix de Staline comme dirigeant de l'URSS.

Après 1930, on aborde une période radicalement nouvelle à cet égard. Depuis l'élimination des rivaux de Staline, on entre, pour la première fois dans l'histoire de l'URSS, dans une sorte d'enchaînement systématique et fatal qui mène le système stalinien à son apogée, celui que décrit Khrouchtchev lors du XXe Congrès, un système inhumain et concentrationnaire. La révolution politique et la transformation de la société amorcées en 1930 aboutissent à la consolidation d'un système de violence et de coercition dont le traumatisme demeurera grave pour très longtemps.

La rupture la plus décisive opérée par Staline date de l'élimination de l'opposition de droite. Face à l'opposition de gauche, en effet, les divergences avaient été d'ordre personnel et se résumaient par la question de la prise du pouvoir. Aussitôt débarrassé de ses premiers adversaires, Staline s'empressa d'ailleurs de reprendre à son compte le programme élaboré par la gauche. Dans le conflit avec la droite, en revanche, on touche à des enjeux de fond, à la vision de ce que doit être l'avenir de l'URSS, à la question du choix de la méthode.

Qui devait payer le prix du progrès et du développement ? Quel devait être le rythme du changement ? La divergence de fond posait en fait le problème de la sensibilité des uns et des autres. Si la préoccupation de l'opposition de gauche ne concernait guère, du moins en apparence, les souffrances que pourrait infliger un développement forcené au peuple soviétique, il est clair que la question était centrale pour la droite. Un homme tel que Boukharine se refusait à envisager le prix humain du progrès qu'acceptait Staline et que tous les théoriciens de gauche avaient prévu et admis. Boukharine et ses amis hésitaient à imposer à un peuple un prix humain certainement effroyable au nom du développement. La révolution n'avait pas été faite pour le progrès et le triomphe des principes mais pour le bonheur des hommes qui se mesurait non seulement dans l'avenir mais aussi dans ses aspects immédiats.

Ainsi, la rupture entre Staline et ses adversaires de droite eut pour conséquence la mise en route du programme de gauche dès la fin de l'année 1929, c'est-à-dire le début de la collectivisation et de l'industrialisation à outrance. Dans cette perspective, le problème des moyens capables de soutenir de tels objectifs avait déjà reçu à l'avance une réponse très nette de Staline : les moyens économiques n'existaient pas, la collectivisation et l'industrialisation étaient des combats politiques, des forteresses à conquérir, seuls les moyens politiques devaient être pris en compte. Toute la réussite et toute la clé de l'apogée du système stalinien résidaient donc dans ces moyens politiques.

I. Le Parti au moment du grand tournant

Le Parti constituait l'arme politique fondamentale dont disposait la stratégie stalinienne. Son rôle et ses fonctions avaient été préservés à travers toutes les crises des années vingt et il allait avoir pour charge d'encadrer le peuple soviétique pour le faire marcher, de gré ou de force, dans la voie du progrès. Cependant, le Parti avait beaucoup changé, aussi bien par rapport à la période prérévolutionnaire que par rapport à 1924, année de la disparition de Lénine.

A. Les changements internes du Parti

Il avait d'abord évolué sur le strict plan numérique. Il comptait en 1929 1 300 000 membres, c'est-à-dire trois fois plus qu'au moment de la disparition de Lénine où le nombre d'adhérents s'élevait à 400 000. La « promotion Lénine » recrutée en 1924 ajouta 200 000 militants et c'est donc au cours de la période ultérieure que le Parti s'est ouvert à un recrutement très large, période où Staline, tout en luttant pour la conquête du pouvoir, avait réussi à contrôler par l'intermédiaire des secrétaires l'entrée des nouveaux membres.

La composition du Parti avait elle aussi connu certaines inflexions à la fois sur le plan de la répartition entre les deux sexes et sur le plan social. Si le Parti reste dominé par les hommes, le nombre de femmes est tout de même passé de 11 % à 13 % entre 1924 et 1929. En plus des membres du Parti, il faut ajouter l'Organisation de la jeunesse fondée en 1918 et qui compte 2 millions de membres en 1929, la plupart recrutés depuis 1923-1924, appartenant donc tous à la génération postrévolutionnaire, une génération dont les héros ne sont plus les vieux bolcheviks du combat clandestin mais les hommes du jour. Grâce à un tel vivier, le Parti lui-même est jeune. En 1927, selon le recensement précis dont on dispose, on sait que 25 % des membres du Parti ont moins de 25 ans, 50 % moins de 30 ans et 85 % moins de 40 ans. La conséquence est claire : les vieux bolcheviks, les compagnons de Lénine, les sympathisants des oppositions successives, outre les expulsions et les purges, se retrouvent noyés dans la masse. Privée de son poids, la vieille garde disparaît en tant que force représentative dans le Parti. Le nombre de suicides fut d'ailleurs très élevé entre 1925 et 1929 et on sait, par exemple, que pour l'année 1925 le quart des membres qui sont morts se sont suicidés et tous appartenaient à la vieille garde.

Le sens même de l'adhésion et de l'appartenance au Parti a changé. Pour les nouveaux membres, dont le niveau culturel est particulièrement bas selon le recensement de 1927, l'entrée dans le Parti représente surtout une forme de promotion sociale. Du coup, le Parti lui-même devient plus un organe d'encadrement bureaucratique qu'un organe de combat.

Cependant, des différences importantes persistent entre les organes dirigeants et la base du Parti. Au sommet, on trouve encore une majorité de membres du Parti qui sont issus de la période prérévolutionnaire et qui n'ont été exclus ni en 1927 ni en 1929. 75 % des secrétaires principaux sont entrés au Parti avant la révolution et constituent donc la vieille équipe. A la base, en revanche, la situation paraît inversée : 65 % des secrétaires des organes primaires ont rejoint le Parti après 1921. C'est dire que Staline tient toute la base de l'appareil et peut s'en servir comme d'une arme décisive. Cela explique aussi pourquoi les épurations des années 1934-1938 atteindront avant tout les organes supérieurs du Parti.

Sur le plan social, malgré toutes les protestations entendues au cours des différents congrès, le Parti n'est toujours pas un parti d'ouvriers. Si le recensement de 1927 dénote l'existence de 58 % d'ouvriers dans les rangs du Parti, une autre statistique datant de la même année montre qu'il n'y a guère que 40 % des membres du Parti qui ont une activité manuelle effective. Une bonne partie des adhérents sont donc des bureaucrates employés par le Parti, ce qui révèle à quel point ce dernier est devenu un appareil administratif destiné à encadrer l'ensemble de la population soviétique.

Deux autres points cependant apparaissent essentiels dans la composition du Parti, surtout si l'on tient compte de la politique qui va être suivie dans la période des années trente : le recrutement paysan au sein du Parti, d'une part, le recrutement au sein des différentes nationalités, d'autre part.

B. Le recrutement paysan au sein du Parti

La question du recrutement paysan occupe une place essentielle dans la période, compte tenu de la nouvelle voie choisie par le Parti et la perspective de la bataille de la collectivisation.

Or les communistes demeurent très peu nombreux dans les campagnes, comme le révèlent les statistiques. A cet égard, ainsi que le montre l'ouvrage de M. Fainsod, *Smolensk under Soviet rule* (Harvard University Press, 1958), les archives de la ville de Smolensk, saisies par les troupes allemandes lors de l'invasion de l'URSS et déposées ensuite aux États-Unis, offrent une vue saisissante de la vie du Parti dans une région à l'heure de la collectivisation.

En 1928, on ne comptait guère plus de 200 000 communistes sur un total de 120 millions de paysans. De plus, parmi les communistes appartenant aux cellules rurales, les véritables paysans sont rares et la majorité des membres sont des fonctionnaires venus de la ville ou d'anciens ouvriers. On a pu calculer ainsi, selon les archives, que la proportion des journaliers et des petits exploitants variaient entre 15 et 25 % seulement. Les secrétaires des organisations rurales en particulier étaient à 85-90 % des ouvriers ayant quitté la campagne depuis de nombreuses années, ou même depuis une génération. C'est dans cette situation qu'en 1929 le communisme fut implanté à la campagne.

C. Le Parti et les nationalités

En 1930, la proportion des Russes dans la population de l'Union soviétique s'élève à 53 %. En comparaison, le nombre des Russes présents dans les organes dirigeants du Parti est nettement supérieur et a tendance à s'accroître, malgré les protestations des organisations nationales. La croissance est lente mais régulière : les Russes représentent ainsi 60 % des membres des organisations du Parti en 1924, 62 % en 1927 puis 65 % en 1930. Trois autres peuples ont cependant eux aussi une forte représentation au sein du Parti : les Géorgiens, les Arméniens et les Biélorusses. Dans les deux premiers cas, une telle présence s'explique par l'ancienneté des organisations sociales-démocrates dans chacune de ces deux régions ainsi que par leur haut niveau culturel. En ce qui concerne les Biélorusses, les raisons paraissent moins évidentes et on peut considérer leur cas comme une exception.

Pour l'ensemble des autres nationalités, en revanche, la sous-représentation apparaît avec force. Elle est même spectaculaire dans le cas des Ukrainiens dont le poids dans la population totale de l'Union soviétique de l'époque s'élève à 21 % alors que sa présence dans le Parti n'atteint que 12 % et seulement 4 % des membres du Congrès de 1924, 9 % de ceux du Congrès de 1927. Dans cette perspective, ce sont les peuples d'origine turque qui sont les plus désavantagés avec 1 % et 3 % des membres aux Congrès de 1924 et 1927 pour une proportion de 11 % dans la population soviétique. De tels chiffres annoncent les crises qui se préparent : l'encadrement et l'implantation les moins importants du Parti communiste correspondent aux régions les moins assimilées, celles-là même où surviendront les crises nationales les plus violentes dans les années 1935-1936.

Mais de telles disproportions se retrouvent aussi dans les administrations. Non seulement la proportion des nationalités non russes est faible au sein des organes centraux de l'État soviétique mais la forte présence des Russes marque aussi les organes locaux, soit en raison de l'absence de techniciens et d'administrateurs indigènes dans certaines républiques, soit pour des motifs politiques ailleurs. L'habitude prise pendant la guerre civile de parachuter des cadres est ainsi prolongée en vertu de ce principe de contrôle politique des nationalités, à tel point qu'on ne trouve plus un seul Ukrainien au poste de secrétaire du Parti pendant de nombreuses années. C'est dans de telles conditions d'encadrement de l'ensemble du peuple soviétique que le Parti doit aborder la période la plus dramatique de son histoire.

II. La transformation politique de l'URSS

La transformation totale de la société soviétique se déroule selon deux grands axes : la collectivisation et l'industrialisation, dont les conditions doivent être retracées et précisées.

A. La collectivisation

La première étape de la collectivisation débute en octobre 1929 lorsque la part des terres collectivisées n'atteint alors que 4 % de la paysannerie. En janvier 1930, la proportion est déjà passée à 21 % et elle s'élève à 58 % dès le mois de mars

1930. Tout a été accompli en l'espace de cinq mois. C'est dire la rapidité extrême et la brutalité qui ont accompagné le changement.

De fait, une collectivisation aussi soudaine posa à la fois des problèmes de méthode, de moyens et de justification politique. La méthode posait la question des objectifs. Officiellement, seule la collectivisation des terres et des instruments de travail était prônée. Dans la pratique, la collectivisation toucha aussi les hommes et leurs biens, y compris les objets les plus personnels. Un tel décalage explique pour partie les difficultés ultérieures.

S'ajoutait à cela un problème de moyens. La collectivisation rendait nécessaire des structures d'accueil, des nouvelles constructions et des machines. Staline lui-même avait dit qu'il fallait 250 000 tracteurs pour réussir à faire fonctionner les kolkhoz, estimation jugée modeste selon l'avis même des économistes soviétiques de l'époque. Or, dans les faits, on ne trouve que 7 000 tracteurs dont tous ne sont pas en état de marche. Si on atteint le chiffre de 30 000 dès le mois de février 1930, les niveaux annoncés par Staline – 100 000 en 1931, 250 000 en 1932 – ne seront pas atteints avant plusieurs années. De plus, il manquait souvent d'essence, de pièces détachées, de personnes qualifiées pour les faire fonctionner.

Dans ces conditions, l'encadrement politique devient le problème crucial. C'est cela qui explique le passage d'une collectivisation organisée à un processus de plus en plus irrationnel. Compte tenu de l'implantation précaire du Parti communiste à la campagne, celui-ci est perçu comme une force extérieure au monde rural, presque comme une force ennemie, et ne peut compter sur un encadrement spontané des paysans. Ainsi en est-il de la constitution des listes de koulaks et des biens collectivisables qui ont été confiées non pas aux paysans mais à une troïka composée du premier secrétaire du Parti, du président du Comité des soviets et du chef de l'OGPU locale, tous les trois n'appartenant pas, sauf exception, à la paysannerie. De fait, lorsque l'on compare la proportion de koulaks estimée à 4 % en 1929 et le nombre de déportés ou de personnes jetées de force sur les routes et dans les chantiers, la différence est considérable.

L'année 1930 fut ainsi marquée par de véritables combats

permanents entre le pouvoir, ses représentants et la paysannerie. Non seulement les paysans accueillent les recenseurs à coups de fourche mais commencent par pendre tous les communistes. Comme à l'époque de Cronstadt, on constate une rébellion totale de la paysannerie à laquelle s'ajoutent des révoltes nationales là où les Russes chargés de la collectivisation doivent l'imposer à des peuples allogènes. Il s'agit d'une véritable guerre des classes transposée à la campagne. Comme Staline l'avait dit en 1929, la lutte contre le koulak ne suffisait plus, il fallait passer au stade de l'élimination des koulaks en tant que groupe, ce que les paysans ont ressenti comme un mot d'ordre d'élimination de la paysannerie tout entière.

Les heurts anticommunistes se succèdent et le pouvoir réplique par des déportations de plus en plus massives. Celles-ci sont en même temps un moyen de répression et un instrument de l'industrialisation compte tenu du nombre de grands chantiers qui sont ouverts dans la même période. Une fois les koulaks éliminés, les chefs de l'OGPU, chargés de recruter de force parmi les paysans les ouvriers pour les chantiers de Staline, en viennent à inventer de nouveaux koulaks et à déporter de manière arbitraire. En mars 1930, au moment où 58 % des paysans sont déjà collectivisés, la tension est telle que l'ensemble de l'Union soviétique paraît au bord de l'explosion.

Le 2 mars 1930, Staline publie un article dans *la Pravda* intitulé « Le vertige du succès » qui annonce la fin momentanée de la collectivisation à outrance. Constatant les abus commis, il fait paraître un décret, le 15 mars, donnant la possibilité aux paysans de se décollectiviser et ordonne l'arrestation et la pendaison d'un certain nombre de membres de l'OGPU sur lesquels toute la responsabilité des excès est rejetée.

Ces pendaisons n'impressionnent guère les paysans qui savent que les véritables responsables se trouvent bien au-delà de ces quelques boucs émissaires. Le décret du 15 mars, en revanche, eut un effet considérable. Il provoque une fuite hors des kolkhoz au point que la proportion des paysans collectivisés retombe de 58 % en mars à 18-20 % en juin 1930, ceux qui restent étant en majorité des journaliers sans terres pour lesquels il n'existe aucune autre issue. Dans les régions riches d'Ukraine, le phénomène de reflux est encore plus spectaculaire puisque l'on passe de 82 % de la population collectivisée à 18 % dès le mois de mai 1930.

La pause cependant est de courte durée. Au début de 1931, à travers de multiples pressions, la collectivisation recommence progressivement. Cette fois, elle fut irréversible. En 1932, on retrouve déjà 61 % de la paysannerie dans les kolkhoz. Les quelque 25 millions de petites propriétés rurales sont remplacées par 240 000 kolkhoz et 4 000 sovkhoz. Si la reprise de la collectivisation a paru moins rapide et moins soudaine, elle s'est accompagnée, comme en 1930, de nouvelles brutalités et de déportations massives. La pause avait permis de former de nouvelles équipes d'encadrement composées d'ouvriers et constituant de véritables troupes de choc qui assurent le succès définitif de la collectivisation.

Ainsi, les conséquences de la collectivisation furent plus que spectaculaires. Elles touchaient tout d'abord la structure même de l'économie et de la vie paysanne. L'exploitation individuelle disparaissait et aucun retour en arrière ne paraissait possible après 1932. Le brassage de la population dû aux déportations avait été tel qu'aucune reconstitution des villages et de leurs populations d'origine n'était plus possible. La partie était perdue et les paysans l'avaient compris.

Les conséquences économiques sont encore plus considérables à court et à moyen terme. Pour tenter de s'opposer à la collectivisation, les paysans ont, en effet, multiplié l'abattage du bétail et les destructions de tous ordres. Les récits qui nous sont parvenus sont horribles : certains paysans sont morts à force de se gorger de viande à moitié crue avant que les communistes puissent mettre la main dessus. D'autres se suicident plutôt que de céder leurs biens à l'entreprise de collectivisation. Au total, 55 % des chevaux ont disparu entre 1929 et 1934 ; 40 % du bétail à cornes, 55 % des porcins et 66 % des moutons ont été abattus.

Mais le coût le plus dramatique fut mesuré en termes humains. Il est cependant très difficile d'évaluer avec exactitude le nombre de personnes liquidées pendant la collectivisation, les chiffres variant beaucoup d'une estimation à l'autre. La seule statistique fiable fut celle des victimes de la sédentarisation pratiquée dans les régions périphériques et qui s'élève à 1 300 000 personnes. Pour le reste, le nombre de victimes de la collectivisation demeure incertain. Staline lui-même, dans une interview, avait parlé de 10 millions de personnes physiquement liquidées ou déportées au cours de la période. Mais on peut considérer que le nombre de victimes directes doit être compris dans une fourchette de 5 à 10 millions d'individus auxquels il faut ajouter près de 3 millions d'Ukrainiens morts d'une famine organisée délibérément par Staline pour briser le sentiment national dans une république qui fut au temps des tsars le grenier à blé de l'Europe. Avec un tel bilan, on comprend que le prix psychologique fut lui aussi considérable : la campagne soviétique n'a jamais oublié et a continué de vivre avec ce souvenir effroyable.

Au-delà des conséquences directes touchant la vie rurale, la collectivisation entraîna aussi la complète désorganisation de l'ensemble de l'économie soviétique et finalement la famine de l'année 1932-1933 qui, selon les auteurs soviétiques, aurait fait pour tout le pays de 5 à 6 millions de victimes au nombre desquelles s'inscrivent les Ukrainiens évoqués plus haut. Les récoltes moyennes de 1932 et de 1933 n'expliquent pas tout. La décision fut aussi politique. Le régime avait organisé un ravitaillement en faveur des villes et laissé les campagnes sans ressources. La répression fut impitoyable et multiforme : les voleurs de grain étaient punis de peine de mort, ceux qui étaient accusés de ne pas assez produire étaient arrêtés et déportés. Mais, comme en 1930, l'échelle de la catastrophe économique ainsi que l'ampleur de la réaction populaire amenèrent le régime à freiner en partie le processus. Ainsi, une circulaire datée de mai 1933, mais qui resta secrète à l'époque, préconisa un léger relèvement des prix des céréales et l'octroi d'une certaine marge de liberté aux paysans sous forme notamment d'un lopin individuel. Elle indiquait aussi des « quotas » maximaux de déportation à ne pas dépasser, ce qui trahissait le fait qu'ils étaient déjà dépassés ou en voie de l'être.

La pénurie et l'organisation du ravitaillement furent aussi à l'origine des conséquences sociologiques de la période de collectivisation. Au cours de l'année 1933, en effet, la population fut divisée en catégories selon le caractère de l'urgence du ravitaillement. La première catégorie, celle des personnes jugées indispensables, comprenait les membres du

Parti et de l'armée. Une véritable stratification sociale fut ainsi définie avec ses privilèges et les couches qui en bénéficiaient. Dans les villes, les files d'attente pour obtenir du pain duraient entre douze et quinze heures. Lorsque les personnes prioritaires étaient servies, un jour sur deux, il ne restait plus rien pour les autres.

A terme, les catégories privilégiées tendront à se replier sur elles-mêmes et à se perpétuer comme telles. Ce sera notamment le cas de l'armée, fait décisif pour l'avenir de l'Union soviétique. Toutes spéculations fondées sur un rôle que l'armée pourrait jouer contre le Parti oublient ainsi le phénomène essentiel de l'intégration des militaires au cœur du régime social et de leur constitution en véritable classe sociale privilégiée. Si, en 1930, l'armée demeure une armée de paysans, dès cette époque la tendance est là : les paysans devenus militaires se marient au sein de familles de militaires, envoient leurs fils dans les écoles spéciales, etc. Se forme ainsi, au cours de cette crise des années de la collectivisation, la première classe sociale engendrée par le système de l'Union soviétique.

B. L'industrialisation

L'autre grand aspect de la transformation de l'Union soviétique se déroula en milieu urbain. Ce fut l'effet de l'industrialisation.

Elle se marqua d'abord par une mutation sociale spectaculaire puisque la classe ouvrière passe de 11 millions d'ouvriers en 1928 à 33 millions en 1932 et ne cessera de croître encore par la suite. Sur le plan économique, le bilan de l'industrialisation n'est pas comparable aux résultats dramatiques de la collectivisation agraire. Elle fut au contraire la grande réalisation proclamée du régime stalinien. Dès le départ, les réalisations se multiplient ; des centres industriels nouveaux sont créés alors que les foyers traditionnels comme l'Oural sont mis en valeur.

Toute la réussite tient dans l'abondance de la main-d'œuvre issue de la déportation et des recrutements forcés, dans sa docilité et son faible coût de revient. S'ajoute à cela la construction de voies de communication nouvelles couvrant tout le territoire et reliant les nouveaux centres industriels. Entre 1929 et 1933, la production soviétique augmente ainsi de 250 %.

Le succès paraît d'autant plus remarquable qu'il survient au moment de l'effondrement des économies occidentales. Les résultats donnent raison, d'une certaine manière, à la vision volontariste de Staline ; des progrès économiques peuvent être menés à bien sur une très grande échelle en faisant abstraction des conditions dans lesquelles ils se déroulent, en faisant abstraction du facteur humain. Comme Staline le répète au cours de l'année 1933, on peut dire que l'économie obéit effectivement à la volonté des bolcheviks.

Au cours de l'année 1931, le gouvernement intente un procès aux mencheviks – comme Soukhanov – qui avaient défendu des thèses économiques opposées mais aussi au vieux marxologue, Riazanov qui, depuis 1920, ne cessait de critiquer l'orientation bureaucratique et volontariste du régime, et qui à ce titre fut accusé d'être un menchevik déguisé. Le procédé est significatif : il marque la défaite de la logique économique de l'opposition devant l'irrationalisme stalinien. Triomphe l'idée héritée de Lénine selon laquelle la décision politique domine tout, les conditions sociales et économiques n'étant plus que secondaires.

C. Le sort de la classe ouvrière

L'industrialisation à outrance entraîne une mutation décisive de la société soviétique. Si son prix humain est moins lourd dans les villes que dans les campagnes – dans la mesure où les ouvriers ne sont pas traités en ennemis de classe –, il n'en reste pas moins considérable en raison du moyen économique qui est utilisé : l'inflation. En 1935, le rouble tombe au quart de sa valeur de 1924. Dans un contexte mondial très perturbé, les répercussions de l'inflation sur l'économie générale restent insensibles. En revanche, les conséquences sur le niveau de vie de la classe ouvrière soviétique sont dramatiques. La courbe des salaires ne suit pas celle des prix et le pouvoir d'achat réel baisse. Les ouvriers ressentent d'autant plus cet état de fait qu'ils s'étaient habitués grâce à la NEP à une nette amélioration de leur pouvoir d'achat, considéré comme un acquis de la révolution. Or cet acquis est brutalement perdu. La chute du niveau de vie, estimée à 40 % entre 1929 et 1932, ramène la situation à ce qu'elle était en 1923-1924, au début de la NEP, à un moment où le pouvoir d'achat était particulièrement bas.

Plus encore que la baisse généralisée du niveau de vie, le phénomène le plus spectaculaire tient dans l'apparition de la différenciation des salaires, qui ne cessera de se creuser par la suite. Staline estime en 1931 intolérable qu'un rouleur de la sidérurgie soit payé comme un balayeur, en d'autres termes que des spécialistes utiles à l'économie soient rémunérés à égalité avec les autres. Pour lui, la livre de pain donnée à un ouvrier spécialisé est plus utile que celle fournie à un paysan ou à une femme inactive. Ce point de vue très peu égalitariste montre néanmoins la voie choisie.

Ainsi, en 1931, une ordonnance crée huit catégories d'ouvriers dotées de salaires différents. L'inégalité est aggravée en 1932 par le remplacement du salaire horaire, que les ouvriers considéraient comme un acquis important de la révolution, par le salaire aux pièces, dans 65 % puis dans l'ensemble du secteur industriel. Le salaire aux pièces est complété par un système de primes fixées en fonction des rendements les plus hauts. A partir de 1933, les statistiques montrent que 20 % des salariés reçoivent 40 % de la masse salariale. La croissance des inégalités de salaires est aggravée par le stakhanovisme : on fixe dans chaque secteur, d'après les performances des « ouvriers de choc », les normes qui serviront de base à l'estimation des capacités de chacun.

En 1935, un rapport de Kouibychev indique que le salaire moyen est de 150 roubles par mois et que l'éventail est très large. S'échelonnent ainsi du bas en haut de l'échelle les femmes actives payées entre 70 et 90 roubles, au-dessus les manœuvres payés de 100 à 120 roubles, puis les ouvriers spécialisés de 150 à 200 roubles, les stakhanovistes de 500 à 2000 roubles, les ingénieurs de 400 à 800 roubles et enfin les hauts fonctionnaires entre 5000 et 10000 roubles. On est très loin des 150 roubles du salaire moyen ouvrier.

Quelques prix permettent de préciser le pouvoir d'achat à la même époque. Le kilo de bœuf coûte entre 6 et 8 roubles, le kilo de porc entre 9 et 12 roubles, le kilo de beurre de 14 à

18 roubles, le kilo de café de 40 à 50 roubles. A l'époque, le citoyen soviétique se nourrit essentiellement de pommes de terre, de sarrasin, etc.

La différenciation des salaires et la hausse constante des prix alimentaires contribuent donc à créer une aristocratie ouvrière qui dispose d'une situation extrêmement favorable et dont l'exemple doit montrer qu'en travaillant beaucoup, on peut améliorer nettement sa situation. Ces ouvriers privilégiés disposent aussi d'avantages sociaux. Comme la pénurie s'étend à tout, équipements collectifs compris, l'ouvrier qui n'est pas stakhanoviste n'a aucune chance de pouvoir accéder à une maison de repos ou de faire envoyer ses enfants dans une maison de vacances. Ces avantages supplémentaires accordés à la petite minorité qui gagne déjà le plus creusent par là même le fossé avec la masse des Soviétiques. Dans les conditions de l'Union soviétique en 1932 on considère que c'est là le seul moyen d'accélérer l'industrialisation.

Les stakhanovistes ne servent pas seulement de modèle, ils contribuent aussi à encadrer la masse des ouvriers, voire à suppléer la police dans l'entreprise. Les ouvriers de choc servent de mouchards et signalent celui qui n'a pas assez ou qui a mal travaillé. Rôle essentiel dans la mesure où la masse ouvrière, mal payée, peu motivée, se voit contrainte de se procurer des moyens de subsistance par des voies illicites. Le vol se généralise ainsi dans les entreprises, détournant la production qui est ensuite vendue au marché noir.

Pour discipliner une classe qui n'accepte pas sa situation déplorable, l'organisation du travail est rigoureusement structurée de telle sorte que l'ouvrier ne puisse plus agir de manière autonome. L'ensemble constitue l'équivalent d'un Code du travail que l'Union soviétique conservera jusqu'à la disparition de Staline. Le premier texte est promulgué en 1932 ; il punit l'absence injustifiée d'une journée de travail par le licenciement, le retrait des cartes de rationnement et, en dernier lieu, l'expropriation du logement, quand ce dernier est fourni par l'entreprise. En 1933, la mesure d'expulsion est étendue. Dès son licenciement, l'ouvrier perd tout droit au logement : pour survivre, il ne lui reste plus qu'à s'engager sur des chantiers lointains.

Être licencié en 1932 ne constitue cependant pas un drame ou une sanction suffisante dans la mesure où l'offre d'emplois est abondante. C'est pourquoi est institué le 27 décembre 1932 un livret ouvrier qui précise les conditions de travail et ne laisse d'autre alternative à l'abandon de poste que la déportation volontaire. Parallèlement, le passeport intérieur limite pour tout citoyen les déplacements en Union soviétique. Désormais, on ne peut travailler que dans la mesure où l'on est en règle avec l'État. Enfin, en 1935, la suppression du dernier droit que conservaient encore les syndicats, la participation à l'élaboration des normes, parachève le système. On sait en effet, par les documents dont on dispose, qu'entre 1932 et 1935, au moins sur ce plan-là, les syndicats exercent une véritable résistance et tiennent compte avec réalisme des capacités de l'ouvrier pour fixer les normes de travail. A partir de 1935, la direction de l'entreprise les fixe seule, sans tenir compte des capacités réelles des ouvriers. La classe ouvrière est soumise, pieds et poings liés, aux décisions des hommes politiques.

Au total, la société subit un double mouvement. Dans les campagnes, la société rurale éclate, ses autorités traditionnelles ont disparu dans la tourmente, les groupes sont disloqués par la déportation, les individus insérés dans les kolkhoz, brisés moralement, sans possibilité de s'organiser politiquement. D'autre part, les villes se développent, la société urbaine se renouvelle. La classe ouvrière est renforcée par les paysans, appelés en ville par l'État pour les besoins de l'industrie et chassés des campagnes où leur sort est désespéré. Ceux qui n'ont pas été déportés essaient, avant l'institution du passeport intérieur, en 1932, de trouver refuge dans les villes, avec l'espoir d'une situation moins dure que dans les kolkhoz.

Or cet afflux de population gonfle des villes qui ont subi, du fait de la révolution et de la guerre civile des dégradations et des destructions. Les habitations n'ont pas été entretenues depuis 1914 et les problèmes de logement sont considérables. Cette situation se retrouve dans tout le pays ; on s'entasse à vingt-cinq dans un appartement. Le choix de l'industrialisation à outrance, l'absence de plan d'équipement et de développement ont rendu ces difficultés inévitables. Le mécontentement et l'aigreur créent une situation chaotique qui suscite un contrôle policier croissant. Cela conforte le système stalinien.

Pour développer un système d'autorité coercitive, la pénurie nécessite que l'on consacre l'essentiel des ressources du pays aux éléments les plus utiles et les plus sûrs. Les archives permettent de consulter les listes de ceux que l'on considère comme les plus importants et qui constituent dès lors les nouveaux privilégiés.

En tête de liste se retrouve partout le secrétaire local du Parti, suivi du secrétaire du Komsomol puis du rédacteur en chef du journal contrôlé par le Parti. Les dirigeants du soviet n'apparaissent qu'en quatrième position, ce qui montre la transformation de la conception du pouvoir en Union soviétique à cette époque : les membres des organes d'État suivent ceux des dirigeants qui forment l'opinion de la population.

Aux dirigeants politiques succèdent les dirigeants économiques, directeurs et instructeurs des coopératives d'État puis des fermes collectives. Ferment la liste tous les spécialistes – agronomes, vétérinaires, etc. – dont le régime a d'autant plus besoin que le procès des mencheviks en 1932 a consommé la rupture avec les spécialistes bourgeois survivants de l'ancien régime réemployés lors du démarrage de l'économie soviétique. Dès lors, le régime estime qu'il doit se reposer uniquement sur la première génération de spécialistes qu'il a formée en la faisant accéder aux postes de commandement, non sans problèmes de compétences. En contrepartie, la nouvelle génération, qui doit tout au régime, pourra monter la garde du système stalinien.

A la même époque, à la fin de 1932, l'OGPU augmente ses effectifs par une campagne de recrutement sans précédent. Ses nouveaux membres sont envoyés en priorité dans les campagnes.

Le dernier fait sociologique important tient dans la formation au sein du Parti d'une forme d'aristocratie. Le niveau culturel de ses membres, évidemment faible en 1929, s'élève, si l'on en juge par les statistiques : en 1936, 97 % des administrateurs d'usine en sont membres, avec 82 % des directeurs et 40 % des ingénieurs en chef de chantier.

L'élite se retrouve donc tout entière dans le Parti. Le problème peut être posé de deux manières. Le Parti a-t-il ouvert ses portes à toute l'élite du pays ou a-t-il parachuté ses membres aux postes de commandement ? Il semble qu'il faille retenir, pour des raisons d'efficacité, la première hypothèse. Désigner aux postes de direction des militants d'un bas niveau culturel aurait été un très mauvais calcul, dans une période où l'efficacité de l'économie est vitale. En revanche, intégrer tous les cadres techniques au Parti permet de les gagner au régime, de les impliquer dans la rupture avec la classe ouvrière dont témoignent l'élargissement de l'éventail des salaires ou l'élaboration d'un système de normes de travail.

Au total, en trois ans, la paysannerie a changé de physionomie, une industrie est réapparue (le développement industriel d'avant la révolution était remarquable, mais la guerre l'avait brisé net), une classe ouvrière est née. Comme Boukharine l'avait pensé, le prix a été payé par la paysannerie mais aussi par l'ensemble de la masse russe, contre son gré. D'où un système d'encadrement et de coercition né sous Lénine mais porté à son apogée par le stalinisme.

2
Un système terroriste

Entre 1933 et 1938 se met en place le système stalinien tel qu'on le connaît avec son appareil répressif et son appareil politique qui soutient le premier et permet de le perfectionner, les purges constituant l'aspect le plus représentatif de l'ensemble.

Le système terroriste a été décrit de manière fragmentaire, mais moralement décisive, par Nikita Khrouchtchev au XXe Congrès. Il a été étudié à travers des archives orales par Soljenitsyne, qui en a fixé la mémoire, et commence à être connu par les archives de l'ex-URSS.

En attendant cette vision complète, on peut considérer que l'appareil répressif s'est développé par étapes successives, marquées par des événements plus ou moins spectaculaires, avec des rémissions et des mesures d'apaisement. On distinguera une première période de purges en 1933, suivie d'une pause en 1934 ; un regain en 1934, déclenché ou justifié par l'assassinat de Kirov ; puis la fin 1935 et le début de 1936 sont marqués par une nouvelle pause avant une période de purges généralisées, ponctuée par les grands procès, de 1936 à l'hiver 1938. La répression s'apaise à l'approche de la Seconde Guerre mondiale pour devenir une donnée sourde de la vie du pays au long de plusieurs décennies.

I. Les purges de 1933

Depuis la fin des purges de 1930, contemporaines de la collectivisation, l'Union soviétique jouit d'un apaisement somme toute relatif : la politique à l'égard des campagnes se durcit à nouveau à partir de 1931. Dans le Parti, l'apaisement, réel, n'empêche pas une certaine vigilance. Au sommet, une nette tendance se dégage en faveur d'un relâchement tant politique qu'économique. Il est frappant de constater qu'un groupe de gauche et un groupe de droite se font les apôtres d'une même thèse : le retour à une situation analogue à la NEP qui concilierait les mesures économiques du plan quinquennal et de la collectivisation et le retour à la démocratie interne *dans le Parti*. Pour ces deux groupes, assouplissement économique et démocratie dans le Parti sont liés. C'est probablement la diffusion de leurs thèses et le soutien important qu'elles rencontrent dans le pays qui incitent le Comité central à s'effrayer des « tendances droitières », selon l'étiquette dont on les avait affublées, et à engager la première purge en 1933.

Cette dernière ne vise que les membres du Parti communiste. Le 28 avril, un décret commun du Comité central et de la Commission de contrôle annonce la nécessité d'éliminer les indésirables, classés en six catégories : les ennemis du peuple qui sèment le désordre dans le Parti ; les hypocrites qui lui cachent leur volonté de sabotage ; ceux qui violent la discipline du Parti en proclamant que les objectifs assignés au développement de l'URSS sont chimériques ; les dégénérés d'origine bourgeoise ; les ambitieux et les arrivistes qui se sont coupés du peuple ; les dégénérés moraux. Ce texte entraîne la mise en place de commissions dans toute l'Union soviétique. Selon un calendrier très bureaucratique, il est prévu qu'elles fonctionneront du 1er juin au 30 novembre 1933 à minuit. Entre-temps, le Parti devait s'être débarrassé de tous les indésirables.

Les documents dont on a longtemps disposé donnaient peu d'indications sur ces purges et sur leurs résultats, à l'exception des archives de Smolensk qui apprenaient que l'épuration a surtout touché les membres recrutés à partir de 1929, d'un niveau intellectuel et idéologique peu élevé. Établir des statistiques était alors délicat. On peut considérer néanmoins qu'ont été atteints à peu près 10 % des ouvriers et 10 % des paysans du Parti, et très peu d'autres membres. La purge semble avoir touché essentiellement les paysans et les ouvriers, sans doute d'origine paysanne, en raison de leur niveau idéologique faible et de leur mauvaise compréhension des directives.

En même temps, Staline lançait une offensive contre le sommet. Il frappe une fois encore ses vieux adversaires, déjà éliminés, mais qu'il juge insuffisamment discrédités pour faire l'objet de persécutions ultimes. Il s'agit également de montrer, comme il le fait systématiquement depuis 1923, par de nouvelles louanges et de nouvelles humiliations de ses victimes, que lui seul est parfait dans le Parti. Staline fait donc de nouveau arrêter les « mauvais communistes », des membres de l'opposition qui s'étaient déjà repentis et qui pour certains, comme Zinoviev et Kamenev, avaient été réintégrés. Le public croit ces vieux bolcheviks qui réitèrent leur autocritique, proclament que Staline a raison et renforcent par là son autorité morale. C'est là un mode d'endoctrinement de l'opinion particulièrement efficace.

II. L'unanimité de l'année 1934

A la fin de 1933, malgré les mois assez difficiles qui ont précédé, l'Union soviétique semble s'orienter vers l'apaisement. La raison essentielle réside probablement dans l'avènement de Hitler, la menace qu'il fait peser sur l'URSS et la nécessité de renforcer la défense du pays. Pour Staline, cela fait également surgir une difficulté nouvelle concernant le mouvement communiste international. Sa politique a déjà fait faillite à plusieurs reprises, mais il est cette fois-ci seul responsable d'une erreur monumentale que Trotski dénonce violemment. Ce dernier propose de créer une nouvelle Internationale, menaçant Staline d'un débordement sur sa gauche. Pour se protéger de toute concurrence, il semble alors que Staline ait voulu prouver que la Direction du Parti communiste d'URSS et la Troisième Internationale avaient raison. Pour cela, la caution de ses anciens compagnons et une réconciliation étaient nécessaires.

A la fin de 1933, on sort ainsi de prison tous les réincarcérés de l'année et le XVIIe Congrès, le « Congrès de la réconciliation », se déroule en 1934 en leur présence, dans des conditions inconnues depuis plusieurs années. Zinoviev, Kamenev, Boukharine, Rykov : toutes les victimes des purges sont là, sauf Trotski maintenu en exil, et peuvent s'exprimer sans être couverts d'injures. Le ton est conciliant, les opposants font bien sûr leur autocritique, mais avec beaucoup de mesure et de dignité. L'admiration générale pour le camarade Staline reste immodérée, mais ce dernier peut affirmer, comme en 1923 : « Le Parti est uni comme il ne l'a jamais été auparavant, nous sommes débarrassés de tous les éléments malfaisants ; désormais, nous marchons comme un seul homme. »

Cette réconciliation insolite recouvre sans doute une certaine inquiétude devant la situation internationale mais aussi face aux tensions internes du Parti. Les documents publiés à l'issue du Congrès nous permettent d'en deviner la conséquence : un léger affaiblissement de la position de Staline. La composition des organes supérieurs du Parti le mentionnent comme « secrétaire » et non plus comme « secrétaire général » du Parti qui était son rang officiel depuis 1922. Quand on connaît le pointillisme des Soviétiques à l'égard du protocole, il est impossible de penser que « général » ait disparu par hasard, mais plutôt qu'une nouvelle répartition des fonctions, ou des responsabilités, a affaibli pour un temps la position de Staline.

Tout indique d'ailleurs l'influence d'éléments conciliateurs, effrayés par la montée en puissance de Staline et soucieux d'un apaisement économique et social : Vorochilov, Kirov – qui disparaîtra peu après –, Kalinine et Roudzoutak – qui sera exécuté en 1937. C'est ce qu'Isaac Deutscher interprète comme une hésitation de Staline entre la poursuite d'une politique de rigueur et une politique d'apaisement.

Une autre interprétation est possible. Ce Congrès rappelle, dans une certaine mesure celui de 1923 qui a été immédiatement suivi, au nom de la cohérence prétendument retrouvée, de l'élimination de ses adversaires. Bien plus, comme en 1923 – il avait mis en place pendant le Congrès les instruments répressifs de l'avenir –, certains indices de 1934 peuvent être interprétés autant comme des signes de menace que de détente authentique.

On observe avec une inquiétude rétrospective l'ascension de Iéjov, qui sera l'homme de la répression, et qui entre au Bureau d'organisation, et de Malenkov, qui entre alors à la Commission de contrôle et qui sera responsable de la section cadres au Secrétariat. Avec Poskrebychev à la tête de la Section spéciale, Malenkov deviendra précisément l'épurateur du Parti.

Les changements institutionnels sont beaucoup moins clairs. Ils touchent essentiellement l'OGPU et peuvent résulter autant de la volonté de tempérer ses pouvoirs que de lui donner pour l'avenir une plus grande autonomie. Le collège judiciaire que possédait l'OGPU au sein de la NKVD (Commissariat du peuple aux Affaires intérieures) lui est enlevé et ses dossiers sont transférés aux tribunaux réguliers. Vychinski, le procureur suprême, est chargé de contrôler son activité. Comme il sera l'homme de toutes les purges, on peut se demander s'il s'agit, sous sa coupe, de faire de l'OGPU devenue NKVD un instrument de répression plus efficace, ou de mieux contrôler la légalité de ses activités. L'avenir plaide pour la première hypothèse.

Lors des débats du XVIIe Congrès sur le deuxième plan quinquennal, le taux de développement proposé par la commission du Plan est nettement abaissé et devient plus réaliste. C'est là une mesure d'apaisement évidente. Par ailleurs, une partie des koulaks sont amnistiés et peuvent rentrer de déportation. Une nouvelle législation permet au kolkhoziens d'augmenter la superficie de leur lopin individuel et de disposer librement de leur production. Enfin, grâce à des récoltes satisfaisantes, le rationnement du pain est supprimé à la fin de 1934.

Au total, l'étau paraît se desserrer et les citoyens soviétiques tendent à penser que, pour l'homme ordinaire, la période la plus dure est passée.

III. L'extension de la terreur

L'apaisement prend fin le 1er décembre 1934 avec l'assassinat de Kirov, qui ouvre la période de purges la plus dramatique de l'histoire soviétique. L'assassin, Nicolaïev, un jeune communiste, affirma avoir tué sans instigateur ni complice et fut jugé comme tel. Pourtant, des doutes se sont manifestés dès l'origine et, aux XXe et XXIe Congrès, Khrouchtchev a repris la thèse de Trotski selon laquelle Kirov aurait pu être assassiné sur ordre de Staline ou avec sa complicité : il aurait eu connaissance du projet ; l'OGPU aurait alors eu pour directives de laisser faire. Cette hypothèse se fonde sur la personnalité de Kirov, qui apparaît en 1934 comme un rival de Staline. Il connaît une popularité exceptionnelle et, au XVIIe Congrès, les procès-verbaux indiquent qu'il est applaudi avec autant d'enthousiasme que Staline, ce que confirment les témoins.

Kirov est aussi le successeur de Zinoviev à la tête de l'organisation de Leningrad, qui fut longtemps indépendante. Il semble être, au XVIIe Congrès, l'homme de l'apaisement et du retour à un certain libéralisme économique, de telle sorte qu'il n'est pas impensable qu'il ait été poussé en avant par une partie des dirigeants contre le secrétaire du Parti. De surcroît, la thèse de la complicité de Staline est renforcée par le sabotage de la voiture qui provoqua la mort du garde du corps de Kirov, au moment où il allait témoigner auprès des enquêteurs. On s'est empressé ensuite de faire disparaître rapidement certains dirigeants de la NKVD de Leningrad en les accusant d'impéritie. S'il ne reste guère de doutes sur le fait que Kirov a été assassiné par Staline, il est clair que sa mort, sous le prétexte d'un vaste complot contre la sécurité de l'URSS et des dirigeants soviétiques, a permis de lancer de nouvelles purges, dont l'escalade ne cessera pendant quatre ans.

Sitôt après l'assassinat de Kirov, dans la nuit du 1er au 2 décembre, sont prises trois dispositions essentielles : les accusés des crimes terroristes sont privés des droits normaux de la défense ; afin d'accélérer l'enquête, on supprime l'appel et le recours en grâce ; les sentences de mort sont exécutées sur-le-champ, ce qui interdit tout complément d'enquête.

Le 4 décembre, *la Pravda* annonce conjointement l'arrestation de plusieurs hauts fonctionnaires de la NKVD de Leningrad pour manque de vigilance et la condamnation à mort de soixante-six « Blancs ». C'est une purge foudroyante : entre le 1er et le 4 décembre, sans que personne ne sache à quel moment a été découvert le complot, soixante-six personnes sont jugées et passées par les armes.

Dans les semaines qui suivent, trois procès de communistes sont engagés, dont les 28 et 29 décembre celui de Nicolaïev. Bien qu'il affirme être le seul coupable, onze coaccusés sont condamnés pour avoir formé un « centre leningradien » et fusillés le jour même de la sentence.

Du 15 au 18 janvier 1935, dix-neuf dirigeants de Leningrad, dont Zinoviev, Kamenev, Evdokimov et Bakaev sont accusés d'avoir constitué un « centre moscovite » en relation avec celui de Leningrad et avec Nicolaïev, d'avoir comploté contre les dirigeants soviétiques et d'avoir au moins inspiré les assassins de Kirov. Ils sont condamnés à la prison ; l'exécution de vieux bolcheviks aussi connus n'est pas encore pensable. Une fois de plus, ils se livrent à une autocritique et reconnaissent avoir comploté contre le régime, et font ainsi baisser un peu plus leur crédit.

Le 23 janvier a lieu le procès des dirigeants de la NKVD de Leningrad, dont Medvev. Ils sont accusés de complicité avec le « centre moscovite », d'avoir eu connaissance du projet d'attentat contre Kirov et de ne pas s'y être opposés. Condamnés à des peines de prison, la plupart seront rejugés en 1937 et exécutés.

Tandis que le régime semble hésiter entre terreur et apaisement, il frappe essentiellement la « gauche » et les « Blancs », alors que l'opposition de « droite » reste en place. Tous ceux qui sont réapparus pour le XVIIe Congrès demeurent : Boukharine dirige les *Izvestia* (quotidien qui dépend du Présidium du Soviet suprême) et participera à la rédaction de la Constitution soviétique, Radek et Piatakov restent à des postes importants. Staline liquide les vieux bolcheviks sur des prétextes précis, et semble hésiter sur l'ampleur à donner à la répression. Mais, au fil des mois, se met en place l'appareil répressif qui sera plus complètement utilisé par la suite.

Un décret frappe de prison tout détenteur d'armes. Le 8 avril 1935, les peines de droit commun sont étendues aux enfants de plus de 12 ans, y compris la peine de mort. Le 9 juin 1935 est introduit, dans les affaires d'espionnage, le principe de la responsabilité collective, familiale et extra-familiale : toute personne qui aura eu connaissance d'un projet d'espionnage, de sabotage, chez un membre de sa famille, dans son entreprise, son école, etc., et qui ne le dénonce pas est passible des mêmes peines que le coupable. Ce principe résume tout le stalinisme, il impose en URSS la délation systématique et préventive.

En janvier 1935, une purge analogue à celle de 1933 est

mise en route. Une circulaire secrète ordonne aux instances communistes de tous niveaux de contrôler les cartes d'adhésion pour déceler les éléments malfaisants qui auraient échappé aux purges de 1933. En fait, les archives de Smolensk témoignent du zèle modéré des dirigeants : le nombre des expulsions est faible. C'est pourquoi, en juin 1935, une nouvelle circulaire menace des foudres du Comité central les instances laxistes, alors qu'à l'évidence, selon lui, le Parti est pourri d'éléments nuisibles. Les archives de Smolensk montrent alors que la menace porte, d'autant plus qu'entre-temps ont été diffusées les directives sur la responsabilité collective. Quelques chiffres illustrent l'évolution entre les deux circulaires. Sur 4000 dossiers examinés, 200 adhérents sont suspendus – on ne sait pas quoi en faire – et 455, soit 10 %, sont exclus pour trois motifs : 99 appartiennent à une classe d'origine hostile – on peut supposer que ce sont des bourgeois ou d'anciens koulaks – ; 127 ne sont pas sûrs politiquement ; 53 ont des antécédents criminels. Pour les autres, les reproches varient. Au total, les motifs restent incertains pour la grande majorité. Il est significatif à cet égard que la purge semble peu frapper les permanents, mais surtout des membres des organes économiques (45), judiciaires (58), scientifiques ou éducatifs (64). Les dénonciations – 12 orales et 200 écrites, accompagnées de preuves accablantes – facilitent les purges.

Ces exclusions posent cependant un problème politique grave. Les victimes perdent leur emploi et ne peuvent plus en retrouver, de toute évidence à cause du principe de la responsabilité collective : les employeurs redoutent d'embaucher les exclus du Parti. Cette masse de personnes atteintes dans leur vie politique et surtout dans leur existence matérielle inspire une inquiétude considérable aux dirigeants. On dispose de toute une correspondance échangée entre les organes centraux et locaux sur leur attitude politique. S'y dessine l'idée que, pour les neutraliser, il faut aller au-delà de l'exclusion.

IV. L'accalmie momentanée de la fin de l'année 1935

Au contrôle des cartes succède une brève accalmie, à la fin de 1935 et au début de 1936, qui s'achève avec la terreur généralisée de 1936-1938.

La pause tient en premier lieu à des raisons économiques. Les récoltes, excellentes, permettent de mettre fin aux rationnements. La production augmente grâce au stakhanovisme. L'optimisme mesuré qui règne est renforcé par la discussion ouverte à tous les niveaux du Parti, à la fin de 1935, sur l'élaboration de la Constitution, qui sera essentiellement rédigée par Boukharine et Radek. On espère que l'URSS connaîtra ainsi un cadre stable, fondement d'une réelle légalité. L'attention porte surtout sur les droits et les garanties du citoyen que laisse espérer la préparation d'un code criminel par un éminent juriste, Pachoukanis, qui prône la suppression de la peine de mort et la réduction des peines de prison. Ce code ne sera cependant jamais publié à cause de ses idées « antisocialistes et contre-révolutionnaires ». En réalité, bien avant que la Constitution soit promulguée et que la discussion sur le nouveau droit pénal soit close, la détente aura pris fin et l'URSS sera à nouveau entrée dans la ronde infernale des purges.

V. La terreur totale (1936-1938)

La pause aura été encore plus brève que précédemment.

A. La procédure d'échange des cartes du Parti

Le 14 janvier 1936, une instruction du Comité central annonce que le contrôle des cartes a permis de chasser les éléments douteux, mais qu'il faut désormais échanger les cartes de ceux qui restent afin d'éliminer les éléments « passifs ». Ce nouvel échelon dans l'escalade des exclusions effraie. Les éléments douteux pouvaient à la rigueur être définis, mais que recouvre précisément le terme « passif » ? S'il caractérise ceux qui n'ont pas montré assez de fidélité au Parti, qu'est-ce que la fidélité active ? S'élever contre les autres ? Participer à leur épuration ?

Comme lors du contrôle des cartes, la politique d'échanges ne produit pas d'abord d'effet décisif et les archives de Smolensk montrent que les responsables regimbent : 2,3 % seulement des adhérents et 1,2 % des candidats sont éliminés. Aussi, le 19 juillet 1936, le Comité central adresse une circulaire secrète selon laquelle avec les membres passifs ont été éliminés des éléments beaucoup plus dangereux, qui se sont multipliés à cause de l'indulgence du Parti : le « groupe terroriste contre-révolutionnaire trotsko-zinoviéviste ». La circulaire ajoute cette très belle formule : « La qualité fondamentale de tout bolchevik actuellement, c'est son aptitude à reconnaître un ennemi du Parti, aussi bien déguisé soit-il. » Cette circulaire secrète provoque la panique, comme lors du contrôle des cartes et sa deuxième circulaire. Passer pour insuffisamment actif devient très dangereux à partir du moment où l'accusation de déviation trotsko-zinoviéviste en découle. Les dénonciations pleuvent et provoquent une nouvelle purge de très grande ampleur qui se cumule avec les effets des procès, à leurs débuts, auxquels sont rattachées toutes les accusations locales. C'est vers eux que paraît se déplacer l'attention, même à Smolensk.

B. Les grands procès

Jusqu'alors avaient surtout été purgés la base et, incidemment, quelques dirigeants exclus et réexclus, toujours les mêmes. A l'été 1936, il semble que la peur soit assez profonde pour éliminer la totalité de la vieille garde bolchevik.

– Le premier procès est celui du « bloc terroriste contre-révolutionnaire trotsko-zinoviéviste », ou procès des Seize. Les accusés, dont les plus fameux sont Zinoviev, Kamenev, Smirnov, Evdokimov, Bakaev, Mratchkovski, sont dissemblables, à tendance générale de gauche, et ont déjà passé plusieurs années de détention dans des isolateurs. Les plus célèbres d'entre eux sont largement discrédités par leurs aveux précédents, particulièrement déshonorants, ce qui explique que l'on commence par eux.

Ils sont accusés d'avoir formé un groupe terroriste – avec l'aide de Trotski qui, dans ce procès, sera associé successivement à la gauche, à la droite et au centre –, d'avoir assassiné Kirov et d'avoir, en outre, médité l'assassinat de Staline, de Vorochilov et de nombreux autres dirigeants. Les défendeurs s'accusent eux-mêmes de tout ce que l'on veut. Ils seront évidemment fusillés.

Il semble que ce premier procès n'ait pas rencontré de difficultés, à la différence de ce qui se passera en 1937 : l'accélération de la répression n'aurait pas été aussi continue.

En janvier 1937 a lieu un deuxième procès, celui des Dix-huit, parmi lesquels Piatakov, Radek, Sokolnikov, Serebriakov et Mouralov. Leurs chefs d'accusation sont plus subtils que précédemment. Ils sont accusés d'avoir comploté, avec Trotski bien sûr, contre l'Union soviétique, et non plus contre les dirigeants du Parti, d'être des traîtres, de s'être vendus à des puissances étrangères, dont l'Allemagne et le Japon, et enfin d'avoir saboté l'économie. Leur procès est extrêmement utile à Staline. Le thème de la trahison est efficace, surtout avec l'Allemagne, qui représente un danger véritable. D'autre part, les accusations d'hommes comme Piatakov, qui avoue avoir saboté l'exécution du Plan, touchent un point sensible des Soviétiques, victimes des échecs du Plan et de conditions d'existence difficiles. Treize accusés sont condamnés à mort ; parmi les plus connus, seuls Radek et Sokolnikov y échappent et sont condamnés à dix ans de prison.

Il semble que les membres du Parti aient alors pris peur[1]. En témoigne la durée qui sépare la préparation du procès suivant et la mise en jugement. Dès le début de 1937, Boukharine, Rykov et l'ancienne droite passent au premier plan des attaques[2]. Toutefois, leur procès n'aura lieu qu'un an plus tard. De même, si le nom de Toukhatchevski est évoqué à

1. En témoigne le suicide d'Ordjonikidze le 17 février 1937 ; de même, celui de Gamarnik, le 31 mai 1937, témoignera du désarroi de l'armée Rouge, décapitée au cours des semaines suivantes.

2. Boukharine, Rykov et quatre juristes, dont Pachoukanis, ont été vraisemblablement arrêtés en janvier 1937. Le plénum du Comité central qui se réunit du 23 janvier au 5 mars exclut les deux premiers.

propos de négociations avec l'étranger, ce qui représente une accusation implicite, son procès, aux côtés des principaux chefs de l'armée Rouge, Iakir et Ouborevitch, se déroulera à huis clos, comme d'ailleurs de nombreux procès de 1937, peu spectaculaires.

Ainsi disparaissent, parfois même sans procès, la totalité de la vieille garde bolchevik, de l'équipe qui a secondé Staline depuis 1923, et les chefs de l'armée. Kossior, Roudzoutak, Boubnov, Tchoubar, Unschlicht, Eikhe, Enoukidze et bien d'autres figures des débuts de l'URSS sont ainsi fusillés en secret.

– Le dernier procès a lieu du 2 au 13 mars 1938. Les vingt et un accusés présentés comme « la droite et les trotskistes », constituent comme précédemment un amalgame de diverses tendances. On y trouve d'authentiques droitiers, Boukharine et Rykov[1] ; un ancien leader de l'opposition de gauche, Rakovski ; l'un des successeurs de Sverdlov, Krestinski ; l'ancien chef de la NKVD, Iagoda ; deux leaders des nationalités, Khodjaev et Ikramov ; des médecins accusés d'avoir tué pour le compte de leurs coaccusés : Gorki et son fils Pechkov, Menjinski, Kouibychev et quelques autres. Comme par le passé, l'ombre de Trotski plane sur le procès.

Ils sont accusés de s'être vendus à l'Allemagne, à l'Angleterre, à la Pologne, etc., toujours avec la complicité de Trotski ; d'avoir voulu assassiner les dirigeants de 1937 mais aussi Lénine. Boukharine qui avoue cependant tous les crimes dont on l'accuse nie énergiquement avoir eu l'intention d'assassiner Lénine ou d'avoir comploté contre lui. Même s'il se sait perdu, il ne veut pas renier son passé de révolutionnaire. Son attitude est d'ailleurs remarquable : entre deux aveux, il ironise sur le système qui les provoque et détruit en quelques phrases toute l'accusation, comme si une règle du jeu, implicite, le contraignait à reconnaître sa culpabilité.

Comme les précédents, ce procès débouche sur l'exécution de témoins prestigieux de la révolution et des heures héroïques de la construction de l'URSS.

1. Tomski s'est suicidé en août 1936 pour échapper aux purges.

VI. Bilan de la terreur

Le résultat des purges dans le Parti est spectaculaire. Le Comité central est presque anéanti : 70 % de ses membres élus en 1937 ont été exécutés. En ce qui concerne le Parti tout entier, les chiffres donnés par Molotov, au XVIIIe Congrès, en 1939, indiquent qu'à cette date, sur 1 589 000 adhérents, 8,3 % seulement ont adhéré avant 1920 ; tout le reste de la vieille garde a été épuré. On a dû recruter massivement après chaque purge pour combler les vides. D'après les chiffres de Malenkov, 80 % des membres recrutés entre 1920 et 1921 ont été exclus ou exécutés pendant les années de purges ; 75 % des adhérents de 1921 à 1928 ; 50 % de ceux du dernier recrutement, en 1929, furent exclus ou disparurent dans les camps.

Les purges ont conduit le Parti à un renouvellement presque total. Comment un parti qui s'autodétruisait de telle manière a-t-il pu imposer sa loi à l'ensemble du pays ?

Une réponse se trouve peut-être dans l'attitude de l'armée. A la différence du Parti, l'armée soviétique n'a jamais connu de défaillance, parce qu'elle a été purgée après 1934. Avant 1934, 12 % des dirigeants du Parti et seulement 3,5 % des officiers supérieurs disparaissent.

De plus, depuis sa création par Trotski, l'armée est une caste, repliée sur elle-même, qui jouit d'avantages matériels et d'une progression rapide des salaires – supérieurs à ceux des ouvriers mais aussi des autres fonctionnaires. Une politique de prestige et le rétablissement des grades en 1935 font affluer les jeunes vers les écoles militaires. En 1937, 75 % des officiers ont été formés à l'époque du gouvernement de Staline, entre 1930 et 1937 : la relève des vétérans de la guerre civile a été assurée.

Staline ne s'attaque à l'armée qu'en 1937, alors que le pays entier est atteint par les purges et il vise les officiers supérieurs : ce sont les premiers gênés par la réintroduction en mai 1937 des commissaires politiques disparus depuis 1925. En juin 1937 commencent les procès à huis clos des chefs militaires. Ils seront tous exécutés. Sur 35 000 victimes, la moitié sont des officiers, essentiellement des officiers supérieurs : 3 maréchaux sur 5 ; 13 commandants d'armée sur 15 ; 57 commandants de corps d'armée sur 80 ; 70 commandants de division sur 190 ; 75 membres du Conseil supérieur ; les 11 vice-commissaires à la Guerre.

Longtemps le système terroriste fut présenté dans l'URSS poststalinienne, et même au-dehors, comme un système visant avant tout la classe politique. Mais les purges, telles qu'on vient de les décrire, ne sont que la partie visible de l'iceberg. La terreur a frappé la société tout entière, atteinte par les purges selon des cercles concentriques, jetée dans le Goulag ou les grands chantiers pour des motifs d'économie – l'État a besoin de main-d'œuvre gratuite – ou affamée pour cause de nationalité. Le vrai bilan de ce terrorisme concerne la société entière.

Quel fut le prix en vies humaines des années de terreur ? Les archives n'ont pas encore livré complètement ce bilan sinistre. R. Conquest, dont les calculs n'ont pas été démentis, pense qu'entre 1937 et 1938 un million de Soviétiques ont été fusillés et 2 millions sont morts en détention. Pour Soljenitsyne, le Goulag compte alors en permanence près de 15 millions de personnes. En 1953, à la mort de Staline, il y aura 8 millions de détenus dans le Goulag.

3

Le système stalinien, un système politique

Du point de vue numérique, les purges ont atteint la périphérie non russe dans les mêmes proportions que la Russie. Sur le plan qualitatif, en revanche, il est clair que la périphérie a subi un coup plus dur en perdant la plus grande partie de ses dirigeants. L'ampleur de ces purges ainsi que leur caractère sélectif incitent à demander, dans ces conditions, quels sont les organes qui ont pu encadrer le peuple soviétique et le contraindre à obéir au pouvoir central.

I. L'État soviétique : sa nature

Le pouvoir soviétique affirmait que, jusqu'en 1934, les anciennes classes possédantes perduraient au sein de l'État soviétique, ce qui justifiait la persistance d'un État dont la fonction transitoire est d'assurer la dictature du prolétariat et l'élimination progressive des koulaks. A partir de 1934, cette justification ne tient plus mais la phase de dépérissement de l'État, conforme à la logique marxiste, était difficilement conciliable avec la nécessité de maintenir des organes puissants de répression au cours de la période des purges. La dictature devait continuer.

Pourtant, le problème du dépérissement de l'État s'était posé dès l'origine du régime et dès l'époque de la révolution de 1917. De nombreux théoriciens avaient régulièrement annoncé l'entrée dans cette phase de dépérissement. Lénine lui-même en avait défendu le principe dans *L'État et la Révolution*, même si, après la prise du pouvoir, il considéra que l'objectif devait être repoussé à un horizon relativement éloigné. En fait, tant que la révolution n'était pas assurée de triompher et de durer, il ne pouvait être réellement question d'une phase de dépérissement de l'État. Lénine refusa catégoriquement d'inscrire le principe dans les textes constitutionnels et se querella violemment avec Boukharine lors du VIIe Congrès en mars 1918 lorsque ce dernier proposa d'inscrire le principe en question dans les statuts du Parti.

Dès 1926, Staline, à son tour, mais plus nettement encore, prend position en faveur du maintien d'un État fort identifié au rôle du Parti. Le Parti doit gouverner et devra gouverner encore longtemps. Pour cela, le renforcement du Parti dans l'État apparaît comme une nécessité, même si l'idée reste implicite et inscrite dans les faits plutôt que dans les textes. En 1929, s'attaquant à Boukharine, Staline avait clairement démontré son choix d'un État fort pour affronter une période au cours de laquelle la lutte des classes s'intensifierait. En 1934, à l'issue de la période de transformation radicale de la société soviétique, il aurait été logique que le principe de dépérissement de l'État revienne à l'ordre du jour. Or, tout au contraire, c'est le moment que choisit Staline pour imposer définitivement sa conception de l'État : le remplacement de la lutte des classes à l'intérieur de l'Union soviétique par une lutte de classes élevée au niveau international permet de justifier la prolongation d'une forme extrême d'État dictatorial et ce aussi longtemps que le socialisme n'aura pas triomphé à l'échelle mondiale.

Non seulement cette persistance d'un État fort est affirmée dans les discours politiques, mais elle s'inscrit dorénavant dans les textes juridiques. En 1930, le tournant stalinien est officiellement amorcé : les juristes, tel Pachoukanis, qui jusqu'alors avaient affirmé que le droit soviétique était une transition avant que la disparition de la lutte des classes entraîne avec elle le démantèlement de l'État sont progressivement mis à l'écart. En 1935-1936, ils disparaissent complètement au profit de Vychinski devenu le théoricien officiel du droit soviétique nouveau, et principal rédacteur de la Constitution de 1936.

Cette Constitution est justement le parfait reflet de l'évolution intellectuelle et idéologique de l'URSS puisque, contrairement aux textes antérieurs, elle représente la Constitution d'un État achevé, circonscrit dans l'espace et dans le temps, un État qui affirme sa souveraineté et réintègre par là même la société internationale. Sans doute cette évolution avait été rendue nécessaire par le rapprochement opéré avec les démocraties occidentales qu'il fallait tenter de rassurer, mais elle répondait aussi à des obligations de politique et de stabilisation internes, c'est-à-dire à la priorité accordée à la restauration de l'État et à la permanence du fait étatique. Ce choix précède en fait l'arrivée de Hitler au pouvoir et l'alliance avec les démocraties contre l'Allemagne. En 1939, Staline peut affirmer avec force que – quel que soit le stade transitoire du socialisme atteint par la société soviétique – la nécessité d'un État fort, aussi longtemps que le monde entier ne sera pas devenu socialiste, justifiera pleinement la permanence de l'État soviétique.

II. L'État soviétique : un État plurinational

Cet État renforcé se fonde sur la reconnaissance de deux principes, celui des nationalités à l'intérieur, celui de l'internationalisme à l'extérieur. Le premier aboutit à l'existence d'États nationaux théoriquement souverains mais le second justifie la création d'une hiérarchie parallèle aux États nationaux, celle du Parti qui vient transcender toutes les nationalités.

A. Une organisation nationale

Dans la pratique, il fut impossible d'imposer ce double principe aux États nationaux qui ne souhaitaient pas s'intégrer à l'ensemble soviétique. Une concession dut être faite au principe national et le Parti tendit à se décomposer en partis communistes nationaux jouant le rôle d'instances intermédiaires. A chaque nation de l'Union soviétique correspondait une organisation nationale du Parti communiste, satisfaction – même si elle est sans grande conséquence – accordée à la fierté nationale.

Une telle situation entrait cependant en contradiction absolue avec les principes fondamentaux de l'URSS, à la seule exception notable de la république de Russie qui demeurait la seule à ne pas avoir un Parti national dans la mesure où celui-ci se confondait avec l'organisation du Parti à l'échelle de l'Union tout entière. Triomphait ainsi l'idée de Staline, déjà apparue dans ses projets constitutionnels de 1922 rejetés par Lénine à l'époque, selon laquelle la Russie devait être la base du rassemblement fédératif. Si Lénine avait réussi à empêcher que le gouvernement russe devienne le gouvernement de l'Union, la confusion du Parti russe et du Parti à l'échelle de l'Union assurait, par un autre biais, la prééminence russe au sein de l'ensemble soviétique.

L'organisation des nations en URSS est fondée sur la reconnaissance de groupes nationaux distincts. La théorie soviétique distingue la nation, la nationalité et le groupe ethnique. La *nation* est définie comme une « communauté stable, historiquement évoluée, édifiée sur la base d'une communauté de langue, de territoire, d'économie, de vie psychique ». La *nationalité* et surtout le groupe ethnique se situent eux à des niveaux inférieurs de développement national. Ces différenciations se retrouvent à la base des structures étatiques de l'URSS. La nation est organisée en entité souveraine, la nationalité et le groupe ethnique sont situés à des échelons d'organisation intermédiaire qui garantissent leur particularité, assurent leur développement culturel mais ne se traduisent pas en autonomie politique.

La république fédérée

Elle se situe au sommet de la hiérarchie nationale. Pour qu'une nation accède à ce stade elle doit remplir trois conditions : avoir une frontière extérieure à l'URSS pour pouvoir jouir réellement du droit de sécession ; avoir un groupe national majoritaire sur son territoire ; avoir une population supérieure à un million d'habitants. Ces conditions perdent cependant leur validité dans la mesure où les transferts de population ont pu modifier les équilibres démographiques. La république de Kazakhstan, où le groupe kazakh a perdu sa position majoritaire, aurait dû, en bonne logique, perdre son statut de république fédérée et être rattachée à la république de Russie. S'il n'en a pas été ainsi, c'est que le principe national est surtout un moyen de respecter les sentiments de fierté nationale et d'éviter, en tout cas, de les heurter de front.

Les républiques fédérées sont en théorie des États souverains, bénéficiant de tous les attributs de la souveraineté selon les textes (armée et diplomatie nationales)[1]. En réalité, seules l'Ukraine et la Biélorussie jouissent de leurs droits de représentation diplomatique comme l'indique leur présence au sein des organisations internationales, les autres républiques étant représentées par l'URSS. Il n'existe pas d'armées nationales en URSS parce que Staline et ses successeurs ont toujours compris qu'un pays doté d'une armée nationale passe toujours, un jour ou l'autre, à l'indépendance réelle. Ainsi, disposant juridiquement de tous les droits militaires et diplomatiques, aucune république n'a pu utiliser à son profit l'article 17 de la Constitution de 1936 qui prévoit le droit de sécession.

Les républiques autonomes

Elles sont rattachées à des républiques fédérées et sont des États administratifs, sans souveraineté de type politique mais qui permettent d'accorder certains droits culturels à des groupes nationaux ne remplissant pas toutes les conditions pour accéder au rang de nations souveraines. Les républiques autonomes n'ont pas ainsi le droit de sécession ni aucun attribut de souveraineté étatique. Au cours de l'histoire soviétique, un certain nombre de groupes nationaux sont passés au rang de nations le jour où ils ont eu une population suffisante, comme ce fut le cas pour le groupe tadjik. Tout au bas de la hiérarchie nationale, se trouvent les régions autonomes et les *Okrug* (cercles) qui ne sont que de simples unités administratives nationales permettant à un groupe ethnique territorialement groupé de manifester son existence nationale et culturelle.

Cette organisation à base nationale coiffée par la fédération rassemblant toutes les républiques témoigne de l'existence à la fois d'un peuple soviétique unique et de groupes nationaux distincts. La dualité est d'abord illustrée par la division du Soviet suprême en deux chambres : le Soviet de l'Union où les députés sont élus à raison de 1 pour

1. Amendement adopté après la Seconde Guerre mondiale.

300 000 habitants – cette chambre représentant l'aspiration à l'unité de ce conglomérat de peuples – et le Soviet des nationalités où les groupes nationaux sont représentés à proportion de leur niveau de développement, les républiques nationales ayant droit à 25 députés chacune, les républiques autonomes 11, les régions autonomes 11 et les *Okrug* 1 seul (articles 33 à 35 de la Constitution).

En dépit de cette architecture fédérale, la prééminence du groupe russe a été assurée dans la pratique. Avec 53 % de la population, il est représenté par plus de la moitié des députés du Soviet de l'Union. Au Soviet des nationalités, grâce à un certain nombre d'entités incorporées à la république de Russie, celle-ci pèse dans l'ensemble d'un poids beaucoup plus lourd que toutes les autres républiques réunies.

B. Une organisation administrative territoriale

L'organisation nationale de l'État soviétique répondait surtout à un problème politique. Or le système du pouvoir soviétique est construit principalement non sur la pyramide des organisations nationales, mais sur la hiérarchie de l'organisation administrative et territoriale qui représente l'État soviétique. Si cette organisation territoriale se confond au sommet avec l'organisation nationale (fédération et républiques fédérées), elle s'enrichit de deux paliers administratifs fondamentaux, celui de la région et celui du district. Comme la plus grande partie des pouvoirs se concentre au niveau de ces deux échelons administratifs, les républiques se retrouvent en porte-à-faux entre la fédération et la région.

A ce triple niveau de la fédération, de la région et du district, les organes du pouvoir d'État s'entrecroisent avec la hiérarchie parallèle du Parti.

III. Le Parti, un instrument d'unité

La hiérarchie fondamentale, celle qui tient l'ensemble de l'Union soviétique, est bien, en dernière analyse, la hiérarchie du Parti. Son rôle prééminent est reconnu par les textes constitutionnels soviétiques, et le programme du PCUS élaboré en 1960 consacrera le Parti comme l'avant-garde de la nation tout entière.

Il convient en premier lieu de comprendre le fonctionnement du Parti dans la pratique et pour cela, une fois encore, les archives de Smolensk fournissent des indications précieuses. Elles témoignent que les organisations qui ont joué un rôle important ont été celles des échelons régionaux et locaux. Le rôle des partis nationaux est limité dans la mesure où il existe au-dessus d'eux l'instance supérieure du Parti et de l'Union. Sans doute tiennent-ils des congrès, envoient-ils des délégués aux Congrès du Parti communiste de l'Union, mais les échelons réels de l'organisation du Parti appartiennent bien au Parti communiste de l'Union soviétique, à l'organisation régionale et à celle du district.

L'organisation de base existe, elle, dans toute entreprise ou collectivité au sein de laquelle sont présents plus de trois membres du Parti. Elle joue un rôle considérable puisqu'elle est chargée de contrôler la vie de la collectivité et de susciter des adhésions pour le Parti.

A tous les niveaux de son organisation, le Parti est fondé sur un certain nombre de principes fondamentaux : existence de réunions périodiques, de congrès et de conférences et présence d'un appareil complexe composé de comités, d'organes exécutifs et de secrétariats et dont le personnel est permanent. Les secrétaires permanents constituent ainsi l'épine dorsale de tout le système du Parti et détiennent des pouvoirs considérables.

Plusieurs déclarations de Staline permettent de se livrer à des estimations quant au nombre de ces permanents dont disposait le Parti. En 1927, il déclara que le nombre de secrétaires fonctionnaires se situait entre 139 000 et 194 000. Pour les années de purges, ce chiffre a dû s'élever à 200 000 personnes : près d'un membre du Parti sur douze était ainsi un permanent et travaillait uniquement pour le Parti. Leurs conditions matérielles peuvent être connues à travers des textes internes qui datent de 1957 et qui nous apprennent qu'un secrétaire des organisations primaires était payé 1 400 roubles par mois. A la même époque, le salaire moyen d'un ouvrier se situait aux alentours de 700 roubles par mois. Pour la période antérieure, le décalage était au moins aussi important qu'en 1957 puisque les purges avaient été marquées par une lutte féroce contre l'égalitarisme en matière salariale.

Pour comprendre concrètement comment le Parti a pu dominer la vie de la nation, c'est l'organisation intermédiaire de la région qu'il faut étudier dans la mesure où elle doit, d'un côté, obéir au sommet de la pyramide et, de l'autre, se faire obéir par la base. Le Secrétariat, qui constitue son organe de direction, est divisé en plusieurs branches. Celui de Smolensk en comptait sept : une division des organes directeurs du Parti ; une de l'industrie et des transports ; une de l'agriculture ; une du commerce ; une de la propagande, de l'agitation et de la presse ; une de l'enseignement et des institutions scientifiques ; une de la culture et de l'éducation.

A chacune de ces divisions correspondait une liste de fonctions liées à des postes permanents, liste que l'on appela la *Nomenklatura*. A tous les niveaux de l'URSS, il n'y avait pas un seul poste de quelque intérêt qui échappait aux diverses listes soumises aux instances dirigeantes du Parti. La division de l'industrie de Smolensk comptait ainsi 322 postes comprenant les directeurs et les responsables les plus importants de chaque entreprise, les secrétaires des comités d'usines et les responsables syndicaux. Toute nomination à partir de la *Nomenklatura* se faisait sous la responsabilité du niveau supérieur : le Comité central du Parti décidait des nominations de niveau régional, les instances régionales prenaient en charge la nomination des postes liés aux districts. Du haut jusqu'au bas de la hiérarchie soviétique, aucun fonctionnaire ne pouvait échapper aux secrétaires chargés du secteur ou de la branche. Dans le secteur de l'enseignement et des institutions scientifiques pour Smolensk, les 288 postes que l'on peut recenser allaient ainsi des responsables de tous les établissements scientifiques et de tous les établissements d'enseignement de la région jusqu'aux directeurs des jardins d'enfants, ce qui permettait de contrôler en l'occurrence tout le contenu des programmes et des méthodes d'enseignement.

Aux côtés du Secrétariat se trouvait, au niveau régional, un organisme plus large : le Bureau de l'organisation régionale (Orgburo) qui comprenait tout le Secrétariat – c'est-à-dire les secrétaires du Parti –, les chefs de division, le président du Comité exécutif régional qui était le représentant du pouvoir d'État dans la région, le directeur ou le rédacteur en chef du journal local, le chef de la NKVD et le commandant militaire de la région. Les réunions du Bureau étaient très fréquentes et elles étaient devenues hebdomadaires au cours de la période des purges, assurant ainsi une permanence à un moment où les disparitions et la répression risquaient de tout désorganiser. L'Orgburo garantissait à la fois la vie du Parti, l'exécution du Plan, le contrôle des organes de niveau inférieur et de tous les organes de type purement administratif. Il avait ainsi entièrement dominé le pouvoir administratif régional et local, toute nomination de personnel devait passer par lui et il fixait même les dates des réunions des organes considérés.

D'après les archives de Smolensk, on constate que le Conseil exécutif, qui était l'organe supérieur du pouvoir d'État au niveau de la région, devait envoyer le compte rendu de ses activités sans aucune exception en double exemplaire, d'une part, à l'Orgburo du Parti et, d'autre part, à l'organe du Parti situé au niveau supérieur, c'est-à-dire au Comité central du Parti communiste, et enfin à la NKVD.

Quand on suit les filières que devaient emprunter les différents rapports, on remonte d'échelon supérieur en échelon supérieur jusqu'au pouvoir central qui, au total, devait recevoir une somme considérable de rapports et de comptes rendus. Les secrétaires du Parti, par exemple, étaient tenus d'envoyer dans un délai de trois jours le procès-verbal de toute réunion organisée au sein des organes du Parti comme au sein des organes du pouvoir d'État. Tous les deux mois, ils devaient envoyer un rapport à l'Organisation suprême sur les membres du Parti et sur le personnel du pouvoir d'État. Tous les six mois, enfin, ils ajoutaient un rapport complet sur la vie de la région au double niveau du Parti et du pouvoir d'État. De plus, ils devaient répondre à toutes les demandes, émanant du sommet, de rapports sur des sujets particuliers.

L'ensemble de cette paperasserie bureaucratique arrivait non seulement au pouvoir central mais, apparemment, entre les propres mains de Staline. Dans les archives de Smolensk, on a ainsi retrouvé un télégramme de Staline se plaignant de ne pas avoir reçu un rapport sur une réunion du Comité exécutif régional. Staline attachait donc une importance extrême au bon fonctionnement de ces filières et au fait qu'aucun document de quelque niveau que ce soit n'échappe au Parti.

Le contenu de ces rapports indique le degré d'encadrement auquel était soumis le pays. En premier lieu étaient traités les résultats de l'exécution du Plan mais, très vite, venaient des considérations sur l'état d'esprit des fonctionnaires, leur fidélité vis-à-vis du Parti et sur l'attitude générale de la population. Les sujets les plus variés et les plus incroyables pouvaient apparaître ainsi dans ces rapports, des réunions locales de l'aéro-club à la célébration du jubilé de Pouchkine en 1935 ; de l'octroi de crédits aux organisations régionales pour l'achat de portraits de dirigeants du Parti à la fixation de la date des vacances pour les fonctionnaires du Parti, voire de questions aussi étonnantes que le nombre de femmes qu'il fallait élire dans la coopérative de tel ou tel village.

Grâce à ce système d'encadrement et d'information, la disparition des hommes au cours de la période des purges n'avait pas de conséquences importantes sur le fonctionnement de l'ensemble. On pouvait les remplacer par d'autres hommes et les rouages continuaient à fonctionner. On ne peut s'empêcher cependant de se demander si un tel système était d'une efficacité absolue, surtout si l'on choisit d'étudier des problèmes précis.

Ainsi, l'exécution des directives du Plan trahit nettement ses limites. Dans la région de Smolensk, l'objectif majeur était la production de lin. Le Plan, qui était fixé par un organisme central de planification, était pris en charge au niveau régional par le secrétaire du Parti qui était informé des résultats que sa région devait obtenir pour chaque année. A partir de là, l'organisation régionale devait répartir les tâches et fixer les normes pour chacun des districts et il ne restait plus à ces derniers qu'une marge de manœuvre très limitée consistant à déterminer pour chaque kolkhoz et chaque village leur part respective dans l'exécution du Plan.

Mais c'est ici que tout le système commence à se bloquer. D'un côté, le secrétaire général de la région était hanté par la nécessité de réaliser ce que lui demandait l'organisation supérieure du Parti, exigence qui, en général, n'avait aucun rapport avec les possibilités réelles de la région. On lui imposait des tâches considérables qu'il devait répercuter et répartir sur des organisations de district en utilisant les mêmes procédés. D'un autre côté, à l'autre bout de la chaîne, les organisations de district étaient obligées de tenir compte de la réalité et des possibilités réelles de travail et de production. Dès ce moment commençait une politique de négociations avec l'organisation régionale sur ce qui pouvait être réalisé et ce qui pouvait ne pas l'être, d'où en sortait une politique de truquages sur la réalisation du Plan. Le secrétaire régional se retrouvait en définitive, après des menaces inutiles et des discussions sans fin, devant un Plan non réalisé et dont il devait rendre compte. Or être personnellement responsable de la non-réalisation du Plan dans les années 1935 entraînait une menace immédiate de purge. Pour y échapper, le secrétaire en venait à trafiquer lui-même les statistiques tout en tentant de résister à sa manière aux directives venues d'en haut.

Les archives de Smolensk fournissent des indices très nets de ces falsifications. C'est ainsi, par exemple, qu'en 1934 Staline a envoyé une circulaire personnelle aux organisations régionales demandant que le Parti accroisse immédiatement les effectifs ouvriers dans les différents organes du Parti et demandant un rapport en retour. Au cours de l'année 1935, on découvre ainsi, liés à cette circulaire, une série de textes où les organisations du Parti indiquent des chiffres fantaisistes sur la proportion d'ouvriers qui, tout d'un coup, passe de 15 % à 29 %, voire 40 %. Viennent ensuite des nouvelles circulaires de Moscou qui accusent les organisations régionales d'avoir établi de fausses statistiques après confrontation avec les propres chiffres fournis par la NKVD. Tout cela montrait que si le système de contrôle paraissait fonctionner, il entraînait, du fait d'exigences irréalisables, une pratique permanente du sabotage de la part de la base. Plus le système évoluait ainsi, plus il exigeait en retour le développement d'un autre système parallèle, celui que constituait la NKVD.

IV. La NKVD (OGPU jusqu'en 1934)

La fonction de la NKVD reposait sur la tâche unique de contrôler les organes du pouvoir, que cela soit ceux de l'administration d'État ou ceux du Parti.

A partir de 1929, la nécessité d'un contrôle renforcé à tous les niveaux du système entraîna un recrutement exceptionnel de l'OGPU qui devenait par là même une machine d'une efficacité redoutable et quasi autonome. Si chacun des membres de l'OGPU devait appartenir au Parti et paraissait dépendre de lui, ils étaient chargés en même temps de surveiller et de contrôler les membres du Parti. Progressivement, l'OGPU échappait à toute dépendance, en dehors du double contrôle de la hiérarchie interne de l'OGPU et des organes supérieurs du Parti hors les échelons régionaux et locaux.

Les archives de Smolensk contiennent pour l'année 1929 une enquête portant sur 60 membres engagés dans l'OGPU et qui permet de juger en partie la nature du recrutement. La première des caractéristiques est l'extrême jeunesse des nouveaux membres, la moitié ont entre 23 et 29 ans, l'autre moitié entre 30 et 35 ans. Aussi – deuxième caractéristique –, aucun parmi les 60 n'est entré dans le Parti avant 1917, aucun n'appartient à la vieille garde bolchevik. En revanche, la plupart ont été volontaires au sein de l'armée Rouge et avaient souvent rempli les fonctions de commissaires politiques. En ce qui concerne les origines sociales, si la majorité des membres sont issus de la paysannerie, on en compte tout de même 10 % issus des anciennes classes possédantes. Enfin, dernier point, le niveau d'instruction de l'OGPU paraît particulièrement bas.

A partir de ce mode de recrutement particulier, l'OGPU s'est formée au cours des années trente comme une caste particulière, repliée sur elle-même et obéissant à son propre système de contrôle. Théoriquement, lorsqu'un membre de l'OGPU avait commis une faute, il devait être déféré devant les organes du Parti. Or, dès 1932-1933, il semble que dorénavant les accusés ne passaient plus que devant les commissions internes d'instance et se trouvaient ainsi en position de protégés face au Parti. Ainsi il est frappant de noter, dans les archives de Smolensk, que si les dénonciations d'un membre du Parti par d'autres membres du Parti sont nombreuses, elles sont rares et exprimées avec la plus grande prudence lorsqu'il s'agit d'un membre de l'OGPU ou de la NKVD.

Au moment où la purge politique la plus forte est menée contre le Parti, la NKVD se retrouve donc déjà en position d'échapper au contrôle de celui-ci. C'est elle, au contraire, qui a connaissance de tous les documents internes du Parti et qui a le monopole sur certains textes ultra-secrets connus de la seule organisation centrale du Parti. Au rang de ces textes, on trouve tout ce qui concerne les procédures d'exclusion du Parti et tout ce qui concerne l'activité syndicale. La NKVD devenait donc bel et bien la filière suprême du contrôle politique exercé sur l'ensemble du système, Parti compris. Elle était la seule à être déchargée de toutes responsabilités matérielles, la seule à s'occuper exclusivement du contrôle politique et la seule à détenir, avec les instances supérieures du Parti, un droit de regard sur la manière dont pouvait s'exercer le contrôle et les documents s'y rapportant.

On peut dégager plusieurs conclusions de cette analyse des modes et des moyens de contrôle qui existaient en Union soviétique.

En premier lieu, l'autorité des États nationaux en tant qu'organes souverains est pratiquement nulle. Sans doute existe-t-il des gouvernements nationaux mais ils n'ont aucun pouvoir de décision réel entre le sommet fédéral et l'échelon régional et, surtout, le pouvoir de nomination des cadres leur échappe. D'autre part, l'autorité du pouvoir de l'État au sens administratif du terme, est elle aussi très faible. Les soviets sont devenus des organes d'exécution dans la mesure où ils dépendent entièrement des organes correspondants du Parti, aussi bien sur le plan des hommes qu'en ce qui concerne les directives. Enfin, s'est dégagée, au cours de ces années staliniennes, une bureaucratie de Parti qui a été progressivement flanquée d'une annexe, la NKVD, évoluant vers une autonomie croissante, au point que se pose le problème d'une concurrence à terme entre les deux hiérarchies parallèles.

Mais, en définitive, quelle a été l'efficacité du système de contrôle à filières multiples ? Le fait que la succession de purges n'ait pas entraîné une explosion générale démontre que ce système a pu à la fois assurer le contrôle et la surveillance de l'ensemble du pays et établir une pyramide solide qui permettait au sommet du Parti de diriger la totalité des filières. Malgré les différentes formes de résistance de la base, la multiplicité des contrôles a permis d'enserrer

150 millions de citoyens dans un filet d'informations et de dénonciations et à les placer sous le pouvoir d'un parti qui demeurait pourtant numériquement limité.

4

L'URSS et la Seconde Guerre mondiale

A. L'EFFONDREMENT

Après la période tragique des purges, les événements les plus importants dans l'histoire de l'URSS sont le Pacte germano-soviétique de 1939 et l'effondrement de l'armée soviétique dans les quatre premiers mois qui suivent l'invasion allemande en 1941.

Ces deux événements sont si étroitement liés aux effets des purges et des transformations subies par le pays dans ces années qu'on ne peut les analyser que dans cette perspective.

Les conséquences des années 1934-1938 sur la guerre qui se prépare appellent en effet un certain nombre de remarques : d'une part, sur la transformation morale de la société soviétique, notamment de la société politique, d'autre part, sur les raisons de l'effondrement militaire soviétique, enfin, sur la manière dont l'Union soviétique a organisé son redressement.

I. Transformation morale de la société politique soviétique

A. Le Parti de l'élite

En 1939, les hommes d'appareil qui ont survécu autour de Staline sont, pour la plupart, entrés au Parti après la guerre civile. Staline et les dirigeants épargnés sont donc à la tête d'un parti qui est totalement modifié dans son recrutement et dans les principes qui l'animent.

Au XVIIIe Congrès qui se tient en mars 1939, premier Congrès postérieur aux purges, premier Congrès du retour à la normale, le rapport fait par Molotov indique très largement dans quelle mesure s'est opéré le renouvellement du Parti : 31 % des membres des comités locaux et 60 % des membres des comités régionaux sont élus pour la première fois ; 80 % des secrétaires des républiques et des régions ont adhéré au Parti après 1924 et 93,5 % des secrétaires de district, c'est-à-dire toute la base de la hiérarchie, appartiennent aussi à ce recrutement postléniniste. Ayant généralement moins de 40 ans, ces gens ont donc plutôt connu les effets de la révolution que la révolution elle-même – Lénine et ses compagnons n'étant pour eux que des figures lointaines, ils sont mieux disposés à accepter la vérité historique de Staline et son système.

A ce même XVIIIe Congrès, Staline annonça que 500 000 jeunes bolcheviks avaient été promus à des postes de responsabilité dans les trois dernières années.

Ce recrutement massif, conséquence des purges, est caractérisé par le fait qu'il ne s'opère plus tout à fait dans les mêmes couches sociales que précédemment. Si les promotions étaient jusque-là en majorité ouvrières et accessoirement paysannes, elles favorisent désormais la nouvelle intelligentsia soviétique constituée de gens nés au tout début du siècle, donc adolescents au moment de la révolution. Éduqués, formés par le Parti communiste, ils lui sont extraordinairement fidèles. Dans les années 1934-1935, ces hommes occupent au niveau professionnel des postes de responsabilité.

Le changement est patent : si, au XVIIe Congrès (en 1934, donc à la veille des purges), 5 % seulement des membres présents possédaient des diplômes secondaires ou supérieurs, le taux de diplômés était passé à 20 % au Congrès de 1939.

Malgré les recommandations faites aux deux précédents Congrès, le Parti de 1939 se ferme donc de plus en plus à la classe ouvrière. Celle-ci prenait d'ailleurs le Parti comme un appareil extérieur, chargé de l'encadrer, quasi étranger, de par la situation matérielle de ses membres, à la situation de l'ensemble du peuple.

Molotov lui-même nous éclaire sur l'origine et la nature de

cette intelligentsia qui, en 1939, comptait selon lui à peu près 9,5 millions de membres, dont probablement 2 à 3 millions dans l'industrie. On recense environ 1 750 000 directeurs d'usine, chefs d'entreprise, de kolkhoz et sovkhoz, etc. ; 1 million d'ingénieurs et de techniciens supérieurs d'industrie ; 1,5 million de cadres divers, c'est-à-dire d'*apparatchiks*, permanents des syndicats, des diverses organisations, cadres de la police, de l'armée, etc. Le reste est plus vague. On sait néanmoins que le nombre de médecins, de professeurs, d'universitaires a évolué beaucoup plus lentement que celui des cadres industriels techniques qui constituent dorénavant le vivier principal du Parti.

On sait aussi que le nombre de permanents ne cesse d'augmenter. Tandis que, dans les années 1934, on en comptait à peu près 1 pour 20 ou 22 membres du Parti, en 1939 la proportion est de 1 pour 17, soit 133 000 personnes. Comme le nombre de permanents des diverses organisations croît aussi, la majorité de cette intelligentsia est affectée dans ce qu'on appelle les « services », donc relativement coupée de la production.

De cette modification sociologique du mode de recrutement découle un profond changement des mentalités dans le Parti et l'ensemble de l'intelligentsia. Rescapée des purges, sortie indemne de la tourmente où elle a vu disparaître une partie des siens, cette élite a pour préoccupation première, à la veille de la guerre, de consolider d'une part sa sécurité, d'autre part sa relative aisance matérielle. Ce dernier objectif, inenvisageable à l'époque léniniste, est désormais licite et estimable. Les primes de travail, le stakhanovisme et tout le système d'incitation à la production fondé sur des stimulants matériels confortent officiellement l'idée que les plus favorisés matériellement sont ceux qui ont le mieux œuvré pour leur pays : les plus riches sont donc les plus méritants. Cette espèce de course à la richesse, au bien-être, est en même temps une course au certificat de bon communisme.

C'est une transformation extrêmement profonde et durable. Tout l'esprit de combativité, de sacrifice qui avait existé dans le parti de Lénine disparaît, au profit d'une aspiration au mieux-être et à la tranquillité, évolution de la société qui, depuis, s'est poursuivie continûment dans ce sens.

Dès 1939, se forge cette morale de la réussite non seulement politique et intellectuelle, mais sociale qui se traduit par des avantages tangibles. Certes, tout est relatif : il est clair qu'un membre du Parti qui passe pour jouir d'une situation confortable n'a pas le train de vie d'un ouvrier moyen américain à la même époque – néanmoins, par rapport à l'ensemble de la masse soviétique, sa situation est extrêmement enviable et enviée : chaque citoyen soviétique y aspire.

B. Aggravation de la condition ouvrière

Cette réussite de l'élite a pour contrepoids dans la même période les difficultés de la condition des ouvriers et des paysans.

La paysannerie est sortie des purges exsangue, brisée, enfermée dans ses rancœurs. Certes, la fin de la tourmente, en 1938, a assoupli le système concentrationnaire et permis à un certain nombre de paysans déportés de revenir dans leur village. Ils y sont rentrés avec leur désespoir, un état d'esprit qui les range pour longtemps dans une partie négative de la population soviétique.

Pour la classe ouvrière, la fin des purges ne marque aucun progrès de sa condition, tout au contraire : sa liberté va être encore limitée par une série de mesures liées à la Seconde Guerre mondiale désormais prévisible. En 1938, en même temps qu'il met fin au système des purges, le régime soviétique constate que la situation internationale s'est détériorée et qu'il est temps de reconstruire le pays et de faire un effort en vue du conflit. Pour s'y préparer, il réserve un sort distinct aux citoyens soviétiques. D'un côté, il accorde le maximum d'avantages à l'élite ; de l'autre, parce que le sacrifice demandé à la classe ouvrière est considérable, il l'emprisonne dans une série de dispositions qui parachèvent et aggravent les mesures prises dans les années 1935-1936. Bref, aux avantages évidents de la bureaucratie, de la nouvelle élite de la société soviétique répond la dureté de la condition ouvrière en butte à toutes les contraintes.

Dès le 20 décembre 1938, le livret de travail, introduit dans la période des purges, devient général. Remis aux entreprises, aucun ouvrier ne peut le récupérer avant de quitter l'établissement. Le pouvoir limite ainsi la mobilité de la main-d'œuvre tout en accentuant son contrôle. Pour renforcer le phénomène, il accorde des avantages aux ouvriers qui se fixent dans la même entreprise en dépit de conditions de travail difficiles, et pénalisent les ouvriers instables : le préavis dû par l'ouvrier désireux de changer d'établissement passe de huit jours à un mois. En revanche, l'entreprise jouit de possibilités de licenciement beaucoup plus importantes que dans le passé. L'absence, naguère cause principale de licenciement, est ramenée d'une période d'un jour à tout retard de vingt minutes dès janvier 1939. Chaque retard est passible d'avertissement, le quatrième entraînant le renvoi. L'ouvrier est dès lors d'autant plus obsédé par le problème du licenciement qu'il entraîne la perte du logement, la perte de toutes sortes d'allocations (maladie, maternité) et signifie pratiquement l'impossibilité de se recaser ailleurs sans avoir produit le motif du licenciement.

La législation sociale renforce les dispositifs paralysant la fluidité de la main-d'œuvre. Antérieurement, en cas de maladie, l'ouvrier recevait intégralement son salaire ; à partir du début de 1939, seuls ceux ayant travaillé six ans dans une même entreprise jouissent de cette allocation maladie ; entre quatre et six ans d'assiduité, ils n'ont le droit qu'à 80 %, 60 % pour trois ans, 50 % au-dessous de deux ans. Le salaire moyen étant, à l'époque, déjà nettement insuffisant pour assurer leur subsistance, les ouvriers vivent dans la hantise du licenciement et se savent pratiquement enchaînés à vie à leurs entreprises.

Deux autres dispositions annihilent toutes les mesures « démocratiques » des années précédentes. En effet, le 26 juin 1940 (on est déjà dans un climat de préguerre), on rétablit la journée de travail de huit heures qui avait été abolie en 1927. Même si, en réalité, elle n'avait jamais été tout à fait annulée, son rétablissement marque un recul extraordinaire.

Une nouvelle disposition durcit davantage les mesures sanctionnant l'absence injustifiée : outre le licenciement, l'ouvrier encourt six mois de travail correctif dans l'entreprise, lequel se traduit dans les faits par une amende atteignant 25 % du salaire durant le semestre en question. Y sont enfin qualifiés d'absence injustifiée le refus de travailler les jours fériés ou le refus de faire des heures supplémentaires jugées nécessaires par la direction de l'entreprise, même si le principe des heures supplémentaires est totalement illégal.

Entre les amendes et les limitations des allocations de toutes sortes, le salaire réel des ouvriers tend à décroître. Le problème de la classe ouvrière, désormais, est de survivre, non plus aux purges, mais tout simplement aux brimades matérielles. Ces facteurs expliqueraient à eux seuls l'effondrement de la société soviétique auquel on assiste en 1941. Il est clair, en effet, qu'une paysannerie rongée d'amertume et une classe ouvrière pénalisée et paralysée par le pouvoir ne devaient pas avoir beaucoup de cœur pour résister à l'avance de l'armée allemande, laquelle prend le régime soviétique au dépourvu.

Faiblesse morale de l'élite dirigeante chez qui la dure éthique communiste de l'époque léniniste a fait place à une course au profit et à la réussite ; apathie de l'ensemble de la population écrasée par les difficultés matérielles, hantée par la précarité de l'emploi, tel est l'état d'esprit d'un peuple à la veille de la guerre : un état de non-résistance absolu.

II. L'effondrement militaire de l'URSS

A. L'URSS était-elle préparée à la guerre ?

L'entrée des troupes allemandes en territoire soviétique, le 22 juin 1941, s'est soldée, en quatre mois, par une catastrophe considérable : en novembre 1941, l'Allemagne avait fait 2 millions de prisonniers, saisi au minimum 17 000 chars soviétiques, occupé une zone englobant 40 % de la population et représentant la majeure partie des moyens de production et des ressources soviétiques (65 % du charbon, 68 % du fer, 60 % de l'acier et de l'aluminium, 40 % de l'équipement ferroviaire, 84 % de l'industrie sucrière, 38 % des céréales).

Cet effondrement est, de prime abord, étonnant. Quoi qu'en ait dit Staline à l'époque, ou l'historiographie soviétique par la suite, il ne s'agissait pas d'une agression inattendue pour l'URSS, mais d'une attaque prévisible, connue assez longtemps à l'avance, puisque même l'ambassadeur allemand à Moscou avait tout mis en œuvre pour que Staline soit au courant du moment où se déclencherait l'intervention.

D'ailleurs, depuis 1938-1939, un effort considérable avait été accompli par le régime soviétique pour faire face à la guerre probable. Le budget a été multiplié par 7 entre 1934 et 1939. L'armée, qui en 1934 comptait 900 000 hommes en armes en Union soviétique, en recensait 5 millions en 1939 et 6 millions en 1941, soit des troupes supérieures en nombre à celles de l'Allemagne. De même pour l'équipement puisque, dès 1939, toute l'industrie soviétique travaille pour la production de guerre. Tout est en place et, en bonne logique, l'Union soviétique aurait eu de quoi repousser l'agression allemande si cette résistance avait été bien préparée.

Dès 1939, on avait renforcé la discipline dans l'armée : les titres militaires furent réinstaurés progressivement avant de devenir une règle absolue, afin de placer les chefs militaires dans une situation d'autorité vis-à-vis de leurs subordonnés. Discuter ou contester les ordres militaires, pratique admise depuis la révolution, relève à partir de 1940 de la haute trahison. A partir de 1940 est rétablie l'unité de commandement brisée dans la période de 1937 lors de l'assaut contre Toukhatchevski et les chefs militaires : le commissaire politique qui partageait naguère l'autorité avec le commandant militaire est remplacé par un commandant politique adjoint dont la tâche est désormais strictement politique. A l'exception d'une période d'hésitation, entre 1941 et 1942, dès 1940 l'armée soviétique accepte donc le principe du commandement unique : les impératifs militaires priment tout le reste. Tout a été fait, à l'évidence, pour que l'Union soviétique soit en état de supporter le choc qui allait avoir lieu. Comment dès lors expliquer l'écroulement de ses défenses ?

B. Les causes d'un effondrement total

On peut certes incriminer l'outrecuidance stalinienne. Khrouchtchev l'a dit : « C'est la faute de Staline. » C'est pourtant régler le problème un peu simplement. La responsabilité de Staline, fondée sur l'idée de son pouvoir absolu, découle en fait de la démission et de la peur de ses collègues du Parti.

Les survivants des purges, dont faisait d'ailleurs partie Khrouchtchev, obsédés par l'idée de ne point contrarier Staline, ont abandonné tout pouvoir entre ses mains. Staline a pu donc exercer une autorité sans partage qui pèsera notamment dans la préparation de la guerre. Staline avait en effet une conception militaire très arrêtée qu'il arrivera à imposer totalement après 1937, malgré les réserves des maréchaux soviétiques, notamment de Toukhatchevski. La théorie de Staline reposait sur trois postulats :

1. Il n'y aurait pas, quoi qu'il arrive, de combats sur le sol russe. Cela supposait que l'Union soviétique ne serait jamais l'objet d'une agression.

2. Dans une guerre, il fallait être l'agresseur, jamais l'agressé, d'où la nécessité de conduire une guerre offensive et non défensive. Donc, là encore, Staline partait du principe qu'il pourrait agir le premier et qu'en aucun cas il ne serait attaqué. La technique militaire soviétique et le dispositif des troupes étaient par conséquent conçus en fonction d'une guerre offensive – rien n'avait été prévu pour la défense.

3. Dans la très improbable hypothèse d'une agression contre le territoire soviétique, Staline postulait que cette attaque serait aussitôt balayée par le soulèvement du prolétariat occidental qui n'accepterait jamais que la patrie du socialisme soit envahie. Curieuse naïveté de la part d'un homme qui avait vu le socialisme soviétique menacé en 1920 sans que le prolétariat occidental songeât à lui venir en aide. Et il y avait tout lieu de penser qu'il ne serait guère plus secourable vingt ans plus tard.

Staline fonda son action extérieure sur trois piliers ; tout erronée qu'elle fût, elle n'en tenait pas moins la guerre pour inévitable.

L'instrument diplomatique de cette politique était le Pacte germano-soviétique conclu dans le désarroi, après que toutes les négociations menées en 1938 avec l'Occident se furent révélées inutiles.

Les documents témoignent que Staline a joué tout à fait loyalement le jeu du Pacte germano-soviétique, et nourri d'énormes illusions quant à l'intention de Hitler de le respecter. Convaincu que son pays ne pouvait pas supporter le choc d'une guerre avant 1942, il voulut se persuader que Hitler ne ferait peut-être pas la guerre en 1941. Il lui fallait gagner du temps jusqu'à l'automne 1941, moment où, en raison de l'hiver, une possible agression n'était plus possible et serait nécessairement repoussée jusqu'en 1942, date à laquelle il serait probablement prêt.

La seule chose qu'il ne paraît pas avoir imaginé c'est que Hitler n'était pas disposé à attendre le moment où Staline serait tout à fait capable de résister à son agression. Ainsi, jusqu'au 22 juin 1941, d'une façon absolument continue, Staline a tenu tous les avertissements qui lui étaient donnés pour de l'intoxication anglaise, destinée à créer un heurt entre l'Union soviétique et l'Allemagne, et à ouvrir un second front qui allégerait l'effort de guerre britannique. L'épisode Rudolf Hess, entre autres, est fort symptomatique de cet état d'esprit. Lorsque Rudolf Hess se rendit en Angleterre, le 10 mai 1941, pour proposer aux Anglais de mettre fin à la guerre et laisser les Russes face aux Allemands, il insista sur l'imminence de l'attaque allemande contre l'URSS. Staline, averti des faits par le ministère des Affaires étrangères britanniques, répondit : « C'est une provocation anglaise. » Chaque information, même celle concernant les survols du territoire soviétique par l'aviation allemande, a toujours provoqué chez lui, y compris dans les derniers jours, la même réaction : ne pas céder à la provocation anglaise, ou à un chantage allemand.

Il semble, dans l'analyse des responsabilités de Staline, que ce soit là sa responsabilité principale : une incompréhension totale de l'évolution de la guerre mondiale et des objectifs militaires de Hitler et une sous-estimation du désir du Führer d'en finir avec l'URSS le plus vite possible.

Un texte très révélateur à cet égard atteste qu'à partir du 15 mai 1941, les commandants militaires soviétiques saisis d'inquiétude ont commencé, à l'insu de Staline, à opérer des déplacements de troupes afin d'occuper une position défensive et non plus offensive. Chaque fois que Staline en eut connaissance, il fit ordonner aux troupes de reprendre leurs positions initiales, ce qui permit à l'armée allemande de les encercler. Le 14 juin 1941, alors que la presse mondiale était convaincue que l'agression allait avoir lieu dans les jours suivants, un communiqué de l'agence Tass démentit : certes, le pays était au courant des concentrations de troupes allemandes aux frontières de l'Union soviétique, mais il s'agissait de simples manœuvres allemandes et jusqu'à plus ample information, il n'y avait pas lieu de suspecter une violation du Pacte germano-soviétique.

Si ce communiqué semble aujourd'hui dénué d'importance, il eut en Union soviétique un effet démobilisateur et des conséquences catastrophiques. Dans la première quinzaine de juin 1941, tout le peuple soviétique était, sinon en armes, du moins persuadé que l'alerte allait survenir ; dans les casernes, les soldats dormaient tout habillés, les commandants militaires ne quittaient pas les camps pendant la nuit, prêts à faire face à toute éventualité. Après le communiqué de l'agence Tass, ce fut une véritable débandade du système défensif élaboré en grande hâte par les commandants militaires. Quant aux populations civiles, elles se remirent au travail tout en rêvant des proches vacances. L'éditorial de *la Pravda* titre le 19 juin : « Le repos estival des travailleurs. » L'ensemble du peuple soviétique s'est démobilisé. Même ceux qui étaient en armes ont commencé à quitter les camps militaires pour aller dormir d'un profond sommeil sans équipement. Lorsque l'attaque surviendra, le réveil sera brutal pour le peuple soviétique.

A l'aveuglement de Staline sur l'imminence de la guerre, s'ajoutent d'autres éléments. Si un effort d'équipement militaire a été accompli, ce fut dans des conditions désastreuses. Dans son livre *L'Armée Rouge assassinée*, l'historien Nekritch donne de savoureux détails sur l'intervention de Staline dans les problèmes militaires. Il signale notamment que, imposant le choix d'un canon, Staline confond les modèles de 1914 et ceux de 1941 : c'est un exemple parmi d'autres qui montre que toutes les décisions, dans cette période, ont été prises par Staline seul et qu'elles ont été arbitrées dans des conditions qui sont un défi absolu au bon sens. Mais, si de semblables bévues ont pu être commises c'est parce que ses collaborateurs, paralysés par la peur, n'ont pas osé élever la voix contre les propositions absurdes de Staline.

Enfin, il y eut incontestablement le désarroi de Staline au moment de l'attaque, une difficulté pour comprendre et passer de ses théories antérieures à l'analyse pratique de la situation créée par l'invasion du territoire soviétique.

L'invasion eut lieu dans la nuit du 22 juin 1941 aux environs de 2 heures du matin. Or ce n'est qu'à 7 heures du matin que l'ordre a été donné du Kremlin de résister. Pendant ces trois ou quatre heures, Staline a continué de se demander si c'était une provocation ou non et comment y répondre, donnant des ordres attentistes et contradictoires. C'est durant ces quelques heures décisives que les armées allemandes ont pu avancer et occuper des positions extrêmement favorables.

A la lumière de ces atermoiements, on peut conclure que la défaite militaire est incontestablement le fait de Staline. Mais ce serait une erreur d'oublier qu'elle résulte aussi de la transformation du Parti, de l'évolution des cadres dirigeants de l'Union soviétique, entre 1934 et 1938.

C. Les conséquences politiques de l'effondrement militaire

La réponse militaire à l'attaque allemande était simple à trouver : il fallait reconstituer l'armée soviétique et récupérer le territoire perdu. Dès la fin de l'année 1941, les unités sont réformées et commencent à opérer. De surcroît, l'hiver joue en faveur de l'URSS : les troupes allemandes sont pétrifiées par le froid et les glaces. Dès lors, le gouvernement soviétique devrait être en mesure de reprendre la situation militaire en main.

Ce serait chose facile s'il ne lui fallait affronter le problème principal : l'effondrement politique et moral qui touche l'ensemble du pays et revêt, dans ce contexte de défaite, trois aspects :

1. Le pouvoir soviétique lui-même s'est trouvé en question.

2. Lors de l'attaque, les diverses nations de l'Union soviétique ont hésité un moment entre la résistance à l'invasion allemande et la résistance au régime stalinien, entre la défense de l'URSS et la défense de leurs propres intérêts.

3. S'il y a eu résistance néanmoins, celle-ci est source d'inquiétude : en effet, parallèlement aux interventions militaires se sont déroulées des opérations de partisans, si bien qu'il fallait veiller, d'une part, à la coordination des deux mouvements, d'autre part, à ce que ces groupes de résistants ne dégénèrent pas en pouvoir parallèle au pouvoir soviétique. C'est un problème que l'on retrouvera encore au len-

demain de la Seconde Guerre mondiale et que le régime soviétique aura beaucoup de mal à résoudre.

Le problème du pouvoir est le plus crucial. L'avance allemande a tellement dérouté Staline qu'il est resté muet et a pratiquement disparu pendant plusieurs jours. Son premier discours après l'invasion date du 3 juillet 1941, c'est-à-dire douze jours après l'invasion : ce silence marque sinon une vacance du pouvoir, du moins introduit un doute général quant à son existence à ce moment-là. L'Union soviétique tout entière a alors senti le danger du régime stalinien, fondé sur un seul homme.

Le désarroi est d'autant plus grand que le pouvoir a été, dès les premiers jours, isolé de la zone occupée. En territoire occupé, nul ne sait plus alors s'il doit se raccrocher au pouvoir soviétique absent ou au pouvoir établi par l'armée d'occupation.

Staline a très bien senti la nécessité de transformer des structures qui n'avaient pas su résister au premier choc. Il a alors réorganisé le pouvoir sur de nouvelles bases. La première décision prise – innovation capitale dans l'histoire soviétique – consiste à rassembler les organes du Parti et de l'État, dont les deux hiérarchies avaient été séparées. En même temps, Staline s'est efforcé, aussitôt après l'invasion, de rationaliser le régime et desserrer l'étau du politique sur l'économie. On a ainsi répondu favorablement à la demande des directeurs d'usine, leur rendant un pouvoir total sur le plan technique, ne laissant aux cadres politiques que le contrôle idéologique. Les nominations qui étaient jusqu'alors entre les mains du Parti sont passées directement sous l'autorité des chefs d'entreprise. Ces derniers ont même pu imposer à ce moment-là l'idée que les conférences politiques que tenaient les responsables du Parti ne pouvaient plus avoir lieu pendant le travail, ce qui permit de les limiter.

Autre élément de la rationalisation, le pouvoir essaie le 30 juin 1941 de regrouper tous les organes administratifs dans un seul Comité de défense de l'État[1] que Staline préside et où se trouvent Malenkov, Vorochilov, Molotov et Beria. Coiffant l'ensemble des hiérarchies, les organes du

1. En février 1942, Mikoian, Voznessenski et Kaganovitch y entrent ; en 1944, Vorochilov y sera remplacé par Boulganine.

Parti, les divers ministères et l'armée soviétique, c'est là que toutes les affaires sont réunies et traitées. Cette création atteste le désir de Staline de rationaliser l'étude des problèmes dans cette période difficile, de ne plus introduire de confusion entre les différents secteurs. Enfin, il décide que toute l'organisation économique sera concentrée entre les mains de Voznessenski qu'il liquidera d'ailleurs après la Seconde Guerre mondiale.

Cependant, le fait dominant de cette période aura probablement été le glissement de la notion de *Parti* à celle de *Nation*. Cette décision reposait sur une évidence : le Parti n'était pas une autorité capable de rassembler autour de lui la population soviétique et l'idéologie n'était pas propre à galvaniser un peuple en guerre. Ainsi, au lieu de s'adresser à ses *camarades* au nom du Parti, Staline *en appelle à ses frères et sœurs* au nom de la *patrie* menacée par l'envahisseur. L'appel est tout entier axé sur le mot *Rodina* (patrie) qui recouvre le sentiment national de tous les peuples de l'URSS.

Cette mise en sommeil de l'idéologie va durer jusqu'en 1943. Ce n'est qu'au moment où la victoire apparaît certaine, où il devient évident qu'il s'agit désormais de construire les lendemains de la guerre, que le Parti communiste reprend ses droits et que les discours de Staline réassocient étroitement le Parti et l'Union soviétique, sans autant évoquer la patrie.

Mais lorsque l'on cherche à préciser les raisons de l'effondrement soviétique en 1941, on trouve, en dehors de l'armée, diverses lignes de fracture.

La résistance à l'invasion allemande fut nettement localisée aux villes *russes*, et au-delà, au milieu urbain, c'est-à-dire à la population ouvrière. La meilleure capacité à lutter contre le découragement tient principalement au fait que cette population était parfaitement encadrée par le Parti, essentiellement urbain. Dans les campagnes, l'effondrement a été plus grand. En outre, plus on s'éloigne des régions russes, plus on approche des autres républiques soviétiques, plus l'effondrement est total : d'abord, dans les républiques acquises de fraîche date (Ukraine occidentale, pays Baltes), ensuite dans celles où il y avait eu des problèmes après 1920 (Asie centrale et Caucase notamment). Au bout du compte, la volonté de résister était plus grande chez les Russes que chez les non-Russes, plus ferme dans les villes que dans les campagnes, plus déterminée chez les ouvriers que chez les paysans, ce qui témoigne de l'efficacité du contrôle du Parti.

D'autre part, la défaite a favorisé l'apparition de plusieurs lignes de résistance au pouvoir soviétique. Citons en premier lieu le mouvement Vlassov qui apparaît à la fin de 1942 et bénéficie du soutien des autorités allemandes. Ce mouvement de collaboration est dirigé par un général de l'armée Rouge, André Vlassov, qui a commandé la XXe armée devant Moscou. Fait prisonnier en mars 1942, le général Vlassov, avec plusieurs autres officiers soviétiques, met sur pied à l'automne le Comité de libération de la Russie, qui appelle au soulèvement contre Staline, sans pour autant renier les acquis de la révolution russe. Si, pour Vlassov, il s'agissait en fait de liquider le régime stalinien en restaurant une nation russe socialiste, pour Hitler, l'objectif était d'utiliser Vlassov dans le but de mettre sur pied une armée de soldats russes, prisonniers ou déserteurs, au service de l'Allemagne. Contrairement à certains membres de l'état-major allemand, Hitler ne croira jamais qu'en accélérant la désintégration de l'État soviétique, le mouvement Vlassov puisse jouer un rôle politique et n'acceptera jamais qu'il ait pour fin de restaurer un État russe indépendant, non soumis à l'autorité allemande. Les ambiguïtés de la politique allemande à son égard conduiront le mouvement Vlassov à devenir de plus en plus un simple mouvement de collaboration, donc suspect à ses compatriotes, ce qui ruinera ses possibilités de jouer un rôle effectif aux côtés de l'Allemagne.

A ce mouvement qui essayait d'entraîner l'ensemble du peuple soviétique dans une résistance contre le pouvoir, s'ajoutaient une série d'autres projets de création de gouvernements nationaux antisoviétiques érigés à la faveur de l'avance des troupes allemandes.

Ces divers mouvements contribuèrent dans un premier temps à affaiblir l'autorité du pouvoir. Celui-ci sut trouver une riposte rapide grâce à une habile exaltation des sentiments nationaux et à l'exploitation des partisans.

Cette exaltation des sentiments nationaux est un phénomène nouveau en rupture avec toute la politique nationale de

Staline. A partir de 1941, le pouvoir soviétique en appelle à ce qu'il avait auparavant condamné, à savoir le passé des peuples non russes, qui reposait pourtant, en général, sur la lutte contre la Russie. Staline fait valoir que cet héritage ne pouvait pas être balayé tout d'un coup par une invasion étrangère : pour appuyer cet appel à la fierté nationale, il promut une politique de retour, dans les territoires nationaux non occupés, de leurs cadres politiques propres et favorisa leurs possibilités d'expression nationale.

Si cette attitude de réconciliation nationale a été renforcée par la rigueur allemande envers les populations occupées, il n'en est pas moins vrai qu'elle aura surtout des effets dans l'après-guerre où s'affirmèrent les sentiments nationaux et le refus des peuples non russes de réintégrer le système soviétique, au moins sur les bases antérieures à 1941. C'est un problème que le pouvoir soviétique aura à résoudre dans des conditions nouvelles jusqu'à sa chute.

La seconde réponse du pouvoir aux courants qui visaient à l'affaiblissement du régime stalinien a été l'utilisation du mouvement des partisans. Nombre de citoyens soviétiques ont pris le maquis, principalement des paysans révoltés par les brutalités de l'armée allemande, et ont constitué spontanément des groupes de résistance que les autorités soviétiques ont cherché à encadrer, mais devant lesquels elles se sont trouvées assez désarmées parce qu'elles n'avaient pas prévu la possibilité d'une guerre des partisans. Il faut attendre août 1941 pour que le Kremlin évoque cette question, et ce n'est qu'en avril 1942 qu'il crée un état-major des partisans qui aura pour mission à la fois de tenter d'encadrer les troupes de partisans et de les intégrer à l'armée. Il formera ainsi 3 000 officiers qu'il essaiera de parachuter à la tête des partisans, opération extrêmement difficile. Ce qu'il réussira à coiffer, ce sont les groupes de partisans qu'il a suscités parallèlement aux groupes spontanés. En effet, dans les territoires occupés, le Parti a reçu des consignes pour prendre le maquis lui aussi. Il y a donc, d'une part, des réseaux organisés par le Parti, liés au Parti, qui agiront plus ou moins en liaison avec lui, et, d'autre part, des réseaux informels et indépendants.

Les frictions ne manqueront pas à la fois entre ces deux groupes de partisans, et, pour chacun d'eux, entre les officiers que les autorités chercheront à placer à leur tête et leur base respective. Bien que ces quelque 200 000 résistants aient eu une très grande efficacité puisqu'ils auront démoralisé l'armée allemande et surtout découragé les populations tentées de collaborer, le pouvoir restera toujours méfiant à leur égard : lorsque les territoires auront été libérés, plutôt que de les intégrer dans l'armée Rouge, on les envoie à l'arrière, pour une « période d'instruction » et de probation (c'est d'ailleurs la position qu'avait eue Trotski au lendemain de la guerre civile à l'égard des partisans).

Cette décision, destinée sans doute à se prémunir contre les habitudes d'initiatives personnelles et d'indépendance envers le pouvoir, remplira les partisans d'aigreur, état d'esprit qui ne manque pas de soulever de nouvelles difficultés au point que, dans certaines régions, la « réduction » des partisans devient un véritable problème militaire qui ne sera pas résolu au lendemain de la victoire.

En bref, l'avenir de l'URSS sera durablement handicapé par les palliatifs, inventés durant le conflit, pour faire face à son incurie d'avant-guerre : les partisans auront beaucoup de mal à se soumettre à nouveau à la vie ordinaire sous la coupe d'un pouvoir politique autoritaire. Quant aux républiques non russes, dont on aura tant valorisé le sentiment national pour les rattacher à la patrie soviétique, elles n'accepteront pas facilement de rentrer dans le rang.

La constatation, en même temps que la grande leçon, pour l'Union soviétique et ses dirigeants a été qu'à un moment crucial pour la sécurité du territoire, le Parti n'a pas été une structure suffisante pour tenir et encadrer les forces du pays. Au plus dur moment, le pays a craqué là où le Parti était faible. En revanche, l'armée a tenu le mieux là où le Parti résistait le mieux, d'où la conclusion que l'armature de l'URSS doit reposer, plus encore que par le passé, sur le renforcement du Parti : on ne peut en aucun cas s'en écarter, il est l'élément fondamental autour de quoi doit s'organiser la vie de l'URSS.

Si, de 1920 à 1940, il s'est trouvé en URSS des dirigeants pour s'interroger sur le rôle du Parti, sur son importance, sur la possibilité de structures politiques parallèles, à partir de 1940 il leur apparaît clairement que, dans un pays plurinational, où les populations sont diverses, où la masse paysanne reste encore tellement importante, où il y a tant de gens socialement peu intégrés, il est indispensable qu'il y ait une seule organisation, une seule idéologie.

B. LA MUTATION

1945 est peut-être, pour l'Union soviétique, une date à peine moins importante que 1917 dans la mesure où la guerre a entraîné des transformations intellectuelles et morales qui donnent à l'URSS un visage nouveau à beaucoup d'égards, au point que la période 1941 à 1945 a eu sur les mentalités des effets aussi considérables que l'époque de la collectivisation et de l'industrialisation. En réalité, ce n'est pas la société qui change, mais sa vision de l'Histoire, sa vision de sa propre patrie et de ses rapports avec le monde extérieur. On en voit les répercussions sur le plan national, sur le plan des relations à l'intérieur de la société, principalement des relations familiales, enfin sur le plan religieux.

I. Le triomphe de la nation

A. Apparition d'une conscience nationale

En fait, le changement dans ce domaine a commencé à se manifester avant l'entrée de l'Allemagne en territoire soviétique. Dès 1934, on constate maints indices d'un tournant. Une nouvelle attitude du pouvoir à l'égard du problème national se fait jour. Peu visible au moment des purges, elle commencera à être nettement plus perceptible en 1941.

Cette évolution coïncide avec la dernière réunion du Komintern en 1935 : la montée du fascisme à l'horizon politique fait que, dans l'ensemble du monde, les concepts nationaux, les volontés nationales prennent le pas sur les aspirations internationalistes chères au Komintern. C'est dans ce contexte général, plutôt que dans la perspective de quelques querelles de chauvinisme grand-russien, qu'il faut replacer l'émergence de cette nouvelle conscience collective qui commence à se forger à partir de 1934-1935. On en voit les premiers signes lorsqu'en 1934, dans les journaux, deux mots font leur réapparition : *Russie* et *patrie*, qu'on n'avait guère lus depuis la révolution. L'attachement légitime du citoyen soviétique à son sol ancestral, dont le passé n'a pas commencé seulement en 1917, est réhabilité. Cette orientation est confirmée par la Constitution de 1936 où l'on voit resurgir la conception d'un État, qui n'est plus seulement l'État révolutionnaire et transitoire de 1917 mais un État correspondant à une réalité historique extrêmement ancienne, l'*État russe*. Les *Izvestia*, dans un éditorial très important, insistent d'ailleurs sur le fait que chaque citoyen soviétique doit connaître et aimer son pays ainsi que son histoire.

B. Réhabilitation de l'histoire russe

Par ce biais on voit réapparaître une conception de l'Histoire qui avait disparu depuis la révolution, une conception selon laquelle l'Histoire n'est plus seulement celle des classes sociales en lutte pour le pouvoir, telle que l'historien Pokrovski l'avait imposée jusqu'en 1932, mais aussi l'histoire d'un pays et d'une nation.

En 1932, dans un article publié dans *Proletarskaia Revolutsiia*, Staline prend la plume pour condamner l'école de Pokrovski en dénonçant son interprétation mécaniste du processus historique. Son principal grief était très éclairant : « Il ne recourt pas du tout au passé des peuples pour faire comprendre leur transformation actuelle. » A partir de 1933, le Comité central étudie la réforme des études historiques dans l'ensemble de l'Union soviétique qui sera appliquée dès avant la guerre. Partout sont rétablies des chaires d'histoire d'un type classique.

Cette révision historique porte sur deux points extrêmement importants dont le premier est la réévaluation totale de l'histoire russe par rapport au moment révolutionnaire. De 1920 à 1936, on considère que tout ce qui s'est passé avant 1917 relève de l'histoire de la réaction dont rien ne saurait être retenu, ni la littérature ni les mouvements intellectuels ; seules étaient progressistes les révoltes populaires, essentiellement paysannes ; le reste était rejeté. Dans la nouvelle perspective, on étudie tout ce qui, dans le passé, semble conduire à la révolution, ce qui amène à réhabiliter l'essentiel de l'histoire russe.

On aborde donc enfin la question classique soulevée par tout le mouvement communiste international depuis 1917 : pourquoi la révolution a-t-elle éclaté dans cette société attardée et pas ailleurs ? Désormais, on l'explique non plus par la seule grâce de Lénine ou de Staline mais par tout le poids du passé russe. Ainsi, très curieusement, les bolcheviks de 1936 admettent la pensée populiste selon laquelle c'est dans le génie russe, dans les structures sociales, économiques de la société russe que résidait le salut, que se trouvait l'avenir.

Le second élément, découlant du premier, c'est que si la nouvelle historiographie réhabilitait entièrement le passé russe, si elle considérait qu'il avait tout entier conduit à la révolution, il fallait nécessairement réviser la conception des rapports entre les Russes et les peuples non russes au cours de la période prérévolutionnaire. En effet, selon l'école de Pokrovski, si le passé de la Russie, nation triomphante et dominatrice, était condamnable, le passé des peuples conquis par la Russie était hautement positif en raison du combat qu'ils avaient mené contre la colonisation russe ; dans cette perspective, l'Histoire jusqu'en 1936 magnifiait tous les mouvements de résistance nationale contre la colonisation – voire même contre le pouvoir soviétique – considérés désormais sous l'angle d'une lutte contre une puissance dominatrice.

Une fois réévalué ce passé russe porteur des germes de la révolution, donc privilégié, il était évident que la lutte des peuples non russes contre la domination russe prenait une tout autre valeur. A peu de chose près, on retrouverait le problème qu'avait débattu la Deuxième Internationale au Congrès de Stuttgart : peut-on admettre le fait colonial, dans une perspective de progrès ?

Les historiens des années trente refusent tout de même d'aller aussi loin, mais affirment que la colonisation russe n'a été qu'un *mal relatif* et non plus le *mal absolu* que l'école de Pokrovski dénonçait. Certes, le fait colonial était en soi négatif, mais la réunion de ces peuples à la Russie leur ayant permis de bénéficier de la révolution, on pouvait considérer qu'au bout du compte ce processus de colonisation leur avait été profitable. Par conséquent, le mal n'ayant été que relatif, il était clair que les mouvements de résistance nationale à la conquête russe, loin d'être absolument positifs, étaient mauvais puisque, s'ils avaient réussi, ces populations ne se seraient pas trouvées sur la voie royale de la révolution.

Ainsi, d'un côté, dès avant 1941, le peuple russe recouvrait son destin national magnifié tandis que les peuples non russes étaient dépossédés de ce qui leur avait été reconnu jusqu'alors, leur lutte contre le colonialisme étant présentée sinon sous un jour absolument négatif, du moins très discutable.

Cette révision historique est largement répandue auprès du public par tous les moyens possibles. Des films célèbrent les grandes figures historiques, tel Alexandre Nevski. La littérature russe récupère Tolstoï. L'opéra de Glinka, *Vivre pour le tzar*, est représenté intégralement sans même qu'en soit retranché *l'Hymne au tzar*. On récupère également les gloires militaires comme Souvorov et Koutouzov et on fête le 125e anniversaire de la bataille de Borodino. On est loin de l'attitude adoptée au lendemain de la révolution.

Ce culte rendu à la patrie russe, en passe de remplacer le concept de « patrie soviétique » qui n'a pas su s'imposer, ajouté à la laborieuse rhétorique sur le rôle négatif des résistances nationales auront des effets désastreux à la veille de l'invasion allemande. Cette révision de l'Histoire rappelle, en effet, bien inopportunément à la moitié non russe des citoyens de l'URSS que le sol qu'on l'invite à défendre n'est pas le sien mais celui de son colonisateur d'hier.

C. Réhabilitation des sentiments nationaux

En dépit de ces inconvénients, le mouvement de réhabilitation russe s'accentue au moment de l'entrée des troupes allemandes en territoire soviétique en juin 1941. Le 7 novembre 1941, pour l'anniversaire de la révolution, au moment où Moscou est menacé par les troupes allemandes, Staline s'adressant aux troupes qui vont partir sur le front les engage à lutter en s'inspirant du souvenir d'Alexandre Nevski, Dimitri Donskoï, Kouzma Minine, Dimitri Pojarski, Alexandre Souvorov, et Mikhaïl Koutouzov : Lénine cède le pas aux héros prérévolutionnaires, grands chefs de guerre.

Tout aussi significative est l'installation de Staline au Kremlin pour la durée de la guerre, alors qu'on évacuait Moscou, faisant ainsi du Kremlin, c'est-à-dire du cœur de la Russie, le symbole de la résistance. Les Allemands ne s'y trompent pas en proclamant qu'une fois qu'ils auraient pris le Kremlin, ils auraient pris toute l'URSS.

Au-delà du symbole, les dispositions qui renouaient les liens avec le passé se multiplient, le mouvement de renaissance nationale esquissé avant 1941 se développe : après les titres, l'armée rétablit les épaulettes ; on ressuscite les formations de cosaques, naguère fer de lance des troupes contre le pouvoir bolchevik ; les régiments de garde reprennent des noms traditionnels ; le 6 mars 1943, Staline devient maréchal et commence à distribuer les distinctions (dans le seul mois de décembre 1943, 360 officiers ont été promus généraux) ; on reconstitue la hiérarchie jusqu'au sommet. Le lien avec le passé militaire de la Russie est rétabli. On efface les traces des purges.

Autre fait notoire : à la devise « prolétaires de tous les pays, unissez-vous », les journaux substituent, à partir de 1942, « luttons contre l'envahisseur fasciste ». Fait curieux, la théorie stalinienne du nationalisme se modifie quelque peu. Durant la bataille de Moscou, à la faveur d'un article, Staline interroge : « Les nationaux socialistes sont-ils véritablement des nationalistes ? » Il répond : « Non, ce sont des impérialistes. Nous sommes des nationalistes. La différence entre les deux est que les impérialistes sont des gens agressifs qui mettent la cause nationale au service de la domination ; alors que la cause nationale, c'est la cause de la défense de la nation, c'est cela le nationalisme. » Cet article est fondamental car il a ouvert la voie à toute l'école tiers-mondiste de la réhabilitation du nationalisme. On retrouve ainsi trente ans plus tard la même distinction dans l'œuvre d'un marxiste égyptien pour qui le sentiment national, le nationalisme des pays nouvellement indépendants, est essentiellement positif puisque c'est un nationalisme de défense. Le sentiment national des nations dominatrices qui pourraient avoir une telle vocation est impérialiste et c'est un sentiment négatif.

Mais, à côté du sentiment russe, se pose à partir de 1941 le problème du sentiment national des peuples non russes. Les premiers mois de l'occupation allemande se sont soldés par une débandade totale de ces populations qui, on l'a vu, ne se sentaient liées ni à une patrie soviétique ni, semble-t-il, au régime socialiste, encore moins au nouveau concept de patrie russe. Le mérite de Staline aura été de le comprendre.

Dès lors, d'une façon systématique, il flatta la fierté nationale de tous les peuples non russes, faisant pour eux ce qu'il avait fait pour les Russes, en leur remettant en mémoire, dans des discours poignants, les hauts faits de leur histoire, y compris les épisodes de lutte contre la Russie. En exaltant leur épopée historique, contestée si récemment encore, en vantant leur tradition de farouches défenseurs de leur territoire, il les rappelait à combattre l'envahisseur d'aujourd'hui. Sans doute, le pouvoir reste-t-il prudent dans l'exploitation de ce passé, se gardant de trop insister sur ses aspects antirusses, refusant d'inscrire les chefs des mouvements nationaux sur la liste des « ancêtres » de l'armée Rouge. Néanmoins, cet appel sera entendu très largement et contribuera à développer une conscience nationale chez les allogènes qu'il faudra prendre en considération en 1945.

II. La famille reconstituée

L'autre aspect durable des mutations à l'œuvre est l'évolution de la famille, ébauchée dès 1936-1940, et qui n'a fait que se préciser depuis.

Alors qu'après la révolution le pouvoir soviétique avait mené, avec succès, une politique de négation de la famille, à partir de 1936, il s'engage dans une campagne de reconnaissance et de reconstitution des valeurs familiales. Des mesures de protection en faveur de la maternité sont prises, afin de témoigner que la famille peut exister de manière durable à l'intérieur d'une société, fût-elle socialiste. Cette volte-face est amorcée sur le plan symbolique par la visite, entourée d'une publicité extraordinaire, faite par Staline à sa mère en Géorgie, en 1936. A la fois retour aux sources – les notions de maternité et de patrie sont liées – et retour à la mère, c'était une reconnaissance de la maternité comme valeur sociale en même temps qu'une reconnaissance de la patrie comme valeur nationale.

Sur le plan matériel, il prend des mesures de protection maternelle et lutte contre l'avortement, jusqu'alors légal, par une législation extrêmement rigoureuse dont le processus de mise en place est fort significatif. En effet, en cette année 1936, l'opinion est consultée : c'est l'unique consultation réelle et libre de l'histoire de l'Union soviétique avant 1940. Il n'est pas un lieu de travail où il n'y ait eu de débat parfaitement démocratique. Et c'est avec une réelle liberté de propos que le peuple soviétique, dans sa majorité, se prononce contre les dispositions staliniennes. C'est avec une tout égale liberté de propos que Staline impose le texte ouvertement repoussé, arguant que la réaction publique était le témoignage de l'inculture populaire. Il n'en reste pas moins que, d'une part, Staline a consulté les Soviétiques sur cette réappréciation des valeurs sociales, ce qui lui a permis, d'autre part, de prendre d'une manière générale la température de l'opinion en Union soviétique.

En dépit de ces péripéties, pour les peuples non russes, notamment musulmans, ce retour à une tradition familiale, à un ordre social plus conforme à leur conception patriarcale de la société a été très favorablement accueilli.

III. La coopération avec les religions

Si, depuis 1930, l'attitude du pouvoir soviétique à l'égard de toutes les religions a été négative, vers 1937, un tournant est esquissé avec un article de *la Pravda* critiquant Pokrovski pour n'avoir pas compris le rôle historique de l'Église orthodoxe de Russie.

Dès lors, il semble évident que la religion participera de ces grandes mutations qui ont déjà touché la patrie et la famille.

La situation religieuse est en fait fort complexe car les trois religions monothéistes pratiquées sur le territoire se subdivisent en de multiples groupes où dominent incontestablement les orthodoxes, lesquels se répartissent d'ailleurs en trois branches, dont la principale est l'Église orthodoxe russe.

Depuis toujours enracinée dans la tradition historique du peuple russe, liée totalement à lui, l'Église orthodoxe russe n'a pas à se soumettre à une hiérarchie extérieure comme le catholicisme et n'a donc pas de problème d'allégeance à une autorité étrangère au pays, ce qui est fondamental pour comprendre l'attitude des autorités, quelles qu'elles soient, à son égard. Tout au long de l'histoire russe, l'Église a été un pilier du développement de l'État plutôt qu'un instrument de résistance au pouvoir. De 1917 à 1940, si elle a vécu dans des conditions très difficiles, elle a réussi à survivre avec des structures clandestines, mais néanmoins solides, comme en témoigne sa renaissance en 1941.

A l'Église orthodoxe de Russie, s'ajoutent l'Église orthodoxe de Géorgie et l'Église arménienne grégorienne qui n'ont pas le même poids mais sont aussi autocéphales. Staline a beau être géorgien, il fait à l'Église de Géorgie la vie dure. Même au moment de la victoire, sa situation reste précaire alors que l'Église arménienne bénéficie des mêmes avantages que l'Église russe. Car Staline sait fort bien que l'Église arménienne qui a son centre à Etchmiadzine, en Arménie soviétique, est le centre de ralliement de tous les Arméniens de la diaspora, notamment d'Orient : quand il traite avec elle, il traite avec tous les Arméniens de Syrie, du Liban et d'ailleurs, c'est-à-dire avec une élite intellectuelle qui tient alors bien des leviers de l'opinion.

En dépit des disparités, les trois Églises ne posent pas de problème : ce sont des Églises nationales, sans solidarités externes. Ce n'est pas le cas de l'islam. On comptait, en 1939, près de 25 millions de musulmans en Union soviétique, en majorité sunnites : s'ils ne sont pas tous pratiquants, ils se sont toujours sentis liés à la communauté islamique, à la *Umma* dont l'essentiel est en dehors de l'Union soviétique, communauté régie par une loi, la *Charia*, à laquelle obéissent tous les musulmans du monde. Staline craint que les musulmans de Russie soient d'abord musulmans, ensuite soviétiques.

Si le judaïsme est la troisième religion d'URSS, la communauté juive d'URSS est la troisième diaspora du monde.

Porteuse d'une puissante tradition, fortifiée sans doute par un tout aussi puissant antisémitisme ambiant, elle se heurtera presque toujours, et plus que toute autre religion, à une limitation de ses droits.

Quant à l'Église catholique, elle porte, aux yeux des autorités, la tare d'avoir son siège à Rome. Cette allégeance à une autorité supérieure à l'autorité soviétique est d'autant plus intolérable que l'Église catholique a toujours été une Église d'opposition (soutenant la cause polonaise entre autres avant la révolution). Les relations étaient à ce point dégradées qu'en dépit d'une communauté de 1 600 000 personnes environ, localisées dans les provinces occidentales, il ne subsistait plus, en 1934, que trois églises et chapelles dans toute l'URSS. Mais les annexions opérées en Ukraine subcarpatique, en Pologne, à partir de 1939, font passer la population catholique totale à 12 millions de personnes en 1945. Un rameau particulier de l'Église catholique, l'Église uniate, forte de 4 millions de fidèles en Galicie et de 500 000 en Ukraine subcarpatique, priant en slavon, obéissant au rite byzantin et restant fermement soumise à l'autorité de Rome, a toujours considérablement embarrassé le pouvoir soviétique dont la préoccupation principale a été d'amener cette communauté ambiguë à rompre avec Rome et à se rattacher à l'Église orthodoxe.

Si les protestants, partagés entre luthériens, méthodistes, baptistes ne dépassent pas 3 millions en tout, ils n'en présentent pas moins pour le pouvoir l'inconvénient d'être liés à des usages multiples, sans racines dans la tradition nationale russe, d'autant plus fâcheux que certaines Églises, notamment les baptistes, ont une vitalité remarquable.

En réalité, malgré les persécutions, les Églises ont survécu et, à partir de 1941, elles vont se manifester à la faveur de la progression allemande qui conduit le pouvoir soviétique à adopter envers elles une attitude conciliante voire volontariste : ainsi, en septembre 1941, la Ligue contre l'athéisme, support de toute la politique antireligieuse, a été dissoute : on est entré dans une période de tolérance sinon de coopération à laquelle l'Église répond dès qu'elle y est conviée : en 1942, le patriarcat de Moscou publie *La Vérité au sujet de la religion en URSS*, édité sous la responsabilité de la hiérarchie orthodoxe et très largement diffusé, où il présente au peuple soviétique une nouvelle image des rapports entre l'État et la religion en ces termes : « Peut-on dire qu'il y a persécution contre la religion dans notre pays ? Ce ne sont pas exactement des persécutions. Simplement il faut dire que nous sommes revenus au temps des apôtres. » Bref, on essaie de part et d'autre de faire un bout de chemin l'un vers l'autre de façon que l'opinion soit plus sensible à la voix de l'Église.

Car l'Église a été dans cette période où l'Union soviétique se cherchait, où l'invitation aux ardeurs nationales pouvait difficilement être diffusée, où le Parti ne représentait plus grand-chose, le meilleur moyen de rassembler tous les sentiments nationaux. Ainsi, le métropolite Alexis qui se trouvait à Leningrad pendant le siège a joué le même rôle que Staline à Moscou, se montrant partout, appelant à la bataille : pour les Leningradiens, son nom est lié au siège de la ville. Sans doute ce concours n'a-t-il pas été acquis d'un seul coup. Pour une bonne partie de la hiérarchie, il était clair que les trop récentes persécutions témoignaient que le régime n'était pas acceptable, et certains dignitaires religieux ont hésité entre la loyauté envers le régime soviétique et la collaboration avec l'armée allemande qui avançait. Finalement, en dehors de quelques cas exceptionnels, le clergé orthodoxe a choisi de participer à la défense de la patrie.

Quand, malgré des positions mal définies, l'Église eut fait de grands pas vers le pouvoir pour contribuer à la défense de l'URSS, le pouvoir soviétique à son tour instaura une solution politique de coopération globale avec l'Église, lui donnant enfin une place légitime.

En fait, le temps fort de cette réconciliation entre religion et pouvoir fut atteint, après la bataille de Stalingrad, quand celui qui allait devenir patriarche de Russie, le métropolite Alexis, était accueilli par Staline au Kremlin et autorisé à tenir un synode qui a été considéré comme légal par les autres patriarcats orthodoxes du monde.

IV. La mise en question des structures du régime

Sous l'effet de toutes les grandes mutations, le pays tout entier bouge. Les structures restent. Le commandement allemand va les remettre en question. L'initiative cette fois ne revient pas au pouvoir soviétique mais aux Allemands qui y voient un habile moyen de déstabilisation. L'*Ostpolitik* consistait à « désocialiser » les territoires occupés par leurs troupes grâce à une grande réforme agraire qui remplacerait les kolkhoz par la petite propriété paysanne. Ainsi, en quelques années parviendrait-on, sans doute, à substituer à la mentalité collective une mentalité de propriétaires individuels, qui n'avait d'ailleurs jamais totalement disparu. Dans ce projet, cette politique, prenant valeur d'exemple, entraînerait un choc en retour et probablement un soulèvement dans les territoires non occupés. Le calcul n'était pas infondé en ce qui concerne la paysannerie encore mal remise des conditions de la collectivisation. Le programme connut un début d'application en Russie blanche où les kolkhoz saisis par les Allemands ont été démantelés, les paysans dotés de lopins de terre, petites propriétés individuelles restaurées dans leurs droits antérieurs à la collectivisation. Dans l'Ukraine voisine, l'exemple parut si séduisant que, pendant quelques semaines, toute la paysannerie ukrainienne collabora avec l'occupant dans l'espoir d'être à son tour libérée des kolkhoz.

Mais Hitler, d'emblée hostile à ce projet avancé par les militaires, affime que l'Union soviétique n'a pas à être transformée au nom de principes humanistes. C'est un grenier à blé qui doit rendre de la façon la plus efficace et puisqu'il existe des structures de production éprouvées, mieux vaut les garder que d'en expérimenter d'autres. C'est cette conception du grenier à blé qui, liée à sa propre vision d'une Russie peuplée de sous-hommes dont la fonction est de servir l'Allemagne, emporte la décision de Hitler. Dès lors, s'ajoutant aux atrocités des troupes allemandes en Russie, ce refus prévisible de la réforme agraire fait basculer à nouveau la conscience populaire en faveur du régime soviétique. Cette fidélité retrouvée est favorisée par l'attitude du pouvoir soviétique qui sut prendre des mesures revenant un peu vers le socialisme des années vingt ; 40 % du territoire, notamment les régions les plus riches, étant occupés, il fallait bien, dans les régions non occupées, inciter le paysan à livrer le maximum à l'État. Le meilleur stimulant consistait donc à encourager l'initiative paysanne.

Si le marché kolkhozien ne couvre que 15 % du marché de détail en 1938, il en représente 40 % puis 48 % en 1942-1943, progression extraordinaire qui explique le mal qu'on aura plus tard à essayer de ramener la paysannerie dans des limites plus raisonnables. Cette période a, en effet, réactivé un sentiment individualiste et un espoir de décollectivisation qui ont pénétré profondément dans la conscience populaire d'où, après guerre, la rancœur des paysans. Victimes de la collectivisation en 1930, relativement affranchis de ses contraintes entre 1941 et 1945, repris en main à partir de 1945, à la coercition s'ajouteront pour eux le sentiment d'une régression et les effets d'un choc psychologique qui aggraveront encore leurs relations avec le pouvoir.

V. Le père du peuple

La dernière grande transformation de cette période clé touche à l'image de Staline. Durant les purges, l'URSS a douloureusement pris conscience qu'il était le personnage central de l'Union soviétique. Il n'était pourtant pas évident, ni en 1930 ni même en 1935, que c'était lui qui gagnerait la bataille pour le pouvoir. Conscient de l'opposition, Staline n'avait-il pas dû renoncer provisoirement à éliminer Boukharine en 1937 ? Ce sera chose faite en 1938. Jusqu'alors, il était resté volontairement en retrait comme un arbitre. Certes, on lui imputait une partie du drame vécu par l'Union soviétique, mais pas la totalité : tous les successeurs de Lénine en partageaient les responsabilités. Ce n'est qu'entre 1938 et 1940 que son image relativement estompée s'affirme jusqu'à prendre son visage « historique » en 1945. A ce moment-là, Staline devient le père du peuple, au sens profond : traditionnelle autorité protectrice et tutélaire à laquelle le peuple russe a eu recours pendant des siècles jusqu'à la révolution.

Le phénomène est compréhensible compte tenu des conditions de la guerre. Dans l'effondrement qu'a connu le pays, Staline demeure parmi les Soviétiques, même s'il connaît des jours de désarroi. Quand le peuple voit qu'il ne bouge pas du Kremlin, que face à la menace de la prise de Moscou à l'automne il fait évacuer les administrations mais reste, il apparaît comme le protecteur. Il est fermement présent, assumant la totalité de l'effort de guerre. Sa politique conciliante à l'égard des républiques, des religions, des paysans gomme le souvenir du personnage terrifiant de l'époque terroriste, et renforce son image d'homme fort capable de tenir la barre dans la tempête, de diriger l'équipage et de partager son sort. Dès 1943, ce sentiment s'enrichit de la fierté nationale des Soviétiques. Il est celui qui a montré la puissance de son pays, sa capacité de résistance au monde entier, celui qui fait venir à Yalta ou à Téhéran, parce qu'il refuse de se déplacer, les grands chefs d'État mondiaux, celui qui symbolise l'union de tous les peuples, réconciliés, rassemblés autour de lui. Cette image est d'autant plus forte que chacun sait que contrairement à un certain nombre de dirigeants, Staline n'a eu, comme Lénine, qu'une seule passion : la passion politique, la passion de confondre sa vie avec celle de son pays tant il était hanté par le destin politique bien ou mal compris de l'URSS. Ce puissant attachement explique le sentiment de désarroi manifesté par les Soviétiques à la mort de Staline, désarroi qu'ils n'avaient jamais ressenti auparavant, ni pour Trotski, ni pour Boukharine, ni même pour Lénine qui partageait le pouvoir avec d'autres.

*
* *

Quel bilan tirer de cette période ? Faut-il y voir une décadence ou une renaissance ?

En réalité, si Staline a lâché du lest notamment dans le domaine familial et religieux, fait des concessions aux paysans, il n'a jamais renié les structures socialistes, à savoir la propriété collective des moyens de production, ce qui eût pourtant été fort opportun pour se concilier l'opinion. Certes, Staline a beaucoup cédé, mais jamais sur l'essentiel.

En revanche, là où il n'y avait que des populations hétérogènes hantées par leur passé, il a forgé un peuple, le peuple soviétique qui, bien qu'encore travaillé de problèmes nationaux, a un temps du moins le sentiment d'appartenir à une communauté.

5

L'URSS après la guerre

1945 ouvre pour l'URSS une période totalement nouvelle, caractérisée par de grandes transformations sur le plan interne et par un changement complet sur le plan international.

A. LA RECONSTRUCTION ÉCONOMIQUE ET NATIONALE

Pendant la guerre, et grâce à elle, on note un relâchement politique et idéologique certain : à l'atmosphère d'extrême terreur et aux relations politiques difficiles des années d'avant-guerre succède un climat de semi-liberté et de détente auquel s'ajouteront les effets euphoriques de la victoire de 1945. Le pouvoir tire une nouvelle force de son éclatante capacité à avoir surmonté les conditions effroyables où s'est trouvée l'Union soviétique au moment de l'invasion allemande. Les Soviétiques tirent quant à eux une légitime fierté collective de leurs efforts : l'Union soviétique semble être enfin une vraie nation solidaire et non plus un conglomérat fragile de nationalités mal réconciliées. A la fin de la guerre, c'est un peuple entier qui, dans les souffrances partagées, a le sentiment d'avoir gagné. Mieux : une masse de 200 millions d'individus est soudée autour de ses dirigeants. Le pouvoir naguère terrifiant s'est posé en instrument de cohésion et de défense de la nation proche du peuple soviétique. Du coup, on retrouve dans ces années une certaine acceptation populaire du pouvoir, analogue à ce qui existait au lendemain de la révolution de 1917.

Sur le plan international, enfin, l'URSS n'est plus une forteresse assiégée. Après vingt ans de solitude absolue, derrière les frontières d'États hostiles c'est une ceinture d'États amis qui l'entourent dont certains sont déjà dotés du système socialiste. Cette extension du camp socialiste qui met fin à l'isolement de l'URSS doit, espère-t-on, infléchir favorablement l'évolution du régime intérieur du pays.

Ces facteurs favorables ne détournent pas le pouvoir des urgences. Il s'agit notamment de récupérer l'ensemble des territoires occupés, en particulier des territoires qui avaient été annexés à la veille de la guerre, en 1938-1939, à savoir la partie occidentale de l'Ukraine et les provinces baltes, territoires où la collectivisation avait à peine été réalisée avant l'entrée des troupes allemandes en URSS en 1941. Le problème est d'autant plus délicat que ces régions jouissent souvent d'un système social différent de celui de l'Union soviétique.

Il s'agit aussi de « réintégrer » les citoyens soviétiques qui, durant la guerre, soit dans le cadre de l'armée Rouge soit en tant que prisonniers ou déportés, se sont trouvés hors de l'Union soviétique. Leur rapatriement n'est pas sans danger car leur expérience du monde extérieur les a rendus moins accommodants que leurs compatriotes.

L'Union soviétique doit encore affronter la reconstitution de son économie dans les domaines industriel et agricole et, sur le plan politique, la reprise en main de diverses fractions de la population qui lui échappaient : paysannerie, minorités nationales, intelligentsia.

A ces problèmes il faut ajouter la nécessaire reconstitution du Parti communiste qui a perdu de son autorité, et les querelles de personnes autour de Staline.

C'est dans le cadre de la restructuration du Parti et du règlement des conflits personnels que seront trouvées des solutions aux problèmes de l'après-guerre.

I. Le développement du pouvoir personnel de Staline

En 1945, l'homme qui portait la responsabilité de l'effondrement du 22 juin 1941 a disparu complètement des mémoires et nul ne s'interroge plus sur ses faiblesses en politique ou en stratégie. Il est le chef victorieux de l'Union soviétique, omniprésent et omniscient. La période du culte stalinien va atteindre son apogée en 1945 et, avec lui, l'affirmation de son autorité dans tous les domaines, au détriment du Parti même. Pendant la période de guerre, en effet, si Staline en tant que chef du gouvernement et du Parti a joué sur les deux hiérarchies, les décisions sont plutôt prises au nom du gouvernement qu'au nom du Parti. Il y a une nette désaffection à l'égard du Parti dont les organes semblent d'ailleurs se gripper anormalement au point que, pendant treize ans, le Congrès du Parti ne sera pas réuni.

De la même manière, les conférences régionales des organisations du Parti seront très rares, le plénum du Comité central n'aura pas lieu et il n'est pas très sûr que le Politburo lui-même ait été convoqué au complet. Certes, de nombreuses décisions ont été prises dans ces années au nom du Parti, mais on n'a pas d'indices précis quant aux conditions dans lesquelles elles ont été adoptées. Ainsi l'affaiblissement du Parti met-il en lumière le caractère personnel du pouvoir stalinien, jusqu'alors dissimulé par le mythe de la décision collective. D'où probablement les querelles de personnes qui se développent à l'ombre de Staline.

II. La reconstruction de l'industrie

Le premier objectif du pouvoir en 1945, la reconstitution de l'économie soviétique, comporte des difficultés très différentes selon que l'on considère l'industrie ou l'agriculture.

Dans le domaine industriel, les données sont d'ordre technique donc simples. L'industrie soviétique, secteur protégé, a payé son tribut à la guerre – mais la classe ouvrière ne lui a pas fait défaut et il n'y a pas eu de transformations dans les relations de travail. Enfin, nombre d'usines ont été évacuées. Ceci conduit à un redressement spectaculaire. Si, en 1947, l'industrie, malgré les efforts accomplis, a un niveau encore inférieur à celui de 1940, dès 1948 elle atteint les résultats de 1940 et, en 1952, elle les double. Ce progrès concerne essentiellement l'industrie lourde. S'il est pratiquement nul dans le domaine des biens de consommation cela résulte du choix fondamental fait par le pouvoir soviétique.

Le redressement industriel pose cependant un certain nombre de problèmes sociaux. Aux salaires bas, aux carences de toutes sortes, s'ajoutent de dramatiques difficultés de logement : non seulement les destructions ont diminué le parc immobilier, mais il a fallu loger des milliers de paysans réquisitionnés pour le redéploiement industriel. Ces conditions de vie déplorables sont d'autant plus durement ressenties par le peuple soviétique que l'après-guerre était pour lui synonyme d'espérance. De la victoire, de l'extension du camp socialiste, du relâchement de la période de guerre, il tirait en 1945 la conclusion que tout irait mieux ; que la révolution allait enfin porter ses fruits ; que les masses pourraient vivre et non plus seulement souffrir. La désillusion est telle que la situation, plutôt favorable entre 1941 et 1945, se dégrade en 1947-1948, entraînant bientôt le pouvoir dans l'engrenage des mesures de contrôle voire de répression dans le milieu industriel. La tension monte dans les rapports entre le pouvoir et les masses, d'autant plus que les prisonniers et les déportés de guerre reviennent progressivement. Les autorités chercheront par tous les moyens à « rééduquer » ces fâcheux témoins des facilités de la vie occidentale – toutes relatives en temps de guerre pourtant – avant de les renvoyer dans leurs foyers.

Au prix d'un effort énorme, dont découlent de vives tensions sociales, la reconstruction industrielle est considérée par le pouvoir comme une grande réussite.

III. Les incertitudes du secteur agricole

Le problème de l'agriculture se pose dans des termes beaucoup plus complexes. Ici, il s'agit moins de redresser l'agriculture que de « redresser » le paysan. En effet, non seulement la collectivisation de 1930 avait provoqué une durable baisse de la production mais suscité dans les campagnes une amertume, aggravée d'un côté par les conditions de l'occupation allemande et de l'autre par les vains espoirs nés du semblant de liberté qui avait ranimé un individualisme tenace.

L'échec de la politique agraire soviétique, le très médiocre rendement rural enregistré jusqu'à la mort de Staline sont d'autant plus préoccupants qu'ils pèsent aussi, en raison des difficultés d'approvisionnement, sur les relations entre le pouvoir et les masses urbaines.

En 1945, la population soviétique s'est accrue de 25 %, par suite des annexions territoriales. Malgré cette augmentation, la production de céréales de l'Union soviétique en 1950 ne dépasse pas le niveau très bas d'avant guerre. Quant au cheptel, il reste en 1950 entre 16 % et 18 % inférieur à ce qu'il était avant la guerre. Le reste est à l'avenant.

Une des grandes causes de cette dégradation tient au démantèlement partiel des kolkhoz soit – comme on l'a vu – du fait de l'occupant allemand, soit à l'initiative personnelle des paysans. Même là où cette structure a résisté, ces derniers, profitant du chaos de la guerre, ont pu s'approprier du matériel ou accroître leur lopin au détriment du kolkhoz qui a vu se réduire tout à la fois sa surface, ses moyens de production et bien évidemment l'assiduité des paysans qui privilégient plus que jamais leurs lopins individuels. On constate dans le même temps un développement paradoxal de l'administration kolkhozienne. De fait, à la faveur de la guerre, le « parasitisme » bureaucratique se développe. Une enquête révèle qu'en 1945 il y a un nombre considérable de nouveaux kolkhoz et un accroissement spectaculaire des effectifs de fonctionnaires qui se gardent d'intervenir dans la production mais émargent au budget de la collectivité dans l'indifférence totale des paysans qui y voient une garantie d'indépendance.

Appropriation du matériel et de terres, détournement de travail, développement du parasitisme, cette gabegie va de pair avec une absence quasi totale du Parti en milieu rural. Pour les autorités, il est temps de reprendre la campagne en main et ce sur tous les plans.

Le 19 septembre 1946, une résolution commune du Conseil des ministres et du Comité central du Parti décide de remettre de l'ordre dans l'agriculture, et en premier lieu de récupérer les terres et reconstituer la propriété kolkhozienne. On crée à cet effet le Conseil des kolkhoz présidé par Andreïev, un spécialiste des problèmes agricoles depuis qu'il a collectivisé le Caucase, et membre, pendant la guerre, du

Conseil pour la reconstruction des zones libérées chargé en 1943 de résoudre les problèmes spécifiques qui ne pouvaient l'être par les organes ordinaires. Son Conseil des kolkhoz jouit de moyens assez considérables, notamment d'un corps de fonctionnaires composé de membres du Parti et de techniciens supposés compétents.

Ainsi, en liaison avec les organes locaux du Parti, le Conseil des kolkhoz réussit-il en peu de temps à récupérer les quelque 5 millions d'hectares détournés des kolkhoz.

Le deuxième objectif du Kremlin est la création d'organisations communistes dans les kolkhoz. En général, il faut compter au moins trois communistes par collectivité. Or on s'aperçoit que dans la plupart des kolkhoz on ne trouve pas trois communistes. D'où un enrôlement *in situ* et, parallèlement, une tentative pour attirer les rares communistes ruraux vers les kolkhoz les plus défavorisés. On arrive ainsi à constituer, tant bien que mal, des cellules de base dans un certain nombre de kolkhoz. Mais quand on regarde les chiffres de près, on a l'impression que ce progrès du Parti à la campagne est plutôt dû au déplacement des communistes qu'à l'apparition de nouvelles vocations. Si bien que les liens entre ces cellules de base et les kolkhoz qu'ils sont chargés d'animer, d'encadrer, sont encore extrêmement faibles.

Pourtant, en 1948, grâce à cet effort de recrutement, un tiers des kolkhoz environ dispose d'une organisation primaire ; mais elle regroupe rarement plus d'une vingtaine de communistes.

Enfin, dernier objectif et non des moindres, il faut accroître la production agricole et donc régler au plus vite le problème des rapports entre la propriété individuelle du paysan et la propriété collective. En théorie, les kolkhoz doivent livrer à l'État des contingents déterminés à un prix très avantageux, qui atteindront des taux extrêmement bas dans la période de reconstruction. En pratique, les paysans répondent à cette obligation en renforçant le système favorisé par la guerre, c'est-à-dire en continuant d'écouler au prix fort leurs propres récoltes sur le marché libre et en travaillant le moins possible sur les terres kolkhoziennes. Cette persistance de la production privée conduit le pouvoir dans la voie d'une semi-répression : à partir de 1947, il commence par augmenter l'impôt sur le revenu que les paysans tirent de leur parcelle et décide que les paysans devront livrer à l'État non seulement la production kolkhozienne mais aussi une partie de leur propre récolte, de manière à réduire la part du marché libre.

En 1946-1947, le Conseil des kolkhoz crie victoire : la production agricole remonte. Ces bulletins triomphants seront pourtant vivement contestés par Khrouchtchev qui, dès son arrivée à Moscou en 1949, stigmatise l'échec de la politique agraire. Il s'était imposé depuis 1938 en Ukraine, s'illustrant notamment alors et dans les années 1944-1947 par les campagnes de collectivisation. Ainsi, considéré comme un spécialiste de l'agriculture, il va se lancer à l'assaut des théories d'Andreïev, offensive relayée le 19 février dans *la Pravda*. Le débat entre les deux hommes tourne autour de la question suivante : que favoriser, le *maillon* ou la *brigade* ?

Depuis 1939, pour Andreïev et ses collaborateurs, l'élément actif et productif du kolkhoz était ce qu'on appelait le *maillon*, c'est-à-dire un petit groupe restreint, qui se confondait souvent avec la cellule familiale. Cette structure semblait alors parfaitement adaptée à une agriculture arriérée, peu mécanisée, où l'initiative individuelle était l'élément premier du rendement. Dans la période de préparation à la guerre, période durant laquelle l'État cherche à se concilier l'ensemble des couches sociales et notamment les masses rurales, cette politique avait l'avantage de satisfaire les tendances individualistes du paysan.

L'article de *la Pravda* du 19 février 1949 affirmait que la politique menée jusqu'alors était erronée puisqu'elle avait pour effet de renforcer l'individualisme au détriment de l'esprit collectiviste. Le kolkhoz n'était plus ainsi qu'une juxtaposition de petits réseaux d'amitiés ou d'alliances familiales qui n'avaient rien de socialistes.

La Pravda soulignait en outre que dans un pays qui manquait autant de personnel compétent il était irrationnel de s'essouffler à encadrer des petites cellules de ce type au lieu de vastes *brigades* plus aptes à bénéficier du progrès de la mécanisation.

L'assaut conjugué de Khrouchtchev et de *la Pravda* conduisit à la recrudescence des contrôles à la campagne, mais aussi à la chute d'Andreïev et à la promotion de Khrouchtchev. Ainsi, derrière les problèmes techniques, les problèmes de personnes apparaissent.

Avec la chute d'Andreïev au printemps 1950, la théorie de la brigade l'emporte sur la volonté des paysans qui, face à ce durcissement de leurs conditions de travail, ne feront guère de zèle : jusqu'en 1953, la production agricole restera stagnante.

Quant au regroupement des kolkhoz, deuxième volet du contrôle des campagnes, tout milite en sa faveur. A leur grignotage, à leur prolifération et à leur émiettement favorisés par la guerre, s'opposent les impératifs techniques liés à la mécanisation et à la volonté politique d'un encadrement par le Parti.

Les progrès iront bon train. Le 8 mars 1950, Khrouchtchev publie dans *la Pravda* un plan de regroupement rationnel des kolkhoz. Un an plus tard, il y a deux fois moins de kolkhoz, mouvement qui ira se développant jusqu'en 1954. En 1950, on compte 252 000 kolkhoz, 121 000 en 1951, 94 000 à la fin de 1952 et environ 83 000 en 1954. Réduits au tiers par rapport à 1950, les kolkhoz en 1952-1954 sont dotés, pour la plupart, d'organisations primaires du Parti communiste. Ce qui ne signifie pas que le nombre de communistes à la campagne se soit considérablement accru – ils sont seulement mieux répartis.

En dépit de ces résultats, les débats sont houleux à propos de la politique de Khrouchtchev. La critique vient moins des communistes russes que de ceux de la périphérie. Derrière le débat sur l'agriculture, on discerne les problèmes nationaux et les querelles de personnes. Les discussions les plus âpres sont menées par Malenkov et par le bras droit de Beria qui est aussi le premier secrétaire du Parti communiste d'Azerbaïdjan et le musulman le plus haut placé dans la hiérarchie du PC de l'Union : Baghirov. Ce dernier dénonce le caractère précipité de l'opération de fusion des kolkhoz qu'il juge contraire aux intérêts de la production agricole.

Cependant, Khrouchtchev tente d'ajouter à la réforme agricole un troisième volet, exposé dans un discours repris par *la Pravda* le 4 mars 1951. Les kolkhoz étant regroupés, leurs membres sont appelés à construire pour leur usage des agglomérations quasi urbaines : les agrovilles. Ainsi arrachés à leurs isbas, maisons individuelles liées à la terre, les paysans seraient installés dans des immeubles collectifs et urbains. Les lopins privés subsisteraient néanmoins. Cette proposition soulève une opposition extrêmement violente au sein du Parti. C'est encore une fois de la périphérie, d'Azerbaïdjan et d'Arménie, que fusent les critiques les plus précises : Baghirov et Arioutinov mènent la polémique avec tant d'ardeur que *la Pravda* publie le 5 mars 1951 une petite note signalant qu'on avait oublié de préciser dans l'article sur les agrovilles que ce n'était qu'un « projet soumis à la discussion » et non une décision.

Au moment de cette polémique, Staline n'intervient pas. Ce n'est qu'en 1952 qu'il soutient à peu près directement le plan Khrouchtchev contre les paysans qui réclament que les kolkhoz puissent acheter les MTS (stations de machines et de tracteurs) et disposer ainsi de leur propre matériel, exigences contraires aux objectifs d'une collectivisation toujours croissante chers à Khrouchtchev. En se prononçant en faveur de la transformation des kolkhoz en sovkhoz, qui mettait fin, en réalité, à toute production privée, Staline indique aussi nettement son soutien aux projets de Khrouchtchev. En revanche, s'il ne l'apporte pas au plan des agrovilles, c'est essentiellement pour des raisons techniques : ce gigantesque programme de construction impliquait un effort supplémentaire pour un pays éprouvé et fatigué par des sacrifices énormes.

Malgré l'abandon du projet des agrovilles, le pouvoir estime qu'il a atteint son objectif de reprise en main du milieu rural : les paysans ont dû limiter leur production individuelle au profit des kolkhoz regroupés, et le Parti, jusqu'alors quasi absent dans les campagnes, a pu s'y implanter.

En revanche, sur le plan économique, l'échec est patent : chacune de ces mesures prises à l'encontre des paysans a ranimé chez eux un mécontentement presque aussi vif que les rancœurs nées avec la collectivisation. Leur passivité sabotera à tel point tous les plans soviétiques qu'au lendemain de la mort de Staline éclatera une discussion très large sur les difficultés du pouvoir à la campagne.

IV. Le pouvoir soviétique et les nations non russes

En 1945, le Kremlin doit affronter un autre vieux problème – le nationalisme des républiques – que la guerre a réactivé en le légitimant. En effet, l'URSS autant que l'Allemagne ont flatté ce sentiment. La première pour stimuler la résistance à l'occupant nazi, la seconde pour diviser le bloc soviétique en attisant les velléités d'indépendance.

Même si les territoires n'ont pas tous été occupés, partout il faudra les « réintégrer » au sein de l'URSS. La tâche est d'autant plus difficile que certains d'entre eux étaient à peine conquis, tout juste soviétisés au moment du conflit. Quelques-uns semblent même irréductibles tels l'Ukraine occidentale et les pays Baltes qui opposeront une lutte armée à l'URSS jusqu'en 1955.

L'une des raisons fondamentales de ces difficultés nationales d'après guerre réside dans la tactique contradictoire de Staline durant la période de guerre. En effet, tout en faisant appel à la fierté nationale de tous les peuples d'URSS pour lutter contre l'envahisseur, galvanisant ainsi des sentiments nationaux déjà très exacerbés, Staline magnifie durant la guerre le sentiment national russe et ira même après 1945 jusqu'à affirmer la primauté du sentiment national russe dans le supranationalisme soviétique.

En fait, depuis la mort de Lénine en 1924, l'Union soviétique a toujours été déchirée entre sa théorie égalitaire concernant les nations qui la composent et une pratique qui ne l'était pas. A partir de 1945, le déséquilibre s'accuse : dans son discours de la victoire du 24 mai 1945, Staline proclame que le peuple russe, élément moteur de l'effort de guerre, soutien essentiel de la défense, est désormais le premier des peuples soviétiques. Ainsi l'inégalité observée dans la pratique est-elle, dès lors, inscrite officiellement dans la théorie.

Staline ne fait d'ailleurs que concrétiser son vieux projet de fédération, exposé en 1922, selon lequel la Russie devait être le centre et le cerveau d'une fédération rassemblant tous les peuples d'Union soviétique autour d'elle. Cette conception s'étant heurtée à l'hostilité de Lénine, Staline y avait renoncé. Quand il l'exhume en 1945, il soulève une crise dans les territoires non russes. Chacun sent qu'on va leur reprendre tous les avantages concédés pendant la guerre. S'il est rare que la protestation s'exprime les armes à la main, elle se manifeste partout. Staline la combat par une répression administrative qui aggrave encore les relations.

Il commence par ce qui lui apparaîtra le plus légitime : l'épuration – ample tâche si l'on en croit la sinistre boutade qu'il lança vers 1943-1944 selon laquelle s'il fallait punir tous les collaborateurs, c'est l'ensemble des Ukrainiens notamment qu'il faudrait déporter.

Une opération de cette envergure étant inenvisageable, il va s'attaquer à des groupes nationaux moins importants mais nombreux, renforçant l'opinion dans l'idée de l'excellence du peuple russe, loyal, fort et cohérent face à l'indignité des non-Russes, traîtres, faibles et instables.

Au fur et à mesure de la libération du territoire soviétique, la répression s'abat ainsi sur des individus, des villages ou des kolkhoz en Ukraine, dans les pays Baltes. Peu de nationalités seront épargnées. Mais cette répression s'appesantira surtout cruellement sur sept petites nations dont les populations seront déportées, et les territoires supprimés : Tchétchènes, Ingouches, Karatchaïs, Balkars, Kalmouks, Allemands de la Volga et Tatars de Crimée, soit un total de plus d'un million de personnes. Si, après la mort de Staline, la plupart de ces groupes nationaux seront réhabilités et réinstallés sur leur sol natal, les Tatars de Crimée resteront déracinés et sans statut et les Allemands dispersés.

Quant aux Juifs, leur sort redevient très difficile après la guerre. Comme les autres groupes nationaux conviés à s'exprimer pendant la guerre, ils avaient pu s'organiser de manière à marquer la solidarité qui les liait à la communauté juive américaine, ce qui avait été fort profitable à l'URSS à l'époque. L'hostilité au judaïsme commencera à se manifester vers 1949 lorsque l'on interdit les publications et le Théâtre juifs. La fille de Staline, Svetlana Aliloueva, accusera même son père d'avoir organisé l'assassinat de Mikhoels, directeur du Théâtre juif. A partir de 1951-1952, l'hostilité se développe en un véritable courant antijuif et antisémite sous couvert de « lutte contre le sionisme et le cosmopolitisme ». En réalité, cette aversion envers la communauté juive se manifeste surtout plus tardivement et dans un autre contexte.

A cette répression administrative s'ajoute une répression intellectuelle qui est essentiellement un développement des attitudes antérieures. On a vu que le pouvoir soviétique avait, à partir de 1936, avancé l'idée que la colonisation des peuples non russes, loin d'avoir été une catastrophe pour eux, leur avait permis de jouir des acquis de la révolution. Après la guerre, cette conception des relations coloniales est encore améliorée. La conquête ne va plus être considérée comme un moindre mal pour ces peuples, mais comme un bienfait sans contrepartie négative. Non seulement elle les a conduits à la révolution, mais, avant 1917, à l'époque coloniale, elle les a arrachés à leur existence nationale qui n'était que tyrannie et arriération. Ainsi l'analyse historique soviétique d'après guerre tend-elle à réhabiliter le tsarisme dans sa fonction civilisatrice. En même temps, elle dépossède les non-Russes de tout leur passé historique et culturel décrété symbole de réaction.

Parallèlement, et c'est le dernier aspect de cette complexe politique de redressement national, les autorités encouragent l'ouverture du Parti aux non-Russes tant à la base qu'à la direction du pouvoir local d'où une théorique augmentation des effectifs. En réalité, eu égard aux transferts de population, notamment à l'installation de beaucoup de Russes et d'Ukrainiens dans les républiques, il est justifié de se demander qui rentre exactement dans les PC locaux : des indigènes ou des Russes transplantés ?

Quoi qu'il en soit, il apparaît clairement que la proportion de non-Russes dans les organes du pouvoir n'a pas varié : les postes fondamentaux, aussi bien ceux du Parti que de l'État, restent aux mains des Russes de façon continue dans cette période.

B. LE POUVOIR RENFORCÉ

I. La « jdanovchtchina ». Le pouvoir contre l'intelligentsia

Les années 1945 et 1946 ont été caractérisées par la poursuite des tendances « libérales » dans le domaine intellectuel. Dans ses *Mémoires*, Alilouev, le beau-père de Staline, fait très peu de place à son gendre. On est très loin de l'histoire officielle telle qu'on l'a pratiquée en URSS depuis 1938 dans l'*Histoire du Parti communiste* (b). De la même manière, l'ex-belle-sœur de Staline publie dans *la Pravda* des souvenirs de jeunesse où Staline est traité fort cavalièrement. Après cette accalmie, le climat va rapidement se gâter en 1946. Parmi les raisons de ce raidissement, il faut probablement invoquer la crise économique de l'été 1946 causée par une sécheresse extraordinaire. Le niveau des récoltes est tellement bas que, dès les moissons, il est clair que le pays court à la famine et donc tout aussi évident que la politique économique du pouvoir allait être critiquée, notamment dans les milieux de l'intelligentsia, tentés par la comparaison entre les effets de la politique planifiée soviétique et le modèle occidental. Si la crise économique ne détermine pas le raidissement à l'égard de l'intelligentsia, elle a du moins décidé sans doute le choix du moment. Le pouvoir saisit dans la crise économique l'opportunité de mettre fin à l'attraction occidentale à laquelle succombent trop d'intellectuels. Leur mise au pas empruntera de multiples voies. La première d'entre elles fut une attaque contre le Formalisme et le cosmopolitisme dont le signe précurseur est l'annonce de la création, le 1er août 1946, d'une revue nouvelle, *La Vie du Parti*, destinée, selon l'éditorial du premier numéro, à mobiliser le Parti contre la mollesse de l'opinion publique : à lui de veiller avec soin sur la vie intellectuelle, artistique, scientifique, en Union soviétique. Et s'il n'était pas assez attentif, la revue saurait remédier à l'insuffisance du travail des camarades dans tous les secteurs intellectuels. C'était donc un organe de contrôle dont on avait perdu l'habitude depuis plusieurs années, dont la vigilance d'ailleurs ne s'est jamais démentie depuis lors.

A la suite de ce coup de semonce plusieurs décrets vinrent réglementer la vie intellectuelle dans tous les domaines.

Le premier, annoncé le 2 août 1946, portait sur la réforme de l'enseignement à l'intérieur du Parti. Il s'agissait de favoriser l'émergence d'une couche nouvelle de communistes capables de réfuter intellectuellement les idées infiltrées de l'extérieur, de contrecarrer « la pénétration de la propagande étrangère ».

Le deuxième décret, paru au même moment, réglementait l'activité intellectuelle, c'est-à-dire qu'il prétendait remplacer le formalisme par un réalisme inspiré fondé sur un esprit de parti *(Partii nost')*, attitude conforme à l'enseignement marxiste-léniniste. Ce même texte fustigeait deux grands organes littéraires leningradiens, *l'Étoile* et *Leningrad*, accusés d'être les porte-parole d'idéologies occidentales. L'admonestation précédait l'exécution : *Leningrad* fut interdit le 14 août 1946 et *l'Étoile (Zvezda)* dut accepter un nouveau service de rédaction.

Ces décrets allaient être assortis d'une série de réformes épuratrices fort diverses. Des auteurs sont chassés de l'Union des écrivains. Les œuvres d'Akhmatova et du satiriste Zochtchenko sont prohibées. On regroupe sous l'accusation de formalisme des musiciens comme Chostakovitch et Prokofiev, des hommes de lettres comme Pasternak, des cinéastes comme Eisenstein.

Jdanov, l'homme qui monte, commence à sévir dans tous les domaines. Ainsi, au cours de l'été 1946, il convoque dans son bureau Prokofiev et Chostakovitch pour leur apprendre ce qu'est la musique communiste. Sur un piano, il tapote pour mieux illustrer les directives du Parti. Prokofiev a affirmé n'avoir jamais rien compris à cette brillante démonstration. En réalité, il semble que Jdanov ait été promu au rang de guide culturel sur la foi d'une rumeur confuse : « Jdanov est compétent en matière de culture. »

Cette campagne de dénonciation du formalisme, sinon bourgeois, tout au moins en voie d'embourgeoisement, est allée croissant jusqu'à la fin de l'année 1948, où à peu près tous les intellectuels de l'Union soviétique avaient été soit épurés, soit contraints à limiter leur activité, soit résignés à suivre le modèle imposé.

A partir de 1949, la dénonciation du formalisme est relayée par la dénonciation du cosmopolitisme, qui souvent recouvre une campagne antisémite.

L'anticosmopolitisme à tendances antisémites se développe dès la fin de l'année 1948 avec la dissolution du Comité antifasciste juif et l'arrestation de nombre de ses membres. Dès ce moment, les journaux soviétiques s'en prennent au « cosmopolitisme sans racines » qui vise surtout les intellectuels et les artistes juifs. Sans doute précise-t-on rarement qu'il s'agit de Juifs mais on ne manque jamais de signaler que derrière chaque patronyme russe se dissimule un nom juif et que Popov s'appelle en réalité Meyerovitch. Fidèle à son rôle de médiateur et de modéré, Staline y va d'une déclaration aux journaux : cette dénonciation des pseudonymes littéraires est fort gênante car elle peut être interprétée comme de l'antisémitisme, lequel n'a évidemment pas cours en Union soviétique.

Cette première campagne contre l'intelligentsia, accusée de formalisme ou de cosmopolitisme, a une signification assez claire : il s'agit de briser l'attirance pro-occidentale qui s'exerce dans tous les domaines de la vie intellectuelle en Union soviétique. Depuis 1945, il est vrai, l'intelligentsia s'était ouverte à l'extérieur, développant un intérêt considérable pour l'évolution occidentale à la faveur des quelques contacts et des informations favorisés par la guerre. Le pouvoir a donc essayé d'enrayer ce mouvement en refermant le monde intellectuel et artistique soviétique sur ses propres « sources d'inspiration », selon l'expression consacrée des articles de cette période. Pourquoi aller chercher des idées en Occident, alors que la culture et le patrimoine soviétiques sont infiniment plus féconds ? Les intellectuels n'ont pas été menacés dans leur personne physique, néanmoins leur repli forcé sur l'URSS a entraîné un appauvrissement de leur création et de leur production. Dans bien des cas, du moment que les coupables acceptaient de faire leur autocritique, de revenir à des « sources d'inspiration » populaires et nationales, l'affaire était réglée.

Cette campagne s'insère dans une politique plus générale de rupture de l'URSS avec le monde extérieur, laquelle vise tous les citoyens ainsi qu'en témoignent, d'une part, la décision prise en 1948 d'interdire les mariages entre Soviétiques et non-Soviétiques dans quelques conditions que ce soit, et, d'autre part, ces panonceaux installés dès 1946 à l'entrée de tous les villages où rentrent des prisonniers, mettant la population en garde contre les témoignages mensongers de ceux qui reviennent d'Occident et affirmant que la réalité soviétique sera toujours plus belle que les prétendues merveilles du monde occidental.

Entre 1946 et 1948, les universitaires subissent le même sort que les écrivains et les artistes, selon le même schéma : on les écarte de leurs fonctions mais on n'attente ni à leur liberté ni à leur personne. Là encore, le but est de remettre au pas et de contrôler une élite à qui la guerre avait permis de vivre de manière plus autonome.

Le scénario le plus courant consiste à monter quelque polémique intellectuelle habilement orchestrée à la faveur de laquelle on remplace les indésirables par des hommes liges plus conscients de leurs devoirs à l'égard du Parti.

La plus singulière de ces querelles tourne en 1950 autour de la linguistique avec le soutien actif de Staline qui écrivit dans *la Pravda* un article contre les théories du professeur Marr. Ce dernier étant mort depuis plus de quinze ans, il allait de soi que la cible principale de cette attaque était l'École de linguistique qui, en tant que fidèle défenseur des thèses de Marr, dut céder la place à l'école adverse selon le principe de rotation des cadres intellectuels si utile à la remise en ordre.

Le plus grave fut le débat autour de la biologie où Staline contribua à interdire en Russie la théorie de Mendel au profit des thèses du botaniste Lyssenko. Le motif est ici probablement économique, dans la mesure où, face à une situation agricole extrêmement difficile, le pouvoir soviétique pouvait espérer, en invoquant des théories scientifiques volontaristes, obtenir de la paysannerie un progrès tout à fait spectaculaire. En vain : l'autoritarisme stalinien aura eu pour seule conséquence de freiner le développement scientifique de l'URSS dans les secteurs fondés sur les travaux condamnés par le régime. En fait, les scientifiques semblent, tant bien que mal, avoir poursuivi clandestinement des recherches interdites sous le couvert de travaux officiels et conformes aux directives du Parti.

Après le monde des arts et des lettres, puis de l'université, le troisième champ d'application de la répression intellectuelle sera l'économie si dangereusement contiguë au domaine politique.

Le prétexte sera fourni par la publication, en 1946, du livre de Varga sur la situation politique et économique du monde capitaliste après la Seconde Guerre mondiale qui suscita un ample débat où sut efficacement s'exprimer l'hostilité du Parti : Varga fut mis à l'index et l'Institut de politique et d'économie mondiale qu'il dirigeait fut fermé. De fait, ses thèses étaient sulfureuses : selon lui, la crise du capitalisme n'était pas imminente ; les données avaient changé depuis la guerre. Le monde capitaliste était capable de promouvoir lui-même des transformations, des changements de structures sociales fondamentales et d'aller dans la direction du communisme sans crise politique profonde. Les conflits entre les deux systèmes n'étaient donc pas inévitables. Au contraire, l'intérêt de l'Union soviétique était dans la coopération avec le monde occidental.

Ces thèses auraient pu avoir des incidences considérables pour la politique extérieure et intérieure de l'URSS. En politique extérieure, il était évident qu'elles impliquaient la coexistence pacifique, une réconciliation entre l'Occident et l'URSS, au moins pour un temps. Sur le plan interne surtout, la détente à l'échelle internationale devait entraîner un assouplissement. Si la théorie de l'encerclement capitaliste, chère à Staline, n'était plus valide, il était clair que le régime soviétique ne pouvait plus se justifier dans ses formes dictatoriales.

Si, en dépit des sanctions prises à l'encontre de Varga, le débat se poursuit durant cette période entre économistes, en 1952, un peu avant le XIXe Congrès, Staline jette son autorité dans la balance avec son dernier ouvrage, *Les Problèmes économiques du socialisme en URSS*, dans lequel, tout en soutenant la thèse de l'imminence de la crise du capitalisme, il montre qu'il n'est pas totalement inconscient des changements survenus dans le monde. Néanmoins, jusqu'en 1953, la vision de Varga reste condamnée en URSS et la théorie soviétique officielle se rigidifie dans l'idée selon laquelle le capitalisme menacé par ses propres contradictions et le renforcement du système socialiste devient nécessairement de plus en plus agressif, de plus en plus menaçant pour le régime soviétique, lequel doit donc être particulièrement vigilant et ferme, tant en politique intérieure qu'extérieure.

A cet égard, ce cas est différent des autres débats intellectuels. Il ne s'agit pas seulement de mettre au pas des économistes; il s'agit plus profondément de justifier le régime soviétique dans les formes répressives qu'il maintient à l'intérieur et dans son attitude à l'extérieur.

II. Staline et le Parti

L'attention que l'on prête aux épurations et à la mise au pas des intellectuels en Union soviétique au cours de ces années ne doit pas dissimuler les difficultés que connaît le Parti. La confusion est telle que nul ne connaît exactement la hiérarchie du pouvoir en URSS à la fin de la guerre et que nombreux sont ceux qui hésitent sur le rôle de Staline : autocrate absolu ou chef d'une minorité au sein du Politburo ?

En 1948, le président Truman disait de lui : « Joe est un bon type, mais il est prisonnier du Bureau politique. » D'où vient cette image, chère au monde occidental, d'un Staline bonasse entouré d'une « mafia » d'ambitieux, probablement plus forts que lui et acharnés à obtenir sa succession ?

En fait, elle est largement fondée sur les querelles politiques de l'époque, elles-mêmes favorisées par le vieillissement de Staline et les divers problèmes au sein du Parti communiste lui-même.

Ceux qui ont rencontré Staline à ce moment-là, tel Djilas, témoignent que Staline insistait souvent sur son âge (« Je me fais vieux, j'en ai encore pour quelques années, mais c'est la fin »), laissant entendre qu'il pensait à la retraite, voire à la mort, image confirmée par la fille de Staline dans son premier livre dépeignant un homme vieillissant et malade, entièrement livré à Beria, ce qui ne correspond pas, semble-t-il, à la réalité. L'idée fait cependant son chemin, tant à l'étranger qu'auprès de ses collaborateurs, ouvrant tout naturellement le problème de sa succession.

Or les incertitudes à ce niveau sont à la mesure des problèmes que rencontre le Parti. Celui-ci, en 1945, émerge à peine de seize ans de crises qui l'ont tiraillé dans deux sens opposés. En effet, si la crise de 1929-1939 a contribué à couper le Parti de l'ensemble du peuple soviétique, celle de 1939-1945 naît au contraire du succès remporté par le Parti auprès des masses.

Le Parti sort donc transformé de la guerre, d'abord numériquement. En 1939, il comptait 2 300 000 membres. En 1945, il en recense 5 760 000 et, à la fin de la même année, plus de 6 millions. C'est précisément de cet afflux extraordinaire que naissent les difficultés : désormais pléthorique, le Parti est nécessairement hétérogène, d'où l'émergence de groupes distincts.

Le premier groupe, fort d'environ un million de personnes, est constitué de gens ayant adhéré avant la guerre et qui continuent de remplir les fonctions qu'ils avaient en 1939 dans les territoires non occupés.

Au deuxième groupe appartiennent près d'un demi-million de membres issus eux aussi du Parti d'avant guerre, mais originaires des territoires occupés, donc qui ont été évacués de ces zones, d'où le problème de réintégration après le retrait des troupes allemandes.

Le troisième groupe est formé des membres recrutés pendant la guerre, sur place, dans les divers territoires au fur et à mesure que l'occupation reculait. Ils représentent à peu près un million de membres dont, fait notable, 50 % de femmes qui ont assumé des responsabilités considérables qu'elles auront beaucoup de mal à céder ou à partager en 1945.

Le quatrième groupe, le plus important numériquement avec deux millions et demi d'individus, soit 40 % des effectifs du Parti, est composé de militaires intégrés dans le Parti tout au long de la guerre. Militaires de carrière ou hommes entrés dans l'armée, n'ayant le plus souvent jamais exercé de fonction civile auparavant, ils vont peser d'un poids considérable au sein du Parti.

Le dernier groupe enfin, extrêmement limité (50 000 membres), rassemble les dirigeants communistes des zones occupées qui, passés à la clandestinité, continuèrent de militer sur place.

Le premier objectif est donc bien évidemment d'intégrer toutes ces catégories hétéroclites pour en faire un Parti unifié afin que les uns et les autres ne constituent pas des corps particuliers à l'intérieur du Parti. Une étape consisterait notamment à réintégrer les militaires.

On se heurte là au problème de l'armée. En 1945, à la fin de la guerre, l'armée qui s'est si héroïquement battue jouit d'un prestige considérable : l'homme le plus populaire après Staline est Joukov, défenseur de Moscou, conquérant de Berlin, autour de qui toute la vie de l'armée, dont il est le chef de file, semble tourner.

Ce phénomène inquiète Staline. Certes, il n'y a pas de tradition de pouvoir militaire en Russie : elle a toujours été dirigée par des civils. En revanche, il y a un fâcheux précédent qui n'est pas sans analogie avec l'époque contemporaine. En effet, quand l'armée d'Alexandre 1er, campée en France lors des guerres napoléoniennes, a découvert des réalités sociales, des pratiques politiques différentes, des idées nouvelles, elle n'a pas manqué d'en faire état à son retour d'où, en 1825, le premier sursaut révolutionnaire russe (que les historiens et les dirigeants soviétiques ont toujours été bien embarrassés de situer). Au retour des troupes soviétiques ayant combattu en Occident, Staline a probablement redouté qu'elles ne jouent en 1945 le même rôle de détonateur politique que jadis.

Crainte des risques de fermentation, défiance à l'égard du trop prestigieux Joukov ou combinaison des deux, le fait est que Staline décide de ramener l'armée dans le sillage du Parti. Aussi, tout en continuant de célébrer les louanges de la glorieuse armée soviétique, on la place sous la direction du Parti. Décision qui n'est pas sans danger quand on se rappelle que celui-ci est désormais composé de 40 % de militaires. Au cas où Joukov aurait voulu se lancer dans un conflit politique contre Staline, il pouvait, grâce à sa popularité, s'appuyer sur près de la moitié du Parti. D'où la nécessité de priver l'armée de ses chefs.

En fait, dès le mois de septembre 1945, les plus prestigieux d'entre eux sont éloignés, mutés dans de lointaines provinces ou chargés de commandement dans les pays occupés, si bien qu'on finit par oublier leur nom.

Lors des cérémonies militaires, on ne convoque plus Joukov. Dès 1946, il ne se montre plus en public et, en 1948, le 4 mai, pour le troisième anniversaire de la bataille de Berlin, *la Pravda* qui commémore l'événement publie un article particulièrement remarquable par le fait que le nom de Joukov n'est même pas mentionné et que le plan de la bataille est attribué à Staline.

A partir de ce moment, toute l'Histoire sera réécrite : livres et manuels élimineront systématiquement les héros militaires. Cette tendance est si durable que *L'Histoire du Parti communiste*, sortie en novembre 1969 à Moscou, bien que conforme en tout point à la « ligne » de déstalinisation, reste fidèle à l'attitude adoptée par Staline dans le domaine militaire. Le chapitre consacré à la Seconde Guerre mondiale comporte très peu de noms de généraux soviétiques, et celui de Joukov n'est mentionné que deux fois et encore non pas pour son rôle dans la bataille de Berlin, moment décisif de sa carrière, mais pour quelques faits secondaires intervenus en 1943. Son nom n'apparaît que dans les listes alphabétiques englobant les généraux ayant contribué à la victoire. La leçon est claire : seul le soldat est un héros et, surtout, seul le Parti communiste a élaboré les plans militaires et assumé le commandement de l'armée.

Bref, malgré la « déstalinisation », cet ouvrage reste exactement conforme à l'historiographie stalinienne qui consiste à effacer le rôle des dirigeants, comme pour mieux démontrer que la Direction du Parti n'a jamais cédé la place, y compris en 1941. Qu'importe alors l'éclatant aveu fait par Staline en 1945 dans un moment de sincérité : « En fait, pauvre peuple soviétique, tu pouvais te demander en 1941 par qui tu étais dirigé. Tu avais tout lieu d'être en colère car nous n'avons rien su faire. »

En lui enlevant ses chefs militaires, le régime réussissait à démoraliser et démobiliser l'armée : elle restait seule comme un corps privé de tête. Désormais, elle ne risquait plus de jouer un rôle de contrepoids au pouvoir. Toutes ces habiles manœuvres ne parviennent cependant pas à homogénéiser ce parti pléthorique et hétéroclite si propice aux querelles de personnes et de tendances. Autant de groupes, autant de divergences possibles ; un même résultat : la dispersion.

De ces querelles qui agitent le Parti, nul ne sait si elles tournent autour de la succession de Staline ou si elles concernent des discussions plus fondamentales, un examen critique des lignes politiques. Elles sont en tout cas encouragées à la fois par le vieillissement de Staline et par sa volonté farouche de défendre son pouvoir. C'est d'ailleurs la thèse développée par Khrouchtchev au XXe Congrès dépeignant un Staline particulièrement méfiant et âpre auquel rien – eu égard au fonctionnement du Bureau politique – ne pouvait échapper : jamais il n'avait été plus attentif.

Staline saura très habilement tirer profit de cette situation confuse, en la parachevant : entre 1946 et 1952, il institutionnalisera un désordre permanent au Bureau politique, multipliant les commissions de toutes sortes pour mieux court-circuiter chaque service, contraignant chacun à intervenir dans les attributions d'autrui, mettant les dirigeants en rivalité. Khrouchtchev a beaucoup insisté sur sa constante volonté de diviser pour mieux régner, de manœuvrer pour mieux réorganiser.

Plus directement, Staline exerce une autorité tyrannique sur tous ses collègues. Ainsi, il commence par interdire à Vorochilov de participer pendant plusieurs années aux réunions du Politburo, puis l'en fit exclure, sous prétexte qu'il était membre de l'Intelligence Service. Un autre jour, contre toute habitude, il décide d'assister à la réunion de discussion du Plan annuel au Conseil des ministres. Il entre, s'installe sur le fauteuil présidentiel, saisit le dossier et lance : « Voilà. Qui est contre ? » Stupeur des ministres. Puis, sans reprendre haleine : « Parfait, personne n'est contre. Le Plan est adopté. Maintenant, allons voir un film. » Et ensuite il se tourne vers eux : « On les a bien eus. » Et Khrouchtchev, rapporteur de l'anecdote, d'ajouter : « Qui a eu qui ? » Certes, Staline est un homme vieilli, mais il est toujours omniprésent, omnipotent, despotique et nul n'ose s'opposer à lui. Dans ce climat, téléguidées ou non, les querelles s'intensifient et se succèdent, et dont on sait peu de chose sinon par Khrouchtchev. Mais ces règlements de comptes d'après-guerre sont si nombreux qu'ils nous échappent encore. Les archives ne les livrent que peu à peu.

Le plus célèbre nous est cependant connu : c'est la rivalité entre Jdanov et Malenkov qui ne s'éteindra qu'avec la mort de Jdanov. Depuis les années 1936-1938, tous deux grimpent régulièrement les échelons du Parti où ils jouissent d'appuis considérables. Si l'ascension de Malenkov est facilitée par les purges, il la doit surtout à son activité durant et après la guerre où il fut appelé à montrer ses talents d'organisateur.

Comme président du Comité pour la reconstruction des zones libérées, il fut ainsi l'homme le plus puissant d'Union soviétique après Staline. Entouré de Beria, de Mikoian et de tout un groupe d'hommes qui s'illustreront dans les querelles ultérieures, il est nommé en 1944 à la tête du Comité de démantèlement de l'industrie allemande, chargé des réparations de guerre.

Quant à Jdanov, il amorce sa carrière en 1934 en succédant à Kirov à la tête du Parti de Leningrad, poste qu'il occupera jusqu'en 1945. Nommé alors secrétaire du Parti, il gagne Moscou et devient le troisième personnage politique après Staline et Malenkov.

La conjoncture met donc les deux hommes en rivalité : Staline vieillit, sa disparition s'annonce. Et chacun est bien placé dans l'ordre hiérarchique pour lui succéder.

Dans l'« écurie » de Jdanov, on trouve Voznessenski, ancien collaborateur de Malenkov au Comité pour la reconstruction des territoires libérés. Sa fidélité indéfectible à Jdanov tiendra cependant à un passé commun au sein du Parti de Leningrad qui, malgré son démantèlement lors de la disparition de Zinoviev, reste aux yeux du Parti communiste d'URSS comme un symbole de la classe ouvrière et de la révolution, ce qui n'empêche pas Moscou de le considérer comme un foyer de dangereuse déviation. L'équipe Jdanov-Voznessenski s'appuie-t-elle sur l'organisation de Leningrad ? C'est difficile à dire, mais la méfiance de Moscou à l'égard de Leningrad reste vive.

En dépit de cette possible hostilité, l'équipe Jdanov-Voznessenski décide d'attaquer Malenkov dans le cadre de ses fonctions au Comité de démantèlement de l'industrie allemande, y dénonçant un gigantesque gaspillage. Mikoian, ancien collaborateur de Malenkov, chargé d'étudier la question sur place, rédige un rapport accablant qui conclut à la nécessité de remplacer ce comité par un groupement de sociétés mixtes qui s'implanteraient en Allemagne au profit de l'URSS.

C'est un coup extrêmement dur pour Malenkov. Désavoué par Staline, il perd et son poste au Secrétariat du Parti et sa présidence au Comité de démantèlement. Jdanov est donc désormais l'héritier virtuel, le deuxième personnage d'Union soviétique, à une époque où, pour la première fois, il n'y a pas de troisième homme. Tout semble joué. Tout bascule : Malenkov disgracié réapparaît à Moscou au Secrétariat du Parti en juillet 1948 et Jdanov meurt d'une crise cardiaque le 31 août, ce qui précipite la disgrâce de son équipe dont plusieurs membres disparaissent (Voznessenski, Popkov, Kouznetsov), la plupart relevant du Parti de Leningrad de près ou de loin.

Cette sévérité laisse-t-elle entendre qu'il y avait un mouvement d'opposition réelle derrière Jdanov ? On avança l'idée qu'en 1948, au moment du conflit avec Tito, Jdanov avait conçu le projet de s'appuyer sur l'organisation de Leningrad pour préparer une relève possible du pouvoir stalinien. Les témoignages sont trop peu nombreux pour accréditer cette rumeur, mais l'hypothèse suffit à expliquer la répression exceptionnelle qui s'abat sur les membres du Parti de Leningrad en une période où pourtant les purges sont moins féroces.

Fort de son triomphe et de sa position privilégiée juste derrière Staline, Malenkov reprend l'organisation du Parti en main selon un plan personnel caressé depuis fort longtemps. En fait, il réintroduit au Secrétariat du Parti le vieux schéma de 1930 supprimé en 1934. Le principe consiste à diviser le Secrétariat en autant de services qu'il y avait de secteurs d'activités économiques (industrie lourde, industrie légère, etc.) afin de mieux contrôler l'ensemble de la production nationale.

En 1934, tout cela avait été supprimé et remplacé par un Directoire dans la perspective d'une plus grande centralisation du pouvoir, et d'un contrôle plus effectif des nominations de cadres dans tous les secteurs de l'activité. Malenkov pensait au contraire qu'il importait moins de nommer les cadres que de superviser la totalité de l'activité économique.

Cette réorganisation aboutit à la suppression du Directoire des cadres et à la reconstitution d'un organisme qui, absorbé dans ledit Directoire, avait disparu : le Département d'agitation et de propagande (où se trouve encore Alexandrov, ancien ami de Jdanov) où va très vite s'imposer un homme nouveau, Souslov. Au fur et à mesure des problèmes à résoudre, le Département s'enrichit d'éléments extérieurs, dont Khrouchtchev, appelé pour ses compétences agricoles.

En fait, la rivalité future des années 1953-1957 est déjà

inscrite dans cette lente émergence de maints personnages qui seront les vedettes de la succession stalinienne et qui, pour l'heure, tandis que Malenkov est au premier plan, manœuvrent avec beaucoup d'habileté. Il en est ainsi de Khrouchtchev, qui n'est encore qu'un rouage secondaire en lequel nul n'a lieu de voir un héritier possible.

Malenkov infiltre la hiérarchie du Parti d'une kyrielle de ses collaborateurs immédiats à des postes clés dont personne ne semble mesurer l'importance. C'est d'autant plus judicieux que, depuis 1945, toutes les mesures tendent à rétablir l'autorité centrale en restaurant le contrôle du Parti sur l'ensemble du pays.

Au terme de cet examen de la situation entre 1945 et 1952, on peut se demander, d'une part, si Staline a fait preuve de cohérence en prenant ces mesures, et, d'autre part, si les luttes politiques auxquelles on assiste sont vraiment des querelles successorales ou bien des conflits plus profonds. Pour la première question, on peut penser que tout semble plaider en faveur de la cohérence. Staline se trouve devant un problème simple : l'Union soviétique, après 1945, connaît un certain nombre de tensions qu'il dénoue de manière brutale mais logique. Ainsi dans le domaine des nationalités sa politique de reprise en main consistait à frapper de manière exemplaire les nationalités les plus faibles, celles chez qui la répression ne risquait pas d'entraîner des réactions en chaîne. Il s'est bien gardé en revanche de s'en prendre collectivement aux Ukrainiens qui, bien que tous impliqués à ses yeux dans la collaboration, étaient le second peuple de l'URSS et pesaient d'un poids numérique et économique considérable.

Par ailleurs, tout en calquant sa démarche de 1945 sur celle de Lénine en 1917, il affiche le désir de s'en démarquer : Lénine avait, après la révolution, développé le Parti dont il était le fondateur, en même temps qu'il créait l'État soviétique. Staline, en 1945, crée une *nouvelle* Union soviétique, un *nouveau* parti. Le 15 mars, il transforme le Conseil des commissaires du peuple en Conseil des ministres, terme que Lénine abhorrait. Le 25 février 1946, l'armée Rouge se transforme en Forces armées de l'URSS, ce qui, symboliquement, est également très important. Enfin, au XIXe Congrès, en 1952, le Parti communiste bolchevik perd sa référence au bolchevisme et devient Parti communiste de l'Union soviétique tout court. C'est une rupture avec le passé et Staline est soucieux d'indiquer ostensiblement que ce pays, qui est arrivé à un stade nouveau, porte sa propre marque politique.

Sa volonté de faire de l'URSS l'Union soviétique de Staline encore plus que l'Union soviétique du Parti apparaît très nettement dans une réflexion qu'il fait en 1946, à propos du Parti. En référence à la distinction qu'avait toujours revendiquée Lénine entre les communistes et les autres, Staline interroge et répond : « Quelle est la différence entre les communistes et les autres ? Les uns appartiennent au Parti, les autres pas. C'est donc une différence purement formelle. »

Quant aux conflits de cette période, sont-ils personnels ou fondamentaux ? L'incohérence des diverses tendances que l'on retrouve (le fait par exemple que l'élimination de Voznessenski, critique de Varga, ne conduise pas à réhabiliter les thèses de Varga) suggère qu'il s'agit plutôt de querelles de successeurs. On ne voit pas très bien derrière ces questions de personnes les lignes directrices, le débat politique qui ont séparé ces hommes. On peut en tout cas supposer que ces querelles ont été tolérées par Staline et peut-être même encouragées par lui afin de maintenir l'équilibre du pouvoir. Étant donné sa puissance, le contrôle qu'il exerçait sur l'Union soviétique, la manière dont, en fin de compte, il a réussi jusqu'au bout à tempérer les diverses tendances, on a l'impression qu'il s'est joué de ces hommes qui luttaient pour la deuxième place derrière lui et non le contraire.

QUATRIÈME PARTIE

Naissance des démocraties populaires

1

L'Est européen en 1945

En 1939, au moment de la déclaration de guerre, Coulondre, ambassadeur de France à Berlin, disait à Hitler : « En déclarant la guerre, vous ouvrez la voie à Trotski, c'est-à-dire à la révolution mondiale. » De son côté, en 1934, au XVIIe Congrès du Parti communiste de l'Union soviétique, Staline avait dit : « On ne saurait douter qu'une Seconde Guerre mondiale aboutira à la révolution dans plusieurs pays d'Europe. » A partir de 1941, les risques d'une extension révolutionnaire à l'Europe deviennent une des préoccupations dominantes des Alliés qui transparaît dans toutes leurs négociations avec les Soviétiques. Si, entre 1941 et 1943, ils tendent à considérer que c'est un facteur un peu secondaire, toutes les négociations, dès 1943, montrent une inquiétude croissante : il faut à tout prix empêcher que la victoire soviétique débouche sur une extension du champ révolutionnaire.

Staline a d'ailleurs cherché à rassurer l'Occident en présentant, à la veille de la guerre et pendant celle-ci, une image de l'Union soviétique qui n'était pas exclusivement révolutionnaire. C'est ainsi que l'annexion des États baltes et d'une partie de la Pologne en 1939 avait été faite en référence aux *droits historiques* de la Russie et pas au nom de la révolution, encore que divers textes aient fait allusion à une reprise de la progression de la révolution mondiale.

Surtout, le 16 mai 1943, Staline, en dissolvant le Komintern qui passe aux yeux des Alliés pour l'instrument de la révolution mondiale, donne à ceux-ci un gage de sa volonté d'apaisement. Ce geste est ressenti comme tel, notamment aux États-Unis où certains journaux ont titré : « La dissolution du Komintern est plus importante que Stalingrad. »

Le diplomate américain George Kennan souligne que Roosevelt, hanté jusqu'alors par la crainte de la révolution, semble convaincu, à partir de 1943, que l'URSS va renoncer à ses aspirations révolutionnaires et à son destin révolutionnaire mondial. Pourtant, dès l'année 1944, la force de Staline s'affirmant, les Américains reprennent peur. Ils continuent cependant d'essayer d'inclure l'Union soviétique dans une intervention contre le Japon. Tandis que les Américains hésitent entre la méfiance à l'égard des Soviétiques et le désir de les attirer à leurs côtés contre le Japon, Staline serait, toujours selon Kennan, partagé entre deux préoccupations : d'un côté, la peur de voir apparaître un nouvel Hitler, d'où la nécessité d'assurer la sécurité de l'URSS sur ses frontières européennes ; et, de l'autre, la crainte à la faveur d'une extension de la révolution de voir renaître l'esprit de Trotski.

De fait, en 1944, une sorte d'humeur révolutionnaire gagne l'ensemble de l'Europe au fur et à mesure de l'effondrement de l'armée allemande, aussi bien en Europe occidentale qu'en Europe orientale. Mais, objectivement, ses chances de se concrétiser semblent plus réelles en Europe occidentale. Néanmoins, ce sont les pays d'Europe orientale qui deviendront des démocraties populaires dans des conditions surprenantes : malgré la réceptivité des milieux populaires, des masses ouvrières et des anciens groupes de partisans au ferment révolutionnaire, c'est du sommet – par le Parti et sous le contrôle de l'armée Rouge – que se feront les révolutions.

Reste à savoir pourquoi la révolution a pris à l'Est plutôt qu'à l'Ouest où elle avait plus de chance d'éclore, et pourquoi elle a préféré s'imposer par le sommet plutôt que sur une base parfois acquise.

I. Les facteurs favorables à la révolution

Sur le premier point, nombre d'hypothèses ont été avancées dont les deux plus classiques sont la proximité de l'URSS et la présence de l'armée Rouge. Certes, le facteur géographique est-il extrêmement important, mais il n'est pas tout à fait déterminant : des pays comme la Finlande, ou la Turquie, échapperont au mouvement tandis que l'Albanie, où le facteur géographique ne peut pas être invoqué, fera une révolution.

La présence de l'armée Rouge semble en revanche décisive. C'est particulièrement évident pour les pays vaincus en 1945, c'est-à-dire la Bulgarie, la Hongrie et la Roumanie (qui a changé de camp *in extremis*) et plus encore pour la partie orientale de l'Allemagne. Mais pas pour l'Autriche partiellement occupée. C'est vrai aussi pour les pays qui ont été libérés en priorité par l'armée Rouge, c'est-à-dire la Tchécoslovaquie et la Pologne. A l'inverse, l'Albanie et la Yougoslavie, où l'armée Rouge a joué un rôle second, ont fait des révolutions.

A contrario, les territoires qui ont été libérés par les armées alliées ont résisté à l'embrasement révolutionnaire. Encore qu'il y ait des cas un peu particuliers : ainsi l'aide alliée a-t-elle grandement aidé les partisans albanais et yougoslaves à s'emparer du pouvoir.

Plus déterminantes que la proximité géographique ou la présence de l'armée Rouge sont peut-être les relations internationales. L'Europe orientale, en effet, a été placée de 1918 à 1932 sous l'influence de la France et de la Grande-Bretagne, ascendant d'autant plus décisif que les deux grands pays qui, traditionnellement, pesaient sur cette région – l'Empire russe et l'Allemagne – se trouvaient, au même moment, dans un état de faiblesse exceptionnelle.

Cependant, le rôle français et britannique sera diversement apprécié selon le sort que les traités postérieurs à la Première Guerre mondiale aura réservé à chacun de ces pays, à savoir d'un côté ceux qui s'en sont satisfaits, telles la Tchécoslovaquie, la Pologne, la Roumanie et la Yougoslavie, et, de l'autre, ceux qui s'estiment lésés et tiennent donc la France et la Grande-Bretagne pour responsables de leur situation, d'où des germes de crise.

A partir de 1933, la situation bascule : on assiste à la remontée politique de l'Allemagne nationale-socialiste et de l'Union soviétique et, parallèlement, au déclin très net du prestige de la France et de la Grande-Bretagne, accentué par leur impuissance à résoudre, même dans les premiers temps, les difficultés de l'Europe orientale et, plus tard, en 1938, par leur incapacité à empêcher le démembrement de la Tchécoslovaquie. Seule l'Union soviétique s'élèvera contre les accords de Munich ; seule elle tentera, verbalement du moins, de sauver la Tchécoslovaquie. Enfin, en 1940, avec l'Italie, c'est une troisième puissance qui, s'ajoutant à l'URSS et à l'Allemagne, s'impose dans la région.

En 1945, l'Allemagne et l'Italie étant vaincues, la France et la Grande-Bretagne étant exsangues, l'Union soviétique restera la seule bénéficiaire de sa victoire sur les uns et de la constante perte de prestige des autres, observée depuis 1918. Sa position privilégiée en Europe orientale lui permettra d'exercer une influence capitale sur des pays que leur histoire, entre 1918 et 1945, rend plus ou moins perméables.

II. La tradition politique de l'Est européen en 1918

Issue en 1918 de la dislocation d'un empire multinational, cette Europe orientale constitue alors une prodigieuse mosaïque : pas moins de douze nations importantes, soit au minimum 110 millions de personnes réparties de surcroît en plusieurs groupes ethniques : le groupe slave qui comporte sept nations (polonaise, tchèque, slovaque, slovène, croate, serbe, bulgare) ; ensuite les Hongrois, les Roumains, les Albanais ; puis des minorités turques et grecques, et enfin d'importantes minorités allemandes.

A la difficile coexistence de si nombreuses nations dans une région restreinte, s'ajoutent donc les tensions nées des minorités nationales vivant à l'intérieur de chaque État, souvent dominées par des groupes centralisateurs et hostiles à leurs droits. Ainsi les Tchèques en Tchécoslovaquie ou les Serbes en Yougoslavie se sont-ils révélés plus dynamiques que les autres groupes nationaux de leurs pays, prenant la direction des affaires politiques et tendant à confondre leur sentiment national serbe avec le patriotisme yougoslave. De même pour les Tchèques en Tchécoslovaquie. D'où une source de rancœur extrêmement profonde pour les autres groupes.

Mosaïque de nationalités, ces territoires sont encore divisés par la pluralité religieuse qui tend à accroître les fractures nationales. La ligne de partage entre le monde catholique romain et le monde orthodoxe qui passe à l'intérieur de l'Europe orientale et à l'intérieur des nations elles-mêmes contribue à diversifier les tendances politiques et à orienter un certain nombre de choix, interdit toute cohésion nationale et ruine même toute idée de grands regroupements supranationaux : il n'y a pas de regroupement slave possible dans la mesure où certains Slaves sont catholiques, d'autres orthodoxes. L'État serbe reste toujours écartelé entre les Serbes orthodoxes, les Croates et les Slovènes catholiques. Et la Pologne catholique sera toujours hostile à la Russie orthodoxe et à la Prusse protestante.

A côté des chrétiens d'obédiences diverses, il faut encore compter les musulmans, héritage de l'Empire ottoman, que l'on retrouve en Albanie ou parmi les Slaves de Bosnie, de Macédoine, de Bulgarie. Enfin, il y a une communauté juive dont la présence suscite partout un très fort mouvement antisémite.

Divisés par les antagonismes religieux et ethniques, les pays partagent néanmoins le même sort : un quasi-sous-développement lié à des structures socio-économiques archaïques et à une écrasante prépondérance des activités agricoles : jusque dans les années trente, 50 % à 80 % des populations appartiennent à la paysannerie.

Sans doute trouve-t-on quelques exceptions : la Tchécoslovaquie tout entière, la partie occidentale de la Pologne, certaines grandes cités comme Budapest, Zaghreb, Belgrade sont largement industrialisées mais ce ne sont que des îlots perdus dans cette mer paysanne. Juxtaposant de grands domaines appartenant à des propriétaires richissimes et de toutes petites parcelles insuffisantes pour faire vivre les familles, cette agriculture est techniquement arriérée : sous-équipée, ses rendements, faute de moyens, sont particulièrement bas alors même que la densité de population dans les zones de terres arables est extrêmement forte et préoccupante : jusqu'en 1945, d'une façon constante s'impose la criante nécessité d'une réforme agraire. Seule la Tchécoslovaquie, déjà industrialisée et qui a donc diversifié ses moyens, l'a compris, bien qu'en Slovaquie la réforme agraire traîne.

Sans doute, à partir des années trente, l'Europe orientale, aidée par une pénétration du capital étranger qui relève souvent d'un esprit colonisateur, s'engage-t-elle dans la voie d'un développement industriel assez rapide par rapport à son retard, mais en 1940 elle reste encore très loin derrière les sociétés occidentales, y compris la Tchécoslovaquie. Néanmoins, ce progrès industriel crée, d'un côté, une bourgeoisie puissante qui se confond avec le pouvoir politique et, de l'autre, un prolétariat hanté par la misère de la paysannerie à laquelle il vient tout juste de s'arracher et encore trop divisé par les clivages nationaux et religieux pour se regrouper efficacement en syndicats. Peu nombreux, récent et inorganisé, ce prolétariat, sauf encore une fois en Tchécoslovaquie, pèse bien peu sur la vie politique par rapport à une paysannerie pléthorique, travaillée par des aspirations communes et une rancœur qui expliquent très largement l'existence d'un climat révolutionnaire en 1945.

En réalité, à bien des égards, le tableau social que présente l'Europe orientale de 1945 rappelle celui de la Russie prérévolutionnaire. C'est peut-être une des raisons pour laquelle cette région est le terrain privilégié des menées de l'Union soviétique : elle correspond à ce que les bolcheviks ont connu, aux problèmes qui se sont posés à eux, beaucoup plus que la situation dans les usines de Turin ou d'ailleurs.

Le tableau des traditions politiques n'en présente pas moins une grande diversité et, avant 1918, on pouvait déjà distinguer une quadruple influence politique.

– L'influence ottomane toucha pendant plus de quatre siècles une part importante des peuples de la région. Les Serbes, les Roumains et les Bosniaques la connurent jusqu'en 1878 et les Albanais pratiquement jusqu'à la guerre de 1914. Malgré un régime assez favorable aux chrétiens orthodoxes, les quatre siècles de despotisme de l'Empire ottoman avaient largement nourri les aspirations nationales.

– L'Empire russe de son côté voulut jouer à l'égard des Slaves le rôle de troisième Rome et exerça un pouvoir autoritaire sur la plupart des pays qu'il a dominés. Seule la Pologne a bénéficié d'un régime un peu plus privilégié grâce aux réformes de 1860 qui introduisirent un certain degré d'autonomie locale.

– La troisième tradition, celle de la Prusse, tout aussi autoritaire, a pesé, elle, sur une large portion de la Pologne incorporée à la partie protestante de la Prusse et dépourvue de toute forme d'autonomie. Les Polonais qui habitaient cette région furent, de loin, les plus défavorisés des Polonais soumis à des régimes étrangers divers. Ils se heurtèrent non seulement à l'autorité politique prussienne mais plus encore au pouvoir religieux des protestants. L'Église catholique joua, là encore, un rôle fondamental pour entretenir un profond sentiment national.

– Enfin, parmi l'éventail de ces différentes formes de domination, l'Empire austro-hongrois incarne la version la plus libérale ou, en tous les cas, la moins autoritaire, surtout dans la partie autrichienne de l'Empire. L'Empire austro-hongrois a accordé, en effet, un droit de large participation politique aux Polonais et plus encore aux Hongrois.

Ces différentes traditions interfèrent les unes avec les autres et parfois sur le territoire d'une seule et même nation. La Pologne a ainsi connu trois formes de domination étrangère avec une liberté relative sous la puissance austro-hongroise, des ouvertures timides sous l'emprise de la Russie et une absence totale d'autonomie sous le règne prussien. Après 1918, la Pologne reconstituée hérite donc de trois traditions politiques différentes pour une seule nation, trois approches divergentes de la liberté, trois visions contrastées du problème de la démocratie. Chaque nation et chaque nouvel État de l'Europe orientale de 1918 aborde ainsi la vie politique selon un passé et des approches dissemblables selon le régime et le degré d'autonomie qu'ils ont connus avant l'indépendance.

Dans la partie autrichienne de l'Empire austro-hongrois auquel étaient rattachés les Tchèques et les Slovènes, un certain esprit constitutionnel s'est développé, notamment depuis l'introduction du suffrage universel en 1907. Les nationalités intégrées à la partie hongroise de l'Empire ont été, au contraire, totalement privées de l'accès à la vie politique et de toute expérience constitutionnelle.

De leur côté, les pays libérés de la domination ottomane se sont vu attribuer des Constitutions au moment de leur indépendance mais celles-ci n'ont guère été appliquées dans les faits. Seule la Constitution de 1879 en Bulgarie présente des aspects démocratiques, d'ailleurs assez limités.

S'opposent ainsi les nations qui, au moment de la renaissance des États, ont un véritable passé historique et politique et les nations sans passé historique. Dans le premier cas, on peut principalement ranger les Polonais et les Hongrois car leur tradition politique et leurs structures sociales différenciées leur confèrent un statut de nations modernes. La conscience politique y progresse vite. La bourgeoisie y occupe le pouvoir politique et tente, tant bien que mal, des expériences démocratiques. Dans le second cas, celui des nations sans histoire constituée, l'absence de différenciation sociale marque, au contraire, profondément la forme du pouvoir dans la période qui suit l'indépendance politique. Si ces nations évoluent selon des voies divergentes de 1918 jusqu'au début des années trente, elles s'engagent souvent ensuite dans la voie des régimes autoritaires. L'échec du régime démocratique qui leur avait été imposé de l'extérieur constitue une donnée fondamentale pour comprendre les choix de ces pays après 1945.

III. L'évolution vers des systèmes autoritaires entre 1918 et 1945

Vingt années de libre existence nationale n'ont pas confirmé l'évolution de l'Europe orientale vers la démocratie, au contraire. Hormis la Tchécoslovaquie, l'évolution politique des autres États-nations témoigne d'un échec du système démocratique en raison, sans doute, de l'absence ou de la faiblesse des traditions politiques. Aux conflits sociaux qui n'ont cessé de se développer, il faut ajouter les difficultés économiques et l'instabilité extérieure. Pour les vingt années de leur existence, les nations nées ou réorganisées en 1918 ont été le champ clos de toutes les rivalités internationales. La sécurité, pourtant garantie par les traités de paix, ne fut jamais assurée. L'Europe orientale fut la zone d'expansion privilégiée des nouveaux systèmes idéologiques, de l'influence du système allemand ou du système italien. Cet ensemble de convoitises, l'incapacité des puissances victorieuses de 1918 à assurer une vie politique normale à ces nations expliquent en très large partie l'échec des régimes démocratiques.

Partout, cet échec a suivi le même itinéraire. L'Albanie est dominée dès 1928 par un régime de monarchie absolue sous le règne du roi Zoghu. En Yougoslavie, sous le coup des oppositions internes entre nationalités et notamment de l'hostilité des Croates envers la centralisation serbe, le régime se transforme en régime autoritaire à partir de 1928. La Bulgarie, la Roumanie et la Pologne ont connu quelques années démocratiques puis les chefs d'État ont orienté leur pays vers une solution de plus en plus autoritaire, que cela soit le roi Carol en Roumanie, le roi Boris en Bulgarie ou Pilsudski en Pologne. En Hongrie, si l'amiral Horthy maintient certaines formes démocratiques (existence d'une opposition), l'évolution, sur le fond, est analogue aux autres pays.

Seule la Tchécoslovaquie échappe à l'évolution générale. Elle parvient à préserver son régime démocratique jusqu'au bout, jusqu'au moment où elle sera dépecée. Cependant, la propre structure de son État est une source de faiblesse, l'unanimité n'étant pas réalisée autour de la forme du régime. Les problèmes des minorités et celui, en tout premier lieu, de la minorité allemande, conduiront à la désintégration du pays. Quant à la minorité slovaque qui n'accepte pas la domination tchèque, elle s'organisera en régime de type fasciste dès qu'elle sera libre de pouvoir le faire.

Dans ce contexte général déjà très lourd, la guerre aggrava encore une évolution bien avancée. Mais les choix des années de guerre furent largement liés au problème des constructions nationales issues de 1918 et aux transformations politiques de l'entre-deux-guerres. Surtout, ils annoncent ceux de 1945.

Ainsi, certains États disparaissent (Tchécoslovaquie, Pologne et Yougoslavie) soit par annexion (Pologne), soit par division entre une partie annexée et une portion qui survit à travers un régime de tendance fasciste (Slovaquie, Croatie). D'autres États se retrouvent aux côtés de l'Allemagne et, à ce titre, maintiennent des gouvernements autonomes comme ce fut le cas pour la Hongrie, la Roumanie et la Bulgarie. Ils parviennent même à agrandir leur territoire respectif au détriment de leurs voisins et en profitant de leurs malheurs. Ils annexent des régions réclamées depuis 1918. La Bulgarie s'agrandit aux dépens de la Grèce et de la Yougoslavie, la Hongrie aux dépens de la Roumanie, de la Tchécoslovaquie et de la Yougoslavie et la Roumanie aux dépens de l'Union soviétique après la rupture du Pacte germano-soviétique.

La guerre se caractérise donc non seulement par une absence totale de solidarité entre les pays de l'Europe orientale mais aussi par de multiples changements de souveraineté territoriale qui bouleversent la situation de divers groupes nationaux.

La diversité est peut-être encore plus marquée si l'on regarde la nature des régimes politiques, les attitudes face à la guerre et les degrés de collaboration avec l'Allemagne. Les gouvernements nationaux fascisants slovaque et croate collaborent ouvertement avec l'Allemagne. Les Tchèques et les Serbes, qui n'ont plus de gouvernement, collaborent dans une certaine mesure et sans enthousiasme. En Pologne, la collaboration est pratiquement inexistante à l'échelon populaire, peut-être en raison de la forte tradition nationale.

La Roumanie, d'abord très hostile à l'Union soviétique, lutte aux côtés de l'Allemagne puis renverse la situation et se retrouve au dernier instant du côté des vainqueurs contre l'Allemagne. Si la Hongrie collabore à un degré moindre avec l'Allemagne, elle ne réussit pas à passer au bon moment du côté des Alliés et se retrouvera dans le camp des vaincus, au contraire de la Bulgarie qui suivit l'exemple de la Roumanie.

Enfin, l'attitude des résistances intérieures fut aussi très contrastée. Les partisans sont forts et nombreux en Yougoslavie et en Albanie, décidés mais moins heureux en Pologne, beaucoup moins présents dans les autres pays.

IV. Les partis communistes avant 1945

Le socialisme est apparu très tôt en Europe orientale, dès le XXe siècle. Mais, dès cette époque, il est aussi divisé entre les deux grandes tendances de la social-démocratie, la tendance occidentale qui évolue vers le réformisme et la tendance radicale qui rappelle l'évolution du Parti russe.

Dans les pays où existe une véritable classe ouvrière parmi les Allemands, les Autrichiens, les Tchèques, la social-démocratie de type occidental semble l'emporter alors que dans les pays où la population paysanne est demeurée majoritaire les tendances des partis marxistes sont infiniment plus radicales. Ainsi, au sein de l'Empire austro-hongrois si le courant réformiste a prédominé, il a dû lutter contre une aile gauche radicale et contre l'interférence de la question des nationalités. L'austro-marxisme se caractérise par la recherche d'une solution cohérente au problème national.

De son côté, le marxisme polonais a connu une histoire mouvementée. Avant 1918, il est représenté par le Parti socialiste polonais créé en 1892 et qui, après 1905, s'est divisé entre une fraction « révolutionnaire » qui veut donner la priorité au mot d'ordre d'indépendance nationale (Pilsudski figure parmi ses dirigeants) et une fraction de « gauche » qui demeure attachée à une forme de coopération avec la social-démocratie russe dans le cadre d'une autonomie nationale à l'intérieur d'une République russe. Enfin, en 1900, est fondé le Parti social-démocrate de Pologne et de Lituanie dirigé par Rosa Luxemburg et opposé à toute revendication nationale.

En 1918, le Parti communiste polonais est formé par la fusion du courant luxemburgiste et de l'aile gauche du Parti socialiste polonais. Son existence, cependant, est éphémère : il est divisé entre de multiples tendances et il est dissous en 1938 par le Komintern. En 1945, le communisme polonais, privé de la plupart de ses chefs qui ont été victimes des purges ou mis en prison en Russie, en Pologne ou ailleurs, a pratiquement disparu de la scène politique. Il a cédé les premiers rôles au Parti paysan ainsi qu'au Parti socialiste polonais – qui a survécu malgré le soutien initial apporté à Pilsudski –, avant de rejoindre l'opposition au régime autoritaire.

Tout autre est la situation du Parti communiste bulgare : il constitue probablement l'exemple le plus intéressant de l'Europe orientale à cette époque. Le marxisme bulgare était apparu en 1891 mais fut divisé dès 1893 entre deux fractions qui rappellent l'opposition entre bolcheviks et mencheviks au sein de la social-démocratie russe. Tandis que le courant dit « large » se rapproche de l'esprit réformiste du socialisme occidental, le courant dit « étroit » conduit par Dimitri Blagoev rejoint les positions du léninisme quant à l'organisation du Parti et des méthodes de prise du pouvoir, même si son évolution, parallèle à celle du bolchevisme russe, ne procède pas d'une pure imitation.

En Roumanie, le Parti communiste a d'abord été une juxtaposition d'organisations influencées par le marxisme russe mais doublées d'une forte coloration nationale. Cependant, dès le début, il est rapidement affaibli par l'intégration de minorités (Juifs) auxquelles certaines fractions du Parti s'opposent. Là encore, le problème national aura eu un effet de désintégration sur les organisations politiques susceptibles de s'opposer à la dérive autoritaire des régimes en place.

Après 1919, les partis marxistes rejoignent le Komintern mais continuent d'être affaiblis par le problème des minorités nationales si bien que, en 1945, après les événements de la guerre, le communisme dans les pays d'Europe orientale est en situation d'extrême faiblesse. En Roumanie, il est réduit à la taille d'un groupuscule et considéré comme antinational par les autres forces politiques. En Hongrie, il n'a jamais pu renaître après l'effondrement de la république de Bela Kun. En Albanie, malgré la présence de nombreux communistes, il n'existe aucun Parti communiste organisé. En Pologne, le Parti n'a pas pu se reconstituer depuis sa dissolution de 1938. En Allemagne, il n'existe que des organisations communistes clandestines.

Seules la Bulgarie et la Yougoslavie bénéficient de partis forts et structurés, populaires, qui attirent les masses paysannes mécontentes et réclament une réforme agraire. En 1945, c'est dans ces pays que les chances de mouvement révolutionnaire sont les plus importantes. En Tchécoslovaquie, enfin, le communisme a réussi à se maintenir comme force politique de premier plan. Partout cependant, les mouvements communistes ont été affaiblis par les purges staliniennes qui ont atteint les cadres et les chefs. Seuls certains d'entre eux, ceux qui ont survécu et sont réfugiés à Moscou, pourront resurgir en 1945. Les dirigeants communistes de Yougoslavie et d'Albanie qui conduisent les résistances intérieures sont, à cet égard, dans une position originale vis-à-vis de Moscou.

Au total, cette variété extrême de traditions et de situations politiques fait peser une lourde hypothèque pour la période qui s'ouvre en 1945 et pour les révolutions qui s'engagent.

2

Le processus révolutionnaire

En 1945, comme en 1918, le destin des pays de l'Europe centrale et orientale se décide en fonction de l'équilibre entre les vainqueurs de la guerre, beaucoup plus que selon la situation réelle des pays intéressés. A ce titre, l'évolution des pays de l'Est est inséparable de celle des relations entre Alliés.

I. Présence de l'URSS dans l'Est européen en 1945

En 1941, quand s'instaure l'alliance des puissances démocratiques contre l'Axe, les Anglais et les Américains ne sont pas particulièrement alarmés des exigences éventuelles de Staline, dans la mesure où les premiers désastres de l'armée soviétique montrent que l'URSS est en état de faiblesse. Tout juste présente-t-elle l'avantage d'ouvrir un second front. De plus, pendant deux ans, Staline s'efforce d'offrir à ses alliés l'image rassurante d'un pays qui songe à ses intérêts, à sa sécurité et non à la révolution. C'est dans cette perspective qu'il faut interpréter la dissolution du Komintern en 1943.

Toutefois, il est un pays pour lequel l'attitude de l'URSS est dès l'origine ambiguë ; c'est la Pologne. Dès 1941, s'adressant aux Alliés, Staline déclare clairement qu'il ne transigera pas sur la Pologne, dont la destinée future l'intéresse au premier chef. Il exige aussi que le problème des dettes de guerre soit posé de manière précise, alors que, pour les Alliés, la question paraît lointaine. A l'origine, d'ailleurs, la question polonaise inquiète peu ces derniers dans la mesure où l'URSS est faible. De plus, Staline la présente sous l'angle de la sécurité et des intérêts traditionnels russes. Il souligne enfin qu'en 1938, au moment des accords de Munich, la Pologne a empêché l'intervention soviétique en faveur de la Tchécoslovaquie ; de fait, le gouvernement polonais avait refusé aux troupes soviétiques le passage sur son sol.

Tout cela explique que, très tôt, Roosevelt – et non Churchill, qui restera toujours méfiant – considère que l'État soviétique n'est plus celui de la révolution de 1917, mais un État dont les ambitions d'après guerre ne dépasseront pas les aspirations légitimes d'une nation comme les autres.

La situation se modifie cependant en profondeur dans les années 1943-1944. Dès la victoire de Stalingrad, l'attitude de Staline se raffermit, ses ambitions dépassent les frontières de l'Union soviétique, sans encore poser le problème de l'extension de la révolution. Il se heurte une nouvelle fois aux Alliés au sujet de la Pologne. A partir de 1943, son ambition provoque chez ses partenaires une inquiétude croissante, bien que Roosevelt continue à conserver ses illusions. Cela conduira aux négociations extrêmement difficiles de Yalta, chacun essayant d'arracher quelque chose à l'autre.

L'historiographie classique attribue aux négociations de Yalta le partage de l'Europe et du monde ainsi que l'abandon d'un certain nombre de pays à Staline. Le problème semble très mal posé. A l'Est comme à l'Ouest de l'Europe, la situation de 1945 diffère totalement de celle de 1941. L'URSS apparaît à Yalta comme un pays militairement très puissant, comme le véritable vainqueur qui a décidé du sort de la guerre. Les Américains tiennent à rallier Staline aux opérations contre le Japon et sont en position de demandeurs. Par ailleurs, en ce qui concerne l'Europe orientale, l'URSS ne discute pas du sort de pays lointains, mais bien de territoires qu'elle occupe ou sur lesquels ses armées progressent beaucoup plus rapidement que celles des Alliés. En Europe occidentale, la situation lui est également favorable. En France et en Italie, l'agitation quasi révolutionnaire née des mouvements de résistance dans lesquels les partis communistes ont joué un rôle certain pose le problème de l'après-guerre en termes nouveaux : comment empêcher l'URSS de tirer avantage des positions que ses alliés occupent en Europe occidentale ? Comment la contenir là où elle est déjà installée, en Europe orientale qui, c'est clair, ne pourra que rester sous sa domination ?

De fait, l'armée Rouge est presque partout présente à l'Est. En Yougoslavie, elle engage même une course de vitesse avec l'armée nationale pour libérer Belgrade. Partout où existe une confrontation avec les armées occidentales, elle s'efforce d'arriver la première. L'URSS s'est également implantée politiquement en Europe orientale, dans les dernières années de la guerre, grâce aux partis communistes qui ont encadré ou ont utilisé les mouvements de résistance. En effet, en Yougoslavie, en Tchécoslovaquie et en Pologne, l'effondrement des États a entraîné celui des structures sociales ; dans les deux derniers cas, les Allemands ont anéanti les élites politiques et intellectuelles. Le Parti communiste semble seul capable de diriger une reconstruction rapide : le nouveau personnel politique se trouve dans les rangs des communistes, les premiers à être entrés en clandestinité et à avoir été persécutés.

Toutefois, à Yalta, l'URSS ne prétend pas transformer la structure sociale des pays européens qu'elle occupe ni créer des gouvernements identiques à celui de l'Union soviétique. Elle pose le problème sous deux aspects : la sécurité générale de l'Europe – il faut rendre impossible le retour de l'influence allemande ou de toute puissance dominatrice éventuelle – et la sécurité propre de l'URSS. Pour cela, elle veut dans les pays limitrophes des gouvernements « démocratiques », favorablement disposés à l'égard de la politique soviétique, l'ensemble constituant sa zone d'influence. La construction de Yalta viendra achopper sur ces revendications. La Pologne en constitue le problème premier et le plus grave.

L'historien qui observe l'évolution de la politique soviétique dans ces pays est amené à se poser deux questions. L'URSS avait-elle dès 1945 des idées arrêtées les concernant ? Quelle part tient la volonté de ces pays dans l'évolution qui les mènera à la situation de 1947 ? Ont-ils décidé eux-mêmes de leur sort, ou ont-ils été entièrement soumis à la politique des grandes puissances ?

II. Existe-t-il une typologie générale des révolutions ?

De nombreux travaux ont été consacrés à l'évolution révolutionnaire de l'Europe orientale. Certains partent d'une recherche cohérente et systématique de la stratégie soviétique dans la région depuis 1945. D'autres en revanche tentent d'établir une typologie. Les uns et les autres comptent des historiens et des politologues ; il est intéressant de comprendre leur interprétation et de constater que les uns et les autres sont arrivés à des conclusions à peu près semblables.

Les tenants d'une stratégie soviétique cohérente insistent à la fois sur l'intuition qu'aurait eue Staline de la voie sur laquelle entraîner les pays d'Europe orientale et sur l'apparition d'obstacles qui en ont constamment freiné la réalisation. Pour eux, Staline part du constat qu'il existe dans la plupart des pays européens une situation révolutionnaire mais que la révolution est rendue difficile par l'imbroglio des situations politiques nationales. Cela est vrai pour un certain nombre de pays de l'Est européen, mais pas pour tous. A ce premier obstacle s'ajoutent deux préoccupations majeures : le souci de ne pas heurter les Alliés, attentifs au caractère démocratique des régimes d'Europe orientale – souci qu'accroît la peur de la bombe atomique américaine, à partir de 1945 – d'une part ; la volonté d'arracher aux pays qui se sont trouvés du côté allemand les réparations les plus lourdes, rendues impératives par la reconstruction de l'URSS d'autre part. Or pousser à la révolution des pays qui doivent payer des réparations conduirait, au moins pour un temps, à affaiblir leur capacité de paiement. Leur conversion au socialisme rendrait difficilement justifiable une exploitation économique fondée sur l'hostilité passée.

Selon les historiens de cette tendance, ces raisons économiques et politiques auraient conduit Staline à freiner, au moins temporairement, les velléités révolutionnaires partout où existait un risque de rupture avec les Alliés, alors même que, selon lui, la révolution était possible.

D'autres historiens tentent d'établir une typologie des révolutions en Europe orientale et des moyens utilisés pour les faire triompher. Il faut pour cela admettre l'existence d'une stratégie révolutionnaire globale et initiale, présupposé le plus souvent implicite, rarement exprimé chez leurs auteurs. La majorité d'entre eux aboutissent cependant à définir trois phases révolutionnaires que l'on retrouverait dans tous les cas : d'abord, une coalition sincère et réelle entre partis communistes et nationaux, appartenant à l'éventail le plus large possible ; ensuite, une phase de coalition simulée, où existent encore des signes extérieurs d'union, mais qui ne fonctionne plus, les communistes contrôlant tous les rouages du pouvoir ; enfin, la phase du monolithisme où le Parti communiste aurait liquidé tous ses adversaires. On verra que, si certains pays ont effectivement suivi ce processus, il est loin d'être général.

La typologie des méthodes employées par Staline est d'une application plus générale. Le processus commence, selon les mêmes auteurs, par la nomination de communistes d'obédience soviétique ou moscovite aux postes clés – essentiellement le ministère de l'Intérieur et le commandement des armées – et par la constitution d'une police extrêmement puissante, noyautée par les communistes ; suivent l'élimination ou l'absorption des autres partis de front populaire ; le contrôle des éléments indépendants de la vie économique ; l'emprise graduelle des communistes sur tous les rouages de la vie politique et sociale.

Si certaines prises de pouvoir de la période sont éclairées par ces théories, d'autres ne le sont pas. Aussi bien, il faut distinguer, d'un côté, la Pologne, la Tchécoslovaquie, la Yougoslavie, qui cessent d'exister sous l'occupation allemande, de l'autre, les pays qui gardent une existence régulière et collaborent avec l'Allemagne.

Pologne, Tchécoslovaquie et Yougoslavie ont eu toutes trois des gouvernements en exil qui affirment la continuité de l'État, alors que ce dernier a en fait disparu, et à un moment où la société se modifie profondément en raison de la guerre – d'où la confrontation problématique des exilés et des résistants de l'intérieur. D'autre part, ces trois pays luttent aux côtés de l'URSS contre les Allemands, soit de façon autonome, comme les Yougoslaves qui se dotent de leur propre armée, soit par le fait d'une résistance locale. Pologne et Tchécoslovaquie ont constitué des unités dans l'armée

Rouge et ont connu des soulèvements nationaux qui laisseront un souvenir extraordinaire, au-delà de fonctions et de résultats différents.

III. La révolution en Pologne

La Pologne est le premier pays à être entré dans le champ des préoccupations soviétiques. Alors qu'il avait adopté une attitude plutôt conciliante à l'égard des Alliés pendant les années les plus dures de la guerre, dès 1941 Staline s'interroge sur l'avenir de la Pologne et sur le tracé de la frontière polono-soviétique, qui conditionne la sécurité de l'URSS. Politiquement, il sait que la guerre n'a rien modifié de l'hostilité fondamentale des Polonais à l'encontre de la Russie soviétique et que, quel que soit le régime, il sera difficile de trouver un gouvernement amical envers l'URSS sans de solides garanties des Alliés. Ces derniers, et surtout les Anglais, qui ont des contacts suivis avec le gouvernement polonais en exil, sont conscients de l'existence d'un problème historique d'« incompatibilité d'humeur » entre les deux nations, pratiquement insoluble. Entre 1941 et 1945, ils cherchent à obtenir de l'URSS des concessions mais doivent affronter une situation de plus en plus complexe en Pologne où trois forces politiques concurrentes sont en présence.

Compte d'abord le gouvernement polonais en exil, dirigé par Sikorski puis, après sa disparition en 1943 dans un accident d'avion, par Mikolajczyk, le leader du Parti paysan, profondément antisoviétique. Le gouvernement en exil est hanté par l'idée nationale et l'exprime par une méfiance égale à l'encontre des deux ennemis héréditaires de la Pologne, l'Allemagne et la Russie, sans que la guerre ait apporté une quelconque modification. Sikorski, comme Mikolajczyk, considère qu'avant la fin de la guerre et quelle qu'en soit l'issue, les Polonais doivent obtenir des Alliés des garanties contre les exigences futures de Staline. Le gouvernement en exil exerce une pression constante. En 1945, Churchill dira à Mikolajczyk : « Au fond, ce que vous souhaitez c'est que nous déclarions la guerre à l'Union soviétique ; vous ne vous rendez pas compte que cela aboutirait à la mort de 25 millions de personnes. Il n'en est pas question. » En effet, Mikolajczyk espère un temps que la situation polonaise pourra être redressée par un conflit. Il faut avoir conscience de cette arrière-pensée pour comprendre la résistance qu'il opposera jusqu'au bout aux compromis qu'on lui propose.

Au début de la guerre, le gouvernement en exil entretient des relations diplomatiques avec l'URSS. Elles se distendent dès 1942, puis se rompent après la découverte des charniers de Katyn et l'envoi d'une commission d'enquête allemande. Le gouvernement soviétique s'estime alors personnellement atteint par l'émotion polonaise et met sur pied une seconde force politique : l'Union des patriotes polonais, fondée en URSS par Wanda Wasilewska et qui deviendra le noyau du gouvernement de Lublin. Dès 1943, les Soviétiques décident de ne plus reconnaître le gouvernement en exil de Londres : les Alliés sont alors en désaccord absolu sur le choix du gouvernement considéré comme représentatif.

La troisième force politique enfin résulte d'une résistance intérieure importante, profondément nationaliste, reconnue par le gouvernement émigré de Londres. Le sentiment antisoviétique y est aussi fort que le sentiment anti-allemand, même après 1941.

En 1942, l'URSS engage avec les Alliés des pourparlers sur deux points. Le premier concerne la délimitation de la frontière avec la Pologne. Elle propose d'indemniser cette dernière par des territoires pris sur l'Allemagne, ce qui confortera pour longtemps l'inimitié entre la Pologne et l'Allemagne. Le second point concerne la nature du futur gouvernement polonais, la ligne générale de l'accord étant de former en Europe de l'Est des gouvernements démocratiques favorables à l'URSS. Pour la Pologne, quelle en sera la base, compte tenu de l'existence de trois forces politiques distinctes ? La solution trouvée à Yalta découle de la situation antérieure et du contexte.

Les Soviétiques s'inquiètent alors du développement des mouvements de partisans, ces forces de résistance autonome qui se développent sans aucune autorité et introduisent une inconnue dans la situation de l'après-guerre. C'est pourquoi les Soviétiques laissent écraser l'insurrection qui éclate le 1er août 1944 à Varsovie. Avec la résistance polonaise disparaît une des forces politiques qui gênent la constitution d'un futur gouvernement national. On a beaucoup débattu des raisons qui ont poussé la résistance polonaise à provoquer l'insurrection de Varsovie. En reprendre les arguments n'est pas de notre propos. La résistance polonaise manifestait ainsi, comme les Yougoslaves plus tard, sa volonté d'indépendance pour l'après-guerre, face aux Alliés et au gouvernement en exil.

Après l'écrasement de l'insurrection de Varsovie, les Soviétiques installent à Lublin le gouvernement qu'ils ont reconnu et placent sous son autorité les régions au fur et à mesure de leur libération. Là encore, les Alliés sont mis devant une situation de fait contre laquelle ils ne peuvent rien, sinon discuter dans l'abstrait.

Concernant la constitution d'un gouvernement démocratique polonais, les Alliés prennent pour base l'existence du gouvernement en exil de Londres, puis, concession qu'ils jugent très grande, préconisent d'élire un nouveau gouvernement. Pour les Soviétiques, un nouveau gouvernement doit revenir simplement à élargir le gouvernement de Lublin par l'adjonction de certains membres de celui de Londres. A l'issue des discussions interminables de Yalta, la thèse soviétique l'emporte, et Staline impose le terme d'« élargissement du gouvernement provisoire » au lieu de « constitution du nouveau gouvernement ». Ainsi, dès la libération de la Pologne, il a réussi à mettre en place un gouvernement initialement formé en Union soviétique.

Un problème apparaît cependant lorsque Mikolajczyk, le chef du gouvernement en exil, refuse de céder et tergiverse longtemps, espérant que les Russes et les Alliés se heurteront dès la fin de la guerre. Il n'acceptera de participer au nouveau gouvernement polonais qu'en juin 1945. Dans les mois précédents, le gouvernement de Lublin, qui en a été le seul maître, a évidemment transformé la situation intérieure du pays. Lorsque Mikolajczyk revient en Pologne, l'armée, la politique, l'Intérieur et tous les rouages de l'État ont été systématiquement noyautés par les communistes. Les nouveaux arrivants ne peuvent disposer que des ministères techniques.

De plus, lors de la formation du gouvernement de coalition, en juin 1945, les partis politiques sont scindés, chacun en au moins deux fractions. Ils auront de grandes difficultés à trouver une ligne d'action commune face à un Parti communiste qui, lui, se présente uni. La position de ce dernier est d'autant plus forte que les territoires pris à l'Allemagne et rétrocédés à la Pologne ont été placés sous la seule autorité du Parti et organisés par Gomulka, permettant une transformation rapide des structures politiques et sociales.

Toutefois, malgré une position extrêmement faible, Mikolajczyk possède encore de réels appuis : celui de la paysannerie, celui des classes moyennes, celui du clergé dont la position est très forte – l'Église représente le pilier traditionnel de la résistance nationale – et celui de tous les survivants de la résistance intérieure qui n'ont pas oublié l'issue de l'insurrection de Varsovie. Tous sont anticommunistes et prêts à suivre Mikolajczyk.

La Pologne de l'été 1945 présente ainsi plusieurs aspects : l'opinion publique n'a pas changé, la coalition dans laquelle les partis s'engagent n'est pas sincère, mais l'État nouvellement reconstitué, dominé par les communistes, est prêt à passer à un autre stade politique.

Ainsi, Mikolajczyk adhère à la coalition avec une arrière-pensée : rétablir la situation par des élections grâce au soutien de l'opinion publique dont il se sent assuré. En juin 1945, les Alliés l'encouragent d'ailleurs dans cette voie. Eux aussi considèrent que, dans un pays où l'opinion publique demeure nationaliste, les élections libres constituent la meilleure parade à une conquête des rouages de l'État par les communistes. L'erreur fut justement d'avoir sous-estimé non seulement la capacité d'organisation de ces derniers, mais aussi leur compréhension des phénomènes électoraux. Dans le cadre d'élections libres, les communistes ne veulent pas s'opposer aux chefs nationaux des partis sur la base de leurs programmes. Ils choisissent de combattre sur des questions de détail où leur position est inattaquable. Tandis que Mikolajczyk prêche l'indépendance, la liberté, la lutte contre le communistes, ces derniers proposent des réformes partielles et judicieuses : la suppression du Sénat, la réforme agraire – remède à un problème polonais important –, la nationalisation de l'industrie et des grandes banques, toutes choses, pense l'homme de la rue, qui amélioreraient la vie économique et les conditions quotidiennes d'existence. Après des années de guerre, ces thèmes concrets sont plus tentants que les grandes options idéologiques.

Les communistes réussissent ainsi à imposer l'idée d'un plébiscite sur ces sujets secondaires, enfermant ainsi leurs adversaires dans un dilemme : pour se démarquer, ces derniers s'opposent à des réformes auxquelles ils adhèrent. Les thèmes choisis par le Parti communiste donnent une majorité de 63 % au gouvernement qu'ils dominent, l'opposition, dont Mikolajczyk a pris la tête, étant minoritaire.

Dès lors, la coalition ne présente plus aucune signification. Mikolajczyk perd son poste de vice-Premier ministre. Il assiste impuissant à la manipulation des élections générales que les communistes, seuls maîtres du gouvernement, organisent dans un climat de terreur. Les élections du 19 janvier 1947 donnent 9 millions de voix et 392 sièges au bloc gouvernemental qui regroupe les communistes, les socialistes de gauche et quelques paysans dissidents, 2 millions de voix et 52 sièges à l'opposition. Mikolajczyk prend le chemin de l'exil. Dès ce moment, la Pologne est virtuellement une démocratie populaire. Isolés, les quelques compagnons de route qui restent au gouvernement seront faciles à éliminer.

On peut se demander si Staline était dès le départ décidé à conduire la Pologne au point où elle aboutit en janvier 1947, ou s'il avait réellement envisagé la possibilité d'une coalition démocratique. Aucun document ne donne une réponse précise. Compte tenu de l'opposition à l'URSS de la résistance intérieure et des émigrés de Londres, qu'il connaissait, Staline ne pouvait espérer que leur entrée dans une coalition fasse disparaître leur nationalisme exacerbé. Il semble donc que l'idée d'un gouvernement démocratique de coalition était, dès le départ, condamnée, et on peut considérer que les assurances données sur ce point par Staline étaient, pour le moins, sujettes à caution.

IV. La révolution yougoslave

La Yougoslavie illustre également les difficultés d'application des accords de Yalta mais dans un sens opposé. Si, en Pologne, les intérêts soviétiques en ont empêché l'application, en Yougoslavie, ce sont les Yougoslaves eux-mêmes, contre la volonté de Staline, qui sont la cause de l'échec des accords : le processus révolutionnaire y relève d'une dynamique nationale propre.

La destruction et le démembrement du pays pendant la guerre ont eu des conséquences particulièrement dramatiques dans la mesure où la Yougoslavie ne connaît pas de réelle unité nationale, comme en Pologne, mais plutôt une pluralité de nations, de langues et de religions. Le Parti communiste a prétendu être un facteur d'unité en proposant aux composantes disparates de la « nation » yougoslave une idéologie internationaliste et, grâce à l'exemple soviétique, une doctrine fédérative cohérente, voire un modèle de cohabitation des peuples fondé sur un principe d'égalité.

Comme son homologue polonais, le gouvernement royal yougoslave en exil à Londres affirme la continuité de l'État. Mais les prétentions de Soubachitch qui fut le Premier ministre du gouvernement en exil dans la dernière période de la guerre sont encore plus problématiques : les Croates affirment avoir une solution propre et surtout la résistance a fait naître un contre-gouvernement intérieur dirigé par Tito. Ce dernier, contrairement au gouvernement royal, prétend représenter tous les groupes nationaux. De la guerre et de la résistance, grâce au Parti communiste, dit-il, est née une nation yougoslave cohérente. Enfin, la Yougoslavie a su se libérer pratiquement seule : blindés soviétiques et partisans yougoslaves se sont livrés à une véritable course de vitesse pour la libération de Belgrade, les partisans luttant pour être les vrais libérateurs de leur pays et réduire par là même les Soviétiques au rang de force d'appoint.

L'attitude soviétique envers la résistance communiste yougoslave s'explique essentiellement par la volonté d'amener Tito à composer avec le roi Pierre. Ainsi, en 1942, lorsque Tito demanda aux Soviétiques un concours militaire en leur montrant ce qu'il avait déjà accompli, ils le contraignirent à se mettre en relation avec le gouvernement en exil et tempérèrent ses ambitions politiques, lui reprochant le caractère communiste et prolétarien de son mouvement.

Tout au long de la guerre, les Soviétiques s'efforcèrent de créer les conditions d'une coalition où leurs camarades yougoslaves seraient en état d'infériorité. A partir de 1943, dans les négociations russo-yougoslaves, les Russes soutiennent l'idée d'un Front national et non d'un gouvernement communiste. Comme les Alliés le feront avec Mikolajczyk en août 1945, ils imposent un gouvernement de coalition. Tito réussit cependant à obtenir qu'il choisisse pour référence non celui de Londres mais celui qui existe en Yougoslavie. Il est ainsi le précurseur de la théorie de l'élargissement que les Soviétiques appliqueront à la Pologne lors des accords de Yalta. Son atout essentiel à l'encontre des émissaires du roi Pierre est la force armée qu'il est le seul à détenir. En mars 1945, l'équipe de Londres arrive à Belgrade où se forment, d'un côté, un Conseil de régence, conformément aux accords avec l'Union soviétique, de l'autre, un Front national, issu du Front de libération populaire de Tito, élargi à des personnalités non communistes du gouvernement de Londres.

Comme en Pologne, les communistes contrôlent l'armée, la police et disposent de comités populaires qu'ils ont partout mis en place. Lorsque les dirigeants de l'ancien gouvernement de Londres comprennent que la coalition à laquelle ils participent n'est en fait qu'un simulacre, tous les rouages du pouvoir se trouvent déjà entre les mains des communistes. Dès août 1945, les principaux ministres démissionnent. Le roi Pierre rompt avec le gouvernement de Belgrade. Il est partisan d'un coup de force mais ses représentants en Yougoslavie préfèrent faire appel à l'opinion publique, former un parti, provoquer des élections, ce qui leur permettrait de compter leurs voix et de rétablir ainsi l'équilibre des forces. Cependant, face au climat d'agitation qui règne à l'approche des élections et craignant que les électeurs, terrorisés, n'osent se présenter aux urnes, ils décident finalement de boycotter les élections. Or la politique de l'abstention se révèle rarement payante. Les élections du 11 novembre 1945 sont marquées par une forte participation : 88 % des électeurs vont voter et 90 % d'entre eux choisissent le Front populaire. La bataille électorale est perdue à cause d'un climat préélectoral perturbé mais, à la différence de la Pologne, les électeurs n'ont pas été conduits aux urnes par la force des baïonnettes.

De cette élection naît un régime nouveau : la république est proclamée le 29 novembre 1945. Avec une Chambre fédérale et une Chambre des nationalités, l'État plurinational yougoslave se construit sur le modèle de l'URSS. Une République populaire fédérale a remplacé un gouvernement démocratique de coalition. On peut dire que la victoire des communistes yougoslaves est due à ce programme de fédération et de représentation des nationalités tout autant qu'à la manipulation des élections.

Dès les débuts de la République populaire, le gouvernement yougoslave définit une ligne politique à la fois favorable à l'URSS et strictement nationale. Il refuse que la Yougoslavie serve de force d'appoint dans les négociations entre l'Est et l'Ouest et manifeste une vocation politique propre en patronnant l'évolution de l'Albanie. Dès lors, se pose à l'Union soviétique un problème nouveau : un pays socialiste conduit un autre pays vers le socialisme sans qu'elle intervienne.

V. La révolution tchécoslovaque

La Tchécoslovaquie se différencie de la Pologne et de la Yougoslavie en ce qu'elle semble réunir, en 1945, toutes les conditions pour la création immédiate d'une démocratie populaire.

En premier lieu, Tchèques et Slovaques sont favorables à l'URSS. Les émigrés, dirigés par Benès, ainsi que les communistes qui se sont trouvés à Moscou et même les résistants de l'intérieur n'oublient pas qu'à l'époque des accords de Munich, l'Union soviétique a voulu intervenir. Contrairement à la Pologne, ce souvenir, qui anime toutes les tendances, rapproche ce pays des Soviétiques. Une autre originalité réside dans la relative harmonie qui existe entre les différentes tendances politiques. En décembre 1943, Benès parvient à un accord avec ses compatriotes réfugiés à Moscou et avec l'URSS aux termes duquel les communistes acceptent d'entrer au Conseil national, qui constitue non un gouvernement, mais un parlement en exil. La coalition réelle qui se forme dans l'exil est un élément important de la politique de l'après-guerre.

Dans ce pays où toutes les structures ont été balayées par l'occupant, les communistes contrôlent en 1945 divers organes du pouvoir. Sans doute les Soviétiques favorisent-ils plutôt leurs camarades à la libération. Alors qu'ils devaient remettre l'administration des territoires libérés aux représentants du gouvernement émigré de Londres, dans la pratique ils le remettent, autant que possible, aux communistes, ce qui permet à ces derniers de conquérir la majorité au sein du Conseil national des territoires libérés.

Autre atout en faveur des Soviétiques : l'existence en Slovaquie d'un mouvement prorusse qui, l'Histoire l'a montré, aurait pu conduire à la sécession. Les communistes slovaques ont pensé rattacher leur région à l'URSS mais en ont été dissuadés par les hésitations des Slovaques eux-mêmes et par le refus des Soviétiques qui, après avoir reconquis l'Ukraine occidentale, ont laissé la Slovaquie à l'État tchécoslovaque, ce qui explique aussi les bonnes relations soviéto-tchécoslovaques en 1945.

Le 22 mars 1945, les quatre partis de la coalition nationale, communistes, sociaux-démocrates, socialistes nationaux et populistes et, pour la Slovaquie communistes et démocrates, signent à Koșice un programme qui prévoit la constitution d'un État fédéral tchèque et slovaque. Il propose une réforme agraire, le contrôle de l'État sur les industries clés et sur les banques ainsi qu'une politique extérieure favorable à l'URSS, le Front national devant détenir le monopole du pouvoir.

Le gouvernement qui se forme alors est présidé par un social-démocrate de gauche, Fierlinger, et comprend huit ministres communistes sur vingt-cinq : deux postes de vice-Premiers-ministres, attribués à Gottwald et à Siroky, un ministère-adjoint des Affaires étrangères, attribué à Clementis, les ministères de l'Éducation, de l'Information, de l'Agriculture, et celui, enfin, des Affaires sociales.

Dans ce contexte, le Front national organise des élections

en mai 1946. Gottwald affirme durant la campagne que « la Tchécoslovaquie évolue vers une révolution démocratique et nationale dont les possibilités sont loin d'être épuisées ». Les élections se déroulent dans un climat serein et, contrairement à celles qui ont eu lieu en Pologne et en Yougoslavie, ses résultats sont réguliers. Les suffrages communistes les plus forts atteignent 38 %. Un nouveau gouvernement est formé sous la présidence d'un communiste, Gottwald. En 1946, la Tchécoslovaquie est donc gouvernée par une véritable coalition qui regroupe émigrés et communistes et les élections semblent avoir prouvé qu'elle est durable.

VI. Les révolutions parallèles : Bulgarie et Roumanie

A. Deux situations différentes

Malgré des origines différentes, voire opposées, ces deux pays, Bulgarie et Roumanie, suivent une évolution rapide et similaire vers le communisme. En effet, même si, en 1945, la Roumanie et la Bulgarie avaient toutes les deux souffert de la guerre, la différence de leurs situations mérite d'être soulignée.

En Bulgarie, l'existence d'un Parti communiste puissant dont la tradition est déjà ancienne, qui ne connaît pas d'hostilité à l'encontre de l'URSS, la présence dans ses rangs d'hommes prestigieux comme Dimitrov, personnalité du Komintern, le rôle des communistes dans la formation du Front national en 1943, leur présence déterminante au sein de la résistance et leur capacité à rassembler autour d'eux des groupes nationaux, tout cela explique que, dès 1944, existent dans ce pays des possibilités d'instaurer un régime de coalition où les communistes tiendraient une place centrale et seraient assurés d'un passage rapide vers le socialisme.

A côté du Parti communiste on trouve en Bulgarie un important Parti paysan, avec des chefs remarquables, et un Parti social-démocrate non négligeable. Ils se joindront au premier dans la résistance sans jouer cependant un rôle de catalyseur similaire.

De plus, la Bulgarie n'est pas antisoviétique bien qu'elle se soit trouvée du mauvais côté pendant la guerre et que cela ait posé certains problèmes au cours de la période de la libération. Sa vieille tradition slave et russophile la disposait en fait favorablement à l'égard des Soviétiques et pouvait l'aider à affronter l'heure difficile de l'arrivée de l'armée Rouge. Bien différente sera, de ce point de vue, l'arrivée de cette dernière en Hongrie.

Le cas de la Roumanie est différent. L'opinion roumaine n'est pas prosoviétique. Elle n'a jamais été russophile et s'est toujours tournée vers l'Occident, de préférence au monde slave. De surcroît, le Parti communiste n'y jouit pas du prestige de son homologue bulgare. Certains de ses dirigeants se trouvent à Moscou, d'autres sont restés sur place, mais aucun n'atteint la dimension internationale d'un Dimitrov, ni aux yeux des Soviétiques, ni à ceux de leurs compatriotes. En 1945, dans le cadre d'une coalition électorale, il est vraisemblable que les communistes seraient dominés par les autres partis.

Il existe en effet en Roumanie, comme en Bulgarie, un important Parti paysan, avec des leaders prestigieux, un Parti libéral qui a, lui aussi, une popularité réelle et même un petit Parti social-démocrate. Leur concurrence est d'autant plus forte qu'à la différence de la Bulgarie, les communistes de Roumanie n'ont pas su unifier dans la résistance les différentes forces nationales.

B. La prise du pouvoir en Bulgarie

Le 8 septembre 1944, l'armée Rouge entre en Bulgarie et un gouvernement de coalition, déjà orienté à gauche, se forme sans difficulté le 9 septembre. Ce succès peut s'expliquer tout d'abord par le discrédit général de la monarchie et de ses gouvernements autoritaires et ce, dès le début de la guerre. Alors qu'en Roumanie le roi joue un rôle actif dans l'évolution politique du pays en 1944-1945, en Bulgarie la monarchie est abolie en 1946 et avait disparu dans les faits dès 1943.

La formation du Front national en effet était chose acquise en 1943 : il apparaissait comme le représentant légitime des forces politiques et de la résistance. Le gouvernement qu'il peut dès lors constituer à la libération est présidé par le colonel Gueorguiev et reçoit le soutien de l'armée. Il compte deux communistes issus des rangs de la résistance, Tarpechev et Yougov, ministre de l'Intérieur, face à Petkov qui représente le Parti paysan. Les communistes sont déjà aux postes clés.

Le premier acte du nouveau gouvernement est d'organiser l'épuration. Elle vise d'abord les collaborateurs puis, systématiquement, les membres du gouvernement précédent, toujours avec l'adhésion populaire. Cependant, quand le ministre de l'Intérieur commence à frapper les groupes politiques rivaux, le climat change.

Le problème essentiel auquel se heurtent les communistes entre septembre 1944 et août 1945 est en effet d'empêcher les agrariens de renverser la situation à leur profit. Jusqu'alors, la position de force des communistes provenait de leur rôle centralisateur dans la résistance. Après la libération, le Parti paysan retrouve le grand prestige qu'il possédait avant guerre, comme dans la plupart des pays d'Europe orientale. Il tente de retrouver sa place grâce à une politique indépendante et concurrente de celle du Parti communiste. Les agrariens s'efforcent de ramener le pouvoir au centre sous l'impulsion de leur chef, Dimitrov – à ne pas confondre avec le dirigeant bulgare du Komintern – qui est rentré d'exil en septembre 1944. Comme il n'a pas été lié aux communistes pendant la guerre, à la différence de Petkov, il est plus lucide sur les dangers de collaboration dans la coalition, et il oriente son parti vers une opposition croissante à la direction communiste du pays.

Cette dernière essaie dans un premier temps de le désarmer en lui proposant un poste dans le gouvernement, mais il refuse, préférant renforcer son parti de l'extérieur. Pendant deux à trois mois, l'audience du Parti paysan croît, notamment au sein de la paysannerie. Aussi, dans un deuxième temps, craignant pour les élections à venir, le Parti communiste choisit la rupture, le ministre de l'Intérieur organisant une conspiration contre Dimitrov, l'accusant d'activités antinationales et d'espionnage au profit des Anglais. Le chef du Parti paysan est conduit ainsi à démissionner de ses fonctions. Il est remplacé par Petkov.

Le dénouement survient très vite : en mai 1945, au

Congrès national, Petkov découvre que le Parti paysan a été noyauté par les communistes. Il a la surprise d'être mis en minorité par une fraction conduite par un personnage secondaire du Parti paysan, Obov, qui plaide pour l'alliance totale avec les communistes, sur la base de leur programme. Petkov reste au gouvernement jusqu'en août, où Obov ensuite le remplacera. Il n'y a plus, dès lors, de réelle coalition.

Cette pseudo-coalition comprend encore des représentants d'autres partis, notamment ceux du Parti social-démocrate, moins important que le Parti paysan, mais qui possède une vieille tradition politique et qui attire les élites libérales. Le Parti communiste utilise les sociaux-démocrates pour rassurer cette clientèle électorale. Leur offensive est facilitée par des divisions internes, présentes dès la création du gouvernement national, en septembre 1944, entre une aile droite, qui réclame une politique analogue à celle des agrariens et une aile gauche, qui prône une collaboration étroite avec les communistes et refuse l'idée d'une politique sociale-démocrate indépendante. Or c'est dans le contexte d'un renforcement de l'aile gauche du Parti social-démocrate que le gouvernement soulève le problème des élections, au printemps 1945 : assuré de la suprématie des communistes, après avoir eu raison de la résistance des agrariens, il promet des élections avant la fin de l'été.

Elles se préparent dans un climat qui est celui de toutes les fausses coalitions : un climat de violence, d'exactions et de non-information tel que les puissances occidentales prennent conscience de l'évolution de la situation bulgare et de l'orientation qu'y prend le gouvernement. Elles demandent à l'URSS de faire pression sur les communistes bulgares pour que les élections soient retardées et qu'elles puissent se dérouler dans des conditions plus sereines. Aussi celles-ci sont-elles reportées au mois de novembre.

Mais la concession demeure formelle. En fait, tout, de la campagne électorale jusqu'aux résultats, était truqué. Seuls les candidats des listes gouvernementales sont élus. Devant la domination de la nouvelle Assemblée par les communistes et leurs alliés, devant l'élimination des personnalités d'opposition du gouvernement et l'extension de l'épuration aux agrariens, les Occidentaux s'alarment. A la conférence des ministres des Affaires étrangères qui se tient à Moscou, en décembre 1945, les cas bulgare et roumain font l'objet de vifs débats dans la mesure où leur situation sort très largement du cadre des conventions passées avec l'URSS. Arrêter le processus de communisation devient une affaire internationale. Les Alliés demandent l'élargissement du gouvernement bulgare à des représentants authentiques des deux grands partis concurrents des communistes.

Un accord intervient cependant en raison du contexte international. Staline enjoint au gouvernement bulgare de réaliser l'élargissement et obtient, en contrepartie, qu'au lieu d'une commission tripartite Vychinski seul se rende en Bulgarie négocier le rétablissement d'une véritable coalition. Il le fait à sa manière : il convoque les représentants du Parti paysan et du Parti social-démocrate et leur propose d'entrer au gouvernement à certaines conditions ; ils présenteront une liste de candidats dans laquelle la coalition gouvernementale choisira les titulaires de postes gouvernementaux, sans intervention des partis intéressés.

Devant cette mise en demeure, les leaders de l'opposition refusent : les négociations semblent rompues. Néanmoins, la pression populaire en faveur de leur poursuite conduit à un accord aux termes duquel deux ministres doivent entrer au gouvernement, un pour chaque parti. Si le choix de leurs représentants échappaient aux formations concernées, elles devaient être consultées pour l'attribution des portefeuilles. On leur confierait le ministère de la Justice et un vice-ministère à l'Intérieur, ce qui semble fondamental aux yeux de l'opposition. De plus, l'accord prévoyait l'organisation d'élections libres dans les meilleurs délais.

Vychinski, rendu inquiet par la clause électorale, intervient une seconde fois. Le moment lui semble mal choisi pour des raisons intérieures – la pression populaire qui a conduit les communistes à conclure l'accord – et extérieures – le climat international rend difficile la manipulation des élections. Aussi réussit-il à convaincre le gouvernement de revenir sur l'accord. Pour finir, seuls les agrariens seront représentés : les sociaux-démocrates sont exclus de la nouvelle coalition. Celle-ci est d'ailleurs entièrement factice. Les agrariens sont isolés et se plaindront par la suite de n'avoir jamais été consultés. Ils siègent en tant que représentants de l'opposition mais ne jouent aucun rôle politique véritable.

C'est dans ce contexte que se déroulent les élections, le 27 octobre 1946. Il a fallu beaucoup de temps pour les préparer, un temps largement utilisé par les communistes : les menaces, le meurtre même sont couramment employés durant la campagne électorale. L'opposition n'a pratiquement aucun moyen de s'exprimer. Si la liberté de la presse existe, du moins en théorie, les journaux d'opposition sont en fait saisis dans les kiosques et leurs vendeurs matraqués ; ils sont introuvables hors de la capitale. Tout cela explique probablement le grand succès remporté par le Front patriotique qui enlève 78 % des voix dont 55 % vont aux communistes. Ces derniers détiennent 277 sièges, et les autres partis du Front 87, l'opposition en obtenant 101 ; un succès pour cette dernière au regard du climat de terreur préélectoral.

Les puissances occidentales contestent vainement la validité des résultats. Le nouveau gouvernement présidé par George Dimitrov, le membre du Komintern, rassemble des communistes et quelques membres, peu représentatifs, d'une opposition déjà ralliée. Avec les élections d'octobre 1946, on peut estimer qu'une deuxième période s'achève, un changement de régime s'effectue ; la Bulgarie s'engage vers le monolithisme. Au regard de l'ensemble de l'Europe orientale, on considère généralement que le processus se termine en 1948. La Bulgarie passe à la phase finale à l'automne 1946 et, dès l'année suivante, s'enclenchent les procès, l'élimination physique de tous les opposants selon le prototype stalinien que le monde socialiste connaîtra plus généralement en 1949. La Bulgarie connaît donc une accélération de l'ensemble du processus.

Dès septembre 1946, avant même les élections, et en dépit des protestations de l'opposition, le gouvernement de coalition décide de changer le régime. Il abolit la monarchie, proclame la république, puis passe très vite à l'instauration du socialisme. En 1947, l'opposition est écartée des postes administratifs et officiels puis, à partir de l'été, ses membres sont éliminés physiquement.

En 1945, le ministre de l'Intérieur avait déjà emprisonné quinze membres du Comité central du Parti socialiste et le tiers du présidium du Parti paysan. La campagne qui l'accompagnait était destinée à compromettre leur leader, Dimitrov, et à discréditer Petkov. Petkov est arrêté à son tour en 1947, et jugé après une enquête très rapide. On entre dans la phase des procès staliniens. Petkov est condamné à mort à la fin du mois d'août et exécuté aussitôt. En même temps se déroule une campagne de propagande extraordinaire qui préfigure celle que rapporte London dans *L'Aveu*.

Durant l'été 1947, des ouvriers sont mobilisés pour manifester contre Petkov. Les uns hurlent devant sa maison qu'il est un traître. Les autres écrivent ou télégraphient au procureur qu'il faut le pendre. La pression populaire suscitée pour obtenir la liquidation de l'opposition permet au procureur de présenter la peine de mort comme la volonté de tout le peuple bulgare.

Méthode caractéristique du système stalinien, après son exécution le 23 août, George Dimitrov diffuse les aveux de Petkov, dans lesquels il s'accuse de trahison, dans des termes extrêmement humiliants. Cela permet au gouvernement d'interdire le Parti paysan tout entier.

Le tour des sociaux-démocrates arrive en 1948. Un petit groupe, l'aile gauche, fusionne avec le Parti communiste. Les autres membres du parti sont emprisonnés. Devant l'ampleur de leurs autocritiques et l'énormité de leurs aveux, le PSD est dissous.

En 1948 est officialisée la fin de la coalition. En réalité, elle avait disparu dès 1946 ; le tour de l'opposition vint un an plus tard. Dimitrov proclame la République populaire ; la Bulgarie adopte une Constitution, réplique exacte de celle de l'Union soviétique. Elle est entrée dans un système monolithique.

C. La prise du pouvoir en Roumanie

En Roumanie, le Parti communiste est faible. Pendant la guerre, il n'a pas réussi à rassembler autour de lui les leaders du mouvement national, qui appartiennent au Parti paysan et au Parti libéral. Les communistes doivent se contenter d'un Front patriotique limité à quelques intellectuels de peu d'envergure dont le plus connu est Grozea, le représentant du Front des laboureurs, qui essaie d'arracher les campagnes à l'influence du Parti paysan de Maniu.

Pendant la guerre, l'opposition entre communistes et nationalistes concernant la question de la Bessarabie est déjà forte, car les partis nationaux refusent toute concession à l'URSS. Ils sont convaincus, compte tenu de la richesse pétrolière de la Roumanie, qu'ils bénéficieront après guerre de l'appui des Anglo-Saxons. Cette conviction renforce l'opposition et la volonté d'indépendance des partis nationaux à l'égard des communistes.

La coalition s'installe au sortir de la guerre, le 23 août 1944. Ses débuts diffèrent de ceux de la coalition bulgare. L'initiative d'un gouvernement de rassemblement vient des chefs des partis nationaux qui négocient d'un côté avec les communistes et de l'autre avec le roi Michel. D'un commun accord, ils se débarrassent d'Antonescu le 23 août, puis déclarent la guerre à l'Allemagne le 25. Ils forment une coalition qui va des royalistes aux communistes. Au soir du 23 août, le gouvernement du général Sanatescu, qui remplace Antonescu, comprend les chefs des quatre grandes formations : Maniu pour le Parti paysan, Bratianiu pour les libéraux, Patrascanu pour les communistes et Petrescu pour les socialistes.

C'est une véritable coalition, comme en Bulgarie, avec la différence que le roi Michel demeure le chef de l'État. Le gouvernement issu du coup de force du 23 août est évidemment beaucoup plus modéré que le gouvernement bulgare. Il se situe au centre, est dirigé par les chefs du Parti libéral et du Parti paysan et témoigne qu'en cas d'élections la position des communistes serait difficile.

Les communistes détiennent pourtant deux atouts. Une milice ouvrière armée est constituée le 23 août pour faire participer les ouvriers de la capitale au coup de force contre Antonescu. De plus, les communistes contrôlent la presse et la radio.

Les débuts de la coalition sont troublés par les tensions entre les divers groupes politiques qui compliquent la position du gouvernement. De plus, les Soviétiques jugent que Sanatescu ne leur est pas suffisamment favorable. Ils réussissent à l'éliminer. Après avoir dirigé un second gouvernement, Sanatescu est accusé de protéger des fascistes et doit céder sa place au général Radescu, en qui les Soviétiques voient, à tort, un de leurs partisans. A ce moment de la coalition, la vie politique est libre. Les communistes n'en sont pas maîtres, mais, à partir du retour de leurs dirigeants, Anna Pauker et Gheorghiu-Dej, ils entretiennent une forte agitation pour sortir de leur position de faiblesse.

En février 1945, le désordre se développe. Les communistes occupent, dans la radio, une position telle qu'ils empêchent pratiquement Radescu de s'adresser à l'opinion publique. Il trouve une issue dans l'organisation d'élections libres, qu'il veut organiser rapidement tant qu'elles sont possibles. L'annonce de son projet est probablement à l'origine de sa chute : les communistes, conscients que des élections leur seraient défavorables, organisent dans Bucarest des manifestations extrêmement violentes. Pendant que l'armée Rouge occupe les locaux de l'état-major roumain et qu'elle désarme les troupes de la capitale, Vychinski se rend chez le roi. Il le somme de renvoyer le gouvernement Radescu, incapable de rétablir l'ordre, et de nommer Grozea, le leader du Front des laboureurs, à la tête d'un gouvernement de front démocratique. Cela revient à faire entrer de force les communistes au gouvernement par le truchement d'un homme qui leur est acquis.

Le roi Michel doit céder à la force armée. Le gouvernement du 6 mars 1945 comprend pour la première fois des communistes aux ministères de l'Intérieur (Gheorghescu), de la Justice (Patrascanu) et à l'Éducation nationale (Gheorghiu-Dej). Un dissident libéral, Tatarescu, devient vice-Premier ministre et ministre des Affaires étrangères. On entre, comme en Bulgarie, dans une deuxième phase, et, comme en Bulgarie, il n'aura fallu que quelques mois pour aboutir à une pseudo-coalition.

La situation se complique cependant sur le plan international. A la différence de l'évolution de la Bulgarie, en Roumanie l'intervention de l'armée Rouge rend le coup de force évident. Les Occidentaux refusent de reconnaître le gouvernement Grozea et exigent son élargissement immédiat à l'opposition non communiste. Les Soviétiques, au contraire, s'empressent de le reconnaître et transfèrent aussitôt à la Roumanie l'administration de la partie nord de la Transylvanie afin que Grozea puisse se prévaloir d'un succès national.

Le roi Michel, fort du soutien occidental, déclare qu'il ne signera pas les textes législatifs votés sous le gouvernement non représentatif de Grozea et se retire dans son palais. Sa résistance passive est sans effet, et le gouvernement légifère sans lui.

L'opposition des puissances occidentales pose plus de difficultés aux Soviétiques. Comme dans le cas bulgare, ils attendent la réunion des ministres des Affaires étrangères, en décembre 1945, pour accepter un élargissement du gouvernement. Encore réussissent-ils à le limiter à des hommes peu représentatifs, assez peu connus, qui, par conséquent, ne pourront pas exprimer une position indépendante à l'intérieur du gouvernement. A la fin de l'année 1945, comme en Bulgarie, un gouvernement en principe élargi est constitué et aussitôt reconnu par les Alliés. En fait, il ne représente pas grand-chose.

Ce gouvernement entre en fonction le 7 janvier 1946. Il promet des élections libres, mais comme les ministres de l'opposition ne disposent d'aucun pouvoir, la campagne électorale sera marquée par les mêmes violences et les mêmes manipulations qu'en Bulgarie. Les résultats des communistes sont encore plus brillants : le bloc gouvernemental emporte 348 sièges, les paysans 32, les libéraux 3 et l'Union populaire hongroise, de tendance procommuniste, 29 sièges. Les deux ministres d'opposition imposés par les Anglo-Saxons démissionnent : le gouvernement redevient homogène. La Roumanie entre, comme la Bulgarie au même moment, dans la phase de construction du monolithe.

VII. Les révolutions difficiles : Hongrie et Tchécoslovaquie

Au sortir de la guerre, la situation de ces deux pays est très différente. La Tchécoslovaquie est un pays slave et se trouve du côté des vainqueurs, dont l'URSS. La Hongrie, non slave, a été le pays que l'armée Rouge a libéré avec le moins de ménagement. Sa libération a laissé des souvenirs dramatiques et durables dans la conscience populaire.

Malgré cela, Hongrie et Tchécoslovaquie ont en commun de connaître longtemps une véritable coalition et d'évoluer de la même manière. Elles ont aussi toutes les deux sauté le deuxième stade du schéma classique, celui de la fausse coalition, et sont passées directement au monolithe.

On s'est interrogé longtemps sur leur avenir, car, autant l'URSS est intervenue continûment en Roumanie et en Bulgarie pour les contraindre à accepter le socialisme, autant, à l'égard de la Tchécoslovaquie, elle a fait preuve d'indécision.

Enfin, la Hongrie en 1956, la Tchécoslovaquie en 1968 feront par la suite une même expérience, la révolte contre l'URSS, malgré une réputation de pays particulièrement raisonnables et peu contestataires. En fait, certains problèmes rencontrés après 1948 apparaissent déjà dans le processus de soviétisation.

A. La révolution hongroise

Le cas de la Hongrie est peut-être le plus douloureux de l'Europe de l'Est. En 1944, c'est le seul pays qui ne parvient pas à s'échapper de l'alliance avec l'Allemagne, malgré les efforts de l'amiral Horthy. Alors qu'elle est déjà vaincue, l'armée allemande occupe la Hongrie pour éviter qu'elle sorte de la guerre comme la Roumanie et exerce une terrible répression qui vise d'abord l'intelligentsia politique.

Sa libération est dramatique. L'avance de l'armée Rouge prend un caractère violent qui dure jusqu'au printemps 1945. Le nouveau régime naît non seulement dans le chaos commun à tous les pays à la fin de la guerre, mais également dans un climat de terreur exceptionnel. L'autorité de l'amiral Horthy est ruinée, aucune force politique capable de mettre sur pied un gouvernement fort ne se dégage.

Néanmoins, en décembre 1944, un véritable gouvernement de coalition, le premier, réussit à se former en Hongrie orientale, dans la région libérée de Debrecen. Il rassemble les représentants du Parti communiste, du Parti des petits propriétaires, du Parti des paysans nationaux et du Parti socialiste. Contrairement à d'autres pays, mais comme en Roumanie, le Parti communiste n'est pas assez fort pour rassembler la coalition autour de lui.

Durant la période de reconstruction nationale, le Parti communiste est faible. Le souvenir de la république des soviets de Bela Kun reste dans les esprits. S'agit-il d'un souvenir positif, favorable au PC, ou négatif, qui freine plutôt l'adhésion de la population ?

A l'exception d'une fraction de la population fidèle à la république des conseils, pour la grande majorité le gouvernement de Bela Kun rappelle le désordre, voire des violences. Le fantôme du bolchevisme hongrois a d'ailleurs constamment été agité par l'amiral Horthy. En 1944, on constate que la majorité est plutôt attachée au Parti des petits propriétaires.

Le massacre de l'intelligentsia politique hongroise a touché les cadres les plus en vue des partis non communistes. On a donc, d'un côté, des partis nationaux avec une grande audience et, de l'autre, un Parti communiste dont les effectifs sont limités mais qui a des chefs solides, qui reviennent de leur exil moscovite. Alors qu'il compte en 1944 quelque 30 000 membres au maximum, le Parti communiste hongrois connaîtra une croissance remarquable par rapport à ses homologues de l'Europe de l'Est.

Aussi longtemps qu'il demeure dans la petite ville de Debrecen où il est né en 1944, à la périphérie, sans grands moyens de communication avec le reste du pays, le gouvernement de coalition reste symbolique. Mais, en février 1945, il se transporte à Budapest et se présente alors exactement comme les autres gouvernements de coalition de l'Est européen. Il est présidé par le général Miklos et considéré favorablement par les Alliés.

Les élections législatives sont fixées à une date qui correspond à peu près à celles des élections bulgares et roumaines, alors que l'armée Rouge stationne encore sur le sol hongrois. Elles sont organisées par le maréchal Vorochilov, qui dirige la Commission de contrôle. Les résultats montrent l'attachement du peuple aux principes démocratiques et la force du sentiment antirusse. Le Parti des petits propriétaires obtient 57 % des voix et l'ensemble des partis non communistes 85 %. Les communistes se trouvent en nette minorité.

Pourtant, le gouvernement suivant ne reflète pas exactement le résultat des élections. A la veille du vote, les partis du Front national hongrois rassemblés dans le gouvernement provisoire avaient conclu un accord préélectoral qui portait sur l'avenir. Aux termes de cet accord, la répartition des postes devait rester la même après les élections, quels que fussent les résultats. Les communistes s'en trouvent favorisés : malgré des résultats désastreux, ils ne perdent aucun poste dans le gouvernement. L'accord leur assure même, à l'issue d'une polémique avec le Parti des petits propriétaires qui détient, avec leur leader Zoltan Tildy, la présidence, le ministère de l'Intérieur, confié à Imre Nagy, jusque-là ministre de l'Agriculture.

La position des communistes ne cesse de s'améliorer. Ils noyautent la police, par l'intermédiaire de l'Intérieur, et neutralisent l'armée. N'ayant pu obtenir le ministère de la Défense, ils agissent en ce domaine avec beaucoup de subtilité. Malgré les accords conclus à la fin de la guerre qui autorisaient la Hongrie à maintenir environ 70 000 soldats sur son territoire, les communistes manœuvrent de telle sorte que l'armée hongroise ne comprend que 12 000 hommes en armes, répartis en très petites unités dispersées sur tout le territoire, aucune ne stationnant à Budapest. L'armée hongroise, si elle échappe encore aux communistes, n'existe donc que sous une forme embryonnaire. Les adversaires des communistes ne pourront s'en servir. Au contraire, les communistes bénéficient de la seule force nationale qui existe en 1946, la police, ainsi que de la présence de l'armée Rouge.

En janvier 1946, l'Assemblée nationale instaure la république. Son premier président est Zoltan Tildy, chef du Parti des petits propriétaires et ancien Premier ministre du gouvernement issu des élections. Il est remplacé à ce poste par Ferenc Nagy, du même parti. Avec le soutien de 58 % de l'électorat, le contrôle de l'État et du gouvernement, le Parti des petits propriétaires détient solidement le pouvoir, du moins en apparence.

Au début de l'année 1946, alors qu'en Bulgarie et en Roumanie la situation s'est déjà renversée au profit des communistes, les partis nationaux hongrois considèrent que le moment est venu de clarifier la situation. Pour éviter d'être débordés comme l'ont été leurs homologues étrangers, ils envisagent de constituer à l'intérieur du Front national un autre front, anticommuniste, et de former un gouvernement dont les communistes seraient exclus. Avec une représentation de 85 % des électeurs, former un front anticommuniste semble alors extrêmement facile.

La situation internationale paraît d'ailleurs s'y prêter : les relations entre l'URSS et l'Occident sont plus détendues. Malgré la présence de ses troupes, il serait sans doute difficile à Staline d'intervenir pour rétablir les communistes au gouvernement : leur élimination par une coalition de partis non communistes ne ferait que traduire sur un plan gouvernemental une situation électorale claire.

Face à cette menace, les communistes qui ne manquent pas davantage de lucidité comprennent qu'il faut gagner de vitesse leurs adversaires. Comme ils ne peuvent pas engager une épreuve de force – ils seraient certains d'avoir le dessous –, ils adoptent la « tactique du salami » qui consiste à débiter son adversaire en rondelles. Cette tactique se traduit, d'une part, par la division des partis qui s'apprêtent à former la coalition anticommuniste, d'autre part, par l'isolement et l'affaiblissement du Parti des petits propriétaires, leur principal adversaire, dont l'élimination est prioritaire.

Pour ce faire, le PC exploite sa position au ministère de l'Intérieur. Le Parti des petits propriétaires est vulnérable dans la mesure où il a servi de catalyseur à toutes les forces oppositionnelles de droite. Comme seuls pouvaient se présenter aux élections les candidats des partis adhérents au Front national, les petits partis de droite ont été éliminés et leurs voix se sont reportées sur le Parti des petits propriétaires, modéré. Avec 57 % des voix et une clientèle beaucoup plus à droite que ses propres options, le Parti des petits propriétaires a naturellement tendance à infléchir ses positions vers la droite. C'est à ce glissement, qui lui est en fait extérieur, que vont s'attaquer en premier lieu les communistes.

Ils tentent contre lui l'opération que les partis non communistes voulaient réaliser contre eux : créer une coalition de gauche dont le Parti des petits propriétaires serait exclu. Ils proclament qu'il existe un complot contre la sécurité de l'État, l'associent aux manifestations de la droite et au soutien du Parti des petits propriétaires à toutes les tendances réactionnaires que dénonce le ministère de l'Intérieur. Les communistes lancent l'idée que les fascistes qui complotent contre le régime se dissimulent dans les rangs de leurs adversaires.

Une manifestation de « salut public » est organisée à Budapest par une coalition de gauche qui comprend les communistes, les socialistes, et le Parti national paysan dont une aile se rapproche des communistes et des syndicats. Cette coalition est destinée à sauver à la fois la république, les petits propriétaires… et le parti du même nom, en exigeant l'exclusion, de leur parti et du Parlement, des brebis galeuses censées incarner le fascisme.

La faiblesse du Parti des petits propriétaires est de céder à l'intimidation en excluant tous les « réactionnaires fascistes » qu'on lui désigne sur les bancs de l'Assemblée. Il préfère perdre certains députés plutôt que d'engager l'épreuve de force. Cela permet au ministère de l'Intérieur d'affirmer que le fait de se débarrasser de certains adhérents prouve que le Parti des petits propriétaires a pris conscience du problème, mais que rien n'est résolu et qu'il faut poursuivre les purges.

Dès le moment où il a reconnu implicitement que ses adversaires avaient raison, le Parti des petits propriétaires s'est coupé de ses anciens alliés et, par les purges auxquelles on l'a contraint, s'est intérieurement affaibli.

A l'égard des autres partis, les communistes se livrent à une tactique différente : à la faveur des congrès des socialistes et des paysans nationaux, ils noyautent leurs comités directeurs.

En 1946, la situation économique est mauvaise. Comme les autres pays d'Europe de l'Est au même moment, la Hongrie connaît une crise monétaire. De plus, le démantèlement par les Soviétiques, au titre des réparations, de l'appareil de production ruine l'économie. Le citoyen hongrois se retourne contre les partis au pouvoir, dont la minorité communiste souligne l'impuissance.

La position des communistes se renforce encore à l'intérieur du gouvernement. A l'été 1947, le premier mouvement du gouvernement avait été d'accepter le plan Marshall, et c'est après de longs débats que le Parti communiste, soutenu par les socialistes, obtient le refus de la Hongrie. Comme en Tchécoslovaquie, le refus de l'aide américaine marque un tournant. Il montre que la coalition existe encore et que, bien qu'ils y soient minoritaires, les communistes imposent leur volonté aux autres. La coalition s'effondre sans être passée par le stade de la pseudo-coalition.

En fait, dès la fin 1946, on trouve en Hongrie le schéma que l'on a déjà vu dans d'autres pays. C'est au parti majoritaire que le Parti communiste s'attaque. Le Parti des petits propriétaires, largement discrédité, peut être éliminé. A la fin de 1946, Laszlo Rajk, ministre de l'Intérieur depuis mars, découvre plusieurs complots et fait arrêter un certain nombre de ses dirigeants. Il demande ensuite de lever l'immunité parlementaire de son secrétaire général, Bela Kovacs, sous l'accusation de complot contre le gouvernement hongrois, ce que son parti refuse. Se produit alors la première intervention ouverte des Soviétiques qui arrêtent Bela Kovacs pour complot contre la sécurité de l'armée soviétique et contre l'URSS.

Dès février 1947, il est clair que le gouvernement hongrois n'est plus maître de la situation. Néanmoins, ce n'est qu'en juillet 1947 que le Premier ministre sera acculé à la démission alors qu'il se trouvait à l'étranger. Jusque-là, malgré l'intervention soviétique, la coalition continue à fonctionner, mais dans des conditions qui réduisent les partis à un état fantomatique.

De nouvelles élections ont lieu au mois d'août, après le rejet du plan Marshall et l'effondrement du gouvernement de coalition. Sans connaître le terrorisme qui a caractérisé celles de Bulgarie, entre autres, les nouvelles élections de Hongrie ne se déroulent pas dans un climat totalement serein. L'exaspération des électeurs provient moins de l'action de la police que de l'incapacité des dirigeants.

L'originalité hongroise provient de ce que ces derniers, alors qu'ils étaient en position de force, ne se sont pas montrés capables de résister au Parti communiste. La désaffection du peuple à leur égard se traduit dans les résultats électoraux. Les communistes remportent 22 % des voix, ce qui, sans être un triomphe, est en net progrès par rapport à la situation de 1945. Plus remarquable est l'effondrement du Parti des petits propriétaires qui n'a plus que 14 % des voix, les socialistes remportant 15 % des voix et le Parti paysan, que l'on peut considérer comme un satellite du Parti communiste, 9 %. Le reste se répartit entre plusieurs petits partis peu représentatifs.

La phase de la coalition est alors terminée, et la Hongrie passe au monolithisme sans avoir connu de période intermédiaire. Le Parti communiste a réussi, sans terroriser la population – mais la violence viendra après – et sans faire appel aux troupes soviétiques avant longtemps, à renverser en deux ans la situation à son profit, grâce à une politique de dissociation des autres partis, et à l'incapacité de ses adversaires à profiter de leur position de force.

Dans cette période, l'évolution numérique du Parti communiste hongrois est d'ailleurs remarquable. De 30 000 adhérents à la fin de la guerre, il passe à 750 000 en 1947, pour une population qui comptera 9 millions d'habitants en 1958. En Bulgarie, l'évolution est semblable : on compte 500 000 communistes pour 9 millions d'habitants en 1948. En Roumanie, ils passent de 1 500 ou 2 000 en 1945 à 710 000 en 1947, pour une population de 16 millions d'habitants – deux fois plus que la population hongroise. En Pologne, les communistes sont 800 000 pour 24 millions d'habitants – trois fois plus que la population hongroise. En Yougoslavie, 400 000 pour 15 millions d'habitants. C'est donc la Hongrie et la Bulgarie qui connaissent en deux ans la plus forte progression. En Hongrie, elle n'est pas le fait du monolithe mais elle s'est réalisée pendant la période de coalition et montre la transformation progressive du pays, le travail en profondeur que les communistes ont accompli.

B. La Tchécoslovaquie, de la coalition au « coup de Prague »

La coalition

Jusqu'en 1946, la Tchécoslovaquie du président Benès est caractérisée par la coopération de toutes les forces politiques et par une neutralité bienveillante à l'égard du communisme.

Le problème fondamental qui se pose dès les élections et qui durera jusqu'à la prise du pouvoir par les communistes est le conflit entre les communautés tchèque et slovaque. En mai 1946, le Parti communiste remporte 38 % des voix dans l'ensemble du pays, mais les résultats sont très différents en Bohême-Moravie et en Slovaquie. En Bohême-Moravie, le Parti communiste obtient 40 % des voix, les socialistes nationaux 23 %, les populistes 20,24 %, les sociaux-démocrates 15,58 %. En Slovaquie, le Parti communiste perd très nettement son avance et n'a plus que 30 % des voix, alors que le Parti démocrate, qui défend le nationalisme slovaque, en obtient 62 %.

A cette exception près, et même en Slovaquie, la situation est favorable aux communistes, mais elle est compliquée par le problème national. Jusqu'au printemps 1946, le PC défend la cause slovaque et se fait le champion d'un État binational, réellement fédéral, sans prééminence tchèque ni centralisation excessive. Cependant, son programme de sécularisation des biens de l'Église heurte les Slovaques, profondément catholiques. Le PC n'est pas le seul à défendre les positions nationales slovaques et la concurrence du Parti démocrate – qui va beaucoup plus loin dans la définition des intérêts des Slovaques et qui ne heurte pas leurs sentiments religieux – explique ses moindres résultats. Cependant, les communistes sauront mieux que leurs adversaires se servir de cette carte nationale.

En 1946, le PC détient une position forte. Il a 114 sièges sur 300 à l'Assemblée et 1,5 million de militants. En outre, il contrôle les syndicats organisés par Zapotocky qui représenteront une force essentielle lors du combat final. Enfin, contrairement à la Hongrie où l'Intérieur est le seul ministère clé que les communistes détiennent, en Tchécoslovaquie, le Premier ministre est le communiste Gottwald. Les communistes contrôlent l'Intérieur, l'Information, les Finances. La Défense nationale a été attribuée au général Svoboda qui a une attitude de neutralité bienveillante à leur égard.

Deux portefeuilles essentiels leur échappent : celui de la Justice, qui équilibre le poids que leur donne l'Intérieur et celui des Affaires étrangères, dont les réticences du titulaire se feront sentir au moment de la discussion sur l'adhésion au plan Marshall. Enfin, le PC est en minorité au Conseil des ministres.

A l'intérieur, il trouve dans le problème de la Slovaquie un levier d'action contre ses adversaires. Les Slovaques ont connu durant la guerre une période d'indépendance et, en 1945, ils n'ont pas de complexe de culpabilité. Le gouvernement de Mgr Tiso était, pour eux, avant tout national. C'est pourquoi ils sont ébranlés par son procès qu'ils ressentent comme celui de l'État slovaque et par les progrès de la centralisation.

Latent depuis 1945, le problème slovaque devient aigu avec le procès de Mgr Tiso. Après sa condamnation, sa grâce est refusée par le président Benès, sous l'influence de l'ensemble des partis tchèques. Le 18 avril, Mgr Tiso est pendu. Pour les Tchèques, c'est le juste châtiment d'un traître et d'un séparatiste, et pour les Slovaques une atteinte à leurs sentiments nationaux. L'agitation se développe en Slovaquie ; elle est à l'origine de la crise intérieure qui conduira la coalition à sa fin.

La crise extérieure est provoquée en juillet 1947 par le plan Marshall. La Tchécoslovaquie est encore plus tentée que la Hongrie de l'accepter. Au moment des débats, une délégation se rend à Moscou pour discuter d'autres problèmes. Elle est composée de Gottwald et de deux non-communistes, Ian Masaryk, ministre des Affaires étrangères et Drtina, ministre de la Justice. Étant donné les circonstances, il est clair que les entretiens ont porté sur les détails pratiques de la coopération avec l'Union soviétique et sur le plan Marshall. Staline affirme aux membres de la délégation qu'il considérerait l'adhésion au plan Marshall de la Tchécoslovaquie comme un geste inamical et même une offense directe à l'Union soviétique. Les membres de la délégation acceptent alors de se plier à la volonté de Staline.

Il est nécessaire d'en revenir au contexte d'avant et d'après guerre pour comprendre leur décision. Traumatisés par le pacte de Munich, les Tchécoslovaques pensent n'avoir qu'un seul allié, l'URSS. Se couper d'elle aboutirait, un jour ou l'autre, à retrouver la situation de 1938.

Le refus du plan Marshall, décidé en dernier ressort, ne réalise pas l'unanimité. L'ancien ministre Ripka a écrit dans ses *Mémoires* que, s'il avait été à Moscou, il n'aurait jamais accepté les conditions de Staline. Pour lui, la Tchécoslovaquie devait garder l'équilibre entre l'Occident et l'URSS, au lieu de s'enfermer dans une seule alliance. Il rapporte les propos de I. Masaryk, après sa décision : « Désormais, nous ne sommes plus que des vassaux. » Les non-communistes avaient donc la conscience très nette que le refus du plan Marshall constituait un tournant décisif.

L'affaire du plan Marshall pose une question intéressante aux historiens. La plupart d'entre eux considèrent que la marche vers le coup d'État commence avec son rejet. Si la Tchécoslovaquie s'oriente, à partir de l'été 1947, vers la fin de la réelle coalition qu'elle a connue jusqu'alors, ce serait parce qu'elle a failli accepter le plan Marshall, que les Soviétiques auraient pris peur et qu'ils auraient poussé les communistes à prendre le pouvoir. La cohérence de cette hypothèse séduit, mais l'Histoire lui oppose un certain démenti : bien avant que le gouvernement ait eu à se prononcer sur le plan Marshall, l'agitation régnait en Slovaquie ; c'est elle qui conduira à la rupture.

La rupture

Le rejet du plan Marshall est une étape décisive dans la dégradation de la coalition gouvernementale ; il est ressenti par les partis non communistes comme une défaite. Les communistes savent de leur côté que s'ils ne s'emparent pas rapidement du pouvoir, leurs adversaires feront l'impossible pour leur barrer la route.

L'inquiétude des partis nationaux est accrue par la fondation du Kominform à la réunion de Sklarska-Poreba, en Pologne, en septembre 1947. La constitution de cette intance communiste indique l'évolution des conceptions soviétiques sur l'avenir de l'Est européen. Les partis communistes représentés sont, excepté les partis français et italien, soit au pouvoir, soit en passe de l'être. Ils se trouvent à la tête du mouvement révolutionnaire et leur réunion à Sklarska-Poreba montre que les communistes de l'Est européen veulent servir de modèle à leurs camarades de l'Ouest, que la période de coexistence pacifique est terminée.

Dans le contexte de la dynamique communiste à l'Est, le Parti tchécoslovaque est le seul à détonner. Dans sa marche au pouvoir, il doit encore faire face à des adversaires et à des lignes de résistance redoutables. La première se situe en Slovaquie et provient du Parti démocrate slovaque dont la popularité croît depuis 1946. Le PC va s'attacher à le détruire. En territoire tchèque, en revanche, il s'applique à rallier le Parti social-démocrate. Pourquoi cette différence de stratégie ? En Slovaquie, le Parti communiste est minoritaire, il représente 30 % de voix face aux 62 % du Parti démocrate. En territoire tchèque il obtient 40 % des voix et, avec l'alliance du Parti social-démocrate, il détient la majorité.

Contre le Parti démocrate slovaque est utilisée la technique déjà employée dans d'autres pays contre les partis adverses, principalement les partis paysans. En novembre 1947, le commissaire de l'Intérieur de Slovaquie annonce la découverte d'un complot contre le président Benès et y associe l'existence, d'ailleurs réelle, de liens entre des membres en exil du gouvernement de Mgr Tiso (dont Dulcanski) et le Parti démocrate slovaque. Cela permet de mettre en accusation les ministres démocrates slovaques et de jeter la suspicion sur l'ensemble de leur parti. De cette manipulation des communistes dépend l'avenir politique du Parti démocrate slovaque.

C'est un échec. En novembre 1947, alors qu'ils avaient demandé la démission de trois ministres démocrates, ils n'en obtiennent qu'une. Encore le ministère de la Justice est-il réattribué à un sans parti. Cette défaite conforte les non-communistes dans l'idée que le moment est venu de lancer une attaque avant que les communistes ne les éliminent. Ces derniers se retournent en cette fin 1947 vers le Parti social-démocrate tchèque et connaissent un second échec.

En septembre 1947, les ministres communistes avaient proposé la création en Tchécoslovaquie d'un impôt sur les millionnaires, jugé démagogique par l'ensemble de leurs collègues. Ils avaient été soutenus par la gauche du Parti social-démocrate conduite par Fierlinger qui avait réussi à signer presque seul, mais en engageant son parti tout entier, un accord qui semblait donner au Parti communiste la majorité qu'il recherchait : il contrôlait ainsi plus de la moitié des sièges au Parlement.

En novembre 1947, le Parti démocrate, très ébranlé, engage le débat sur le pas de clerc de Fierlinger et ses conséquences. A la fin du mois, lors du Congrès, les courants centriste et droitier, probablement encouragés par l'échec des communistes en Slovaquie, refusent de soutenir les thèses de Fierlinger et de le réélire à la présidence du Parti. Il est remplacé par un centriste qui considère, comme il l'a exprimé lors du Congrès, que le rôle du Parti social-démocrate dans la coalition n'est pas d'appuyer un parti contre les autres, mais de soutenir tous les partis et de jouer le jeu d'une véritable coalition. Le Parti communiste rencontre là un second point de résistance, inattendu après l'accord conclu en septembre 1947. L'affaiblissement de la position de Fierlinger dans le Parti social-démocrate se traduit par un recul de celle du PC dans la coalition. Pour les autres partis, c'est un second encouragement à la lutte contre les communistes.

L'année 1948 commence mal pour eux : c'est pourquoi les uns et les autres ne souhaitent pas attendre davantage, tout en voulant éviter l'affrontement lors des élections prévues pour le mois de mai 1948. En effet, les partis non communistes, qui ont pu observer comment les élections se sont déroulées dans les autres pays, sont anxieux de ce qui adviendrait chez eux, dans le même cas, si les communistes se maintenaient aux postes clés. De l'autre côté, les communistes comprennent qu'après leur recul en Slovaquie, face au Parti démocrate, les élections ne pourraient être gagnées dans des conditions entièrement démocratiques. L'alternative est donc d'éviter la bataille électorale ou de s'y engager avec d'autres armes. Des deux côtés existe une certaine appréhension des élections, des deux côtés on a conscience qu'en définitive, la police jouera un rôle déterminant.

C'est la raison pour laquelle la crise de février est centrée sur la « décommunisation de la police », selon les partis nationaux, ou la « loyauté de la police », selon les communistes. La question de la police avait déjà été soulevée à la fin de 1947, quand Zenkl, vice-Premier ministre, Masaryk, ministre des Affaires étrangères, et Drtina, ministre de la Justice, tous trois non communistes, avaient reçu des colis piégés. Le ministre de la Justice découvrit, à l'issue de l'enquête, que les bombes émanaient d'un groupe communiste. Il put aussi constater que son collègue de l'Intérieur, Nosek, loin de poursuivre les coupables, les couvrait. Enfin, ce complot soulevait le problème de la détention d'armes par les communistes. Dès la fin de 1947, les ministres socialistes nationaux mettent donc en doute la loyauté de la police et demandent la démission de Nosek.

Si les socialistes-nationaux trouvent la police trop procommuniste, les communistes trouvent, eux, qu'elle l'est insuffisamment. L'année 1948 commence par un mouvement de personnel extraordinaire au sein de la police, avec la démission forcée d'un nombre important de policiers et par le recrutement de sympathisants communistes. Après avoir dénoncé en termes généraux le noyautage opéré par Nosek, les socialistes nationaux exigent le renvoi de policiers nommément désignés et l'arrêt des mutations et des démissions.

Intervient alors la question la plus intéressante de la période : le rôle joué par le Parti social-démocrate. En novembre 1947, il s'était prononcé pour une véritable coalition et avait par là même refusé de tendre la main aux communistes, comme le proposait Fierlinger. L'évolution du Parti social-démocrate entre le 13 et le 25 février est très brutale. Elle aboutit à abandonner tous les autres partis au profit d'une coopération totale avec les communistes. Les sociaux-démocrates ont scellé à ce moment-là le destin de la Tchécoslovaquie.

Le 13 février, les ministres non communistes décident de tenter l'épreuve de force. Lors d'une réunion ministérielle, ils exigent du ministre de l'Intérieur qu'il cesse de noyauter la police et qu'il révoque les derniers policiers recrutés. Comme Nosek passe outre, ils se mettent d'accord pour le contraindre à exécuter la décision du Conseil des ministres. Ils lui laissent une semaine pour appliquer ces décisions et arrêtent qu'ils porteront, à défaut, le 19 février leur démission collective au président de la République, laissant les communistes seuls. Le but est de contraindre Benès à dissoudre le gouvernement et à en former un nouveau. Les communistes y étant minoritaires, Nosek serait écarté de l'Intérieur et, avec lui, la possibilité de manipuler la police. Cette manœuvre est entièrement fondée sur la confiance que les autres partis portent aux sociaux-démocrates, sur la certitude que le groupe du centre, qui l'avait emporté en novembre 1947, représentait la majorité et suivrait l'ensemble de la coalition. Ce projet se fonde également sur l'idée que le Parti communiste n'aurait pas le temps de réagir. Sa grande maladresse vient de ce qu'il a été conçu par de vrais démocrates, qui croient à la force des procédures, aux intentions démocratiques des communistes et ne peuvent pas même imaginer la possibilité d'un complot politique. En fait, les communistes utilisent les six jours de délai qui leur sont accordés pour préparer une contre-offensive.

Averti de ce qui se prépare, le Parti communiste proclame dès le 17 février que la menace de la démission des ministres non communistes est un complot contre-révolutionnaire. En quelques jours, il mobilise sur ce thème des comités dans toutes les grandes villes, dans les campagnes et des comités d'action ouvriers. Le mouvement doit culminer le 22 février, la veille de la démission des ministres non communistes. Son effet d'annonce pèse déjà comme une grave menace sur la décision qu'aurait à prendre Benès. Le 18 février, le PC commence à distribuer des armes, et l'on comprend dès lors que les manifestations à venir n'auraient pas pour seul but l'intimidation.

Le 19 février, les ministres portant leur démission au président Benès constatent que les sociaux-démocrates sont absents : ils ont pris peur devant la montée du mouvement populaire. La démission des ministres n'a plus la même portée. L'attitude des sociaux-démocrates a commandé la décision de Benès. Leurs hésitations à partir du 19 février, les manifestations des comités populaires à partir du 22 ébranlent cet homme très attaché à l'idée de démocratie, soucieux de répondre au vœu de la majorité et d'éviter à son pays une guerre civile. Si les sociaux-démocrates penchent du côté communiste, la ligne de partage semble se situer à mi-chemin de deux tendances, pro- et anticommunistes, sans que l'on puisse parler de véritable majorité. Au nom de quoi choisir l'une plutôt que l'autre ?

La Tchécoslovaquie connaît là des jours incertains et tragiques. Du 19 au 25 février, Benès reste dans une expectative inquiète, repoussant les démissions qu'on lui présente, refusant de former à la va-vite un gouvernement où la totalité des partis de la coalition ne serait pas représentée. Il est aussi l'objet de pressions morales de la part du ministre de la Défense nationale, Svoboda, très favorable aux communistes. Aussi bien, ce ne sont pas la menace militaire, les foules qui manifestent à partir du 22 février, ni les télégrammes dont on l'accable et qui demandent l'élimination des réactionnaires qui décident le président Benès, mais le souci de connaître la volonté de la majorité. Or ce n'est que le 25 que les sociaux-démocrates basculent du côté communiste.

Ce jour-là, Fierlinger fait un véritable coup de force contre le centre de son parti. Après des tractations et des menaces, il réussit à imposer ses vues. Le Parti social-démocrate décide de se ranger du côté des manifestants. Le président Benès accepte alors les démissions qui lui ont été présentées et forme un nouveau gouvernement, présidé par Gottwald, qui comprend, sur 24 membres, 12 communistes, 3 sociaux-démocrates, dont Fierlinger. Les autres appartiennent aux partis oppositionnels, mais sont désignés par les communistes. Le seul homme d'envergure qui subsiste du gouvernement précédent, comme une caution ou un otage, est Masaryk, le ministre des Affaires étrangères. Il se suicidera de désespoir peu après.

Des élections ont lieu en mai 1948. Elles donnent aux électeurs le choix entre, d'un côté, le Front national, ou ce qui reste de la coalition gouvernementale, des sociaux-démocrates de gauche et des communistes, et, de l'autre, des bulletins blancs. En territoire tchèque, 90 % des électeurs votent pour le Front national, en Slovaquie 86 %.

Le 9 juin, Benès démissionne. Il est remplacé à la tête de l'État par Gottwald ; la présidence du Conseil est confiée à Zapotocky, le chef des syndicats qui avait déjà été vice-président dans le gouvernement Gottwald de février 1948. Dès ce moment, la Tchécoslovaquie s'aligne sur les autres pays de l'Europe orientale.

En résumé, la transformation de la Tchécoslovaquie est particulière dans la mesure où, jusqu'à la dernière minute, le choix a dépendu des partis tchécoslovaques et en premier lieu du Parti social-démocrate. Deux questions se posent : le rôle du problème national slovaque dans la politique communiste ; le rôle de l'URSS. Le Parti communiste tchécoslovaque était-il en mesure de réaliser seul ce que ses homologues n'ont pu faire sans aide extérieure ?

La position des communistes à l'égard des Slovaques est ambiguë. Jusqu'à la fin de 1946, les communistes soutiennent la volonté sinon d'indépendance, du moins d'autonomie la plus large possible, tandis qu'à partir de la fin de l'année, ils semblent susciter une politique centralisatrice. Ils exigent alors la pendaison de Mgr Tiso. Dès l'origine, on peut voir dans cette oscillation un choix tactique.

En 1945, après la libération du territoire, le soulèvement national slovaque a mis en mouvement des masses populaires extrêmement nombreuses. C'est en Slovaquie que les chances de révolution semblent les plus importantes. Cette hypothèse, d'ailleurs réalisable, ouvre aux communistes la possibilité de transformer la Slovaquie en république fédérée et de la rattacher à l'URSS. A beaucoup d'égards, le communisme slovaque semble donc susceptible d'entraîner l'ensemble du pays dans une révolution générale, ce qu'une vieille tradition démocratique rend impossible en Bohême-Moravie.

D'autre part, le Parti communiste tchécoslovaque, tout en ayant des moyens supérieurs à ses homologues étrangers, doit tout de même faire face à d'autres partis politiques, réunis dans une coalition à laquelle il évite de se heurter. Dans cette perspective, briser la solidarité entre partis démocratiques slovaques et tchèques lui est extrêmement utile. En opposant aux partis nationaux un problème slovaque, le Parti communiste les affaiblit dans l'ensemble du pays. Pendant deux ans, il mène systématiquement cette politique.

Les Slovaques, qui gardent le souvenir d'un État national, réclament au minimum un État binational avec égalité des droits pour les deux communautés. Les Tchèques sont réticents. Ni Benès, ni Masaryk, ni aucun Tchèque n'a jamais été fédéraliste : dans un État binational, les Slovaques, pesant leur poids réel, créeraient un déséquilibre en leur faveur. Pour éviter un affrontement avec les Slovaques, les Tchèques utilisent le fait que la communauté morave n'a pas d'exigence nationale. Ils proposent donc, non un État bi- mais trinational dont la capitale serait Prague et où ils se trouveraient en position de force face aux communautés slovaque et morave.

Le Parti communiste soutient en 1945-1946 la thèse d'un État binational sur le modèle soviétique : un État fédéral regrouperait des États fédérés, chacun d'entre eux pesant du même poids. A partir de 1946, les communistes changent de politique, à la fois à cause de l'affaiblissement de leur position en Slovaquie et probablement en considération de l'avenir. Leur affaiblissement en Slovaquie est révélé par les élections, qui ont montré que le Parti démocrate profitait le plus de l'effervescence slovaque, accrue par le refus des Tchèques. La Slovaquie de 1946 ne constitue plus la base révolutionnaire de 1945. Le PC se rend compte qu'en soutenant le nationalisme slovaque, il éloigne tous les partis tchèques et notamment les sociaux-démocrates qu'il essaie par ailleurs de rallier. Il abandonne alors le nationalisme slovaque, qui s'est révélé peu payant, et joue la carte unitaire, que tous les partis tchèques sont susceptibles d'apprécier. La politique de la première période a produit ses effets : les partis nationaux sont ébranlés, les liens entre partis tchèques et slovaques ont disparu et leurs politiques nationales s'opposent. Seul le Parti communiste demeure uni. La première étape du travail de sape du Parti communiste est accomplie.

D'autre part, à partir de la fin 1946, la perspective de l'avenir oriente les communistes vers une centralisation accrue. Si l'on émet l'hypothèse qu'à cette date le problème de la prise du pouvoir commence à se poser, il faut admettre qu'ils souhaitent, plutôt que la survivance de conflits nationaux, trouver, une fois au pouvoir, une situation en voie d'apaisement. Leurs intérêts immédiats et futurs les poussent donc, à partir de la fin 1946, à abandonner le nationalisme slovaque, qui a porté tous ses fruits, et à jouer la carte tchèque pour se rapprocher du Parti social-démocrate.

La seconde question concerne le rôle joué par l'URSS. Au regard des faits, s'impose la constatation que l'URSS n'est pas directement intervenue, sauf en 1945 pour calmer l'effervescence révolutionnaire. Ripka a écrit dans ses *Mémoires* qu'en Tchécoslovaquie ce qui avait été préparé n'avait pas été le coup de Prague, mais l'ajournement de la révolution qui aurait dû éclater en 1945. C'est en effet dans l'apaisement des communistes tchécoslovaques et dans leur incitation à entrer dans la coalition que l'on perçoit l'influence de l'URSS. Elle réintervient deux fois par la suite. A la fin de 1947, alors que la Tchécoslovaquie, dans une situation économique dramatique, manque de vivres, Ripka se rend à Moscou pour négocier des achats de blé et de fourrage. Sans attendre son arrivée, Staline envoie un télégramme dans lequel il annonce leur envoi, une manière efficace de renforcer la position de Gottwald et de son parti.

La seconde intervention se situe le 19 février 1948. Le jour de la démission des ministres non communistes, Zorine arrive à Prague pour contrôler l'arrivée des vivres envoyées par l'URSS et participer à une manifestation commune soviéto-tchécoslovaque. Sans doute sa présence constitue-t-elle un encouragement aux communistes tchèques, mais ce n'est pas elle qui conduit Benès à s'incliner.

On peut évidemment se demander ce qui se serait passé si les sociaux-démocrates avaient résisté à Fierlinger ou si Benès avait refusé de donner le pouvoir à Gottwald. Certes, on peut refaire l'Histoire à partir d'événements qui n'ont pas eu lieu. Mais l'« *history if* », tout en soulevant des problèmes intéressants, n'est pas une méthode scientifique. Les faits, eux, prouvent que le Parti communiste a su mener sa politique jusqu'à la prise du pouvoir parce qu'il avait noyauté l'aile gauche du Parti social-démocrate et qu'il avait su nouer avec elle des liens suffisamment étroits pour faire basculer le Parti social-démocrate de son côté.

3

Les nouveaux États

Avec la communisation de la Tchécoslovaquie, prend fin la mutation politique des pays de l'Est européen. Elle a été précédée de nombreuses transformations économiques et sociales. Elle a été partout suivie d'un processus d'uniformisation des régimes et des partis, de bolchevisation et de stalinisation.

Toutefois, même après le triomphe des partis communistes, au moment où se mettent en place de nouvelles institutions, on ne peut pas dire que les régimes nouveaux, ou que leurs chefs, soient partout exactement semblables. Leur homogénéisation sera assurée entre 1948 et 1953 par des épurations qui remodèleront le personnel politique et changeront les méthodes de pouvoir.

I. Les institutions

Les démocraties populaires créées entre 1945 et 1948 se sont donné des Constitutions très voisines, calquées sur celle de l'Union soviétique. Elles ont rarement été durables. Dans de nombreux cas, les Constitutions de transition des années 1945-1948 ont été entièrement refondues entre 1950 et 1952. Ce sont elles qui subsisteront, avec quelques améliorations.

Deux types de Constitutions se dégagent. Le premier regroupe celles qu'inspire directement la Constitution de l'Union soviétique. Tel est le cas en Albanie, en Bulgarie, en Hongrie, en Roumanie et en Yougoslavie. Un second groupe comprend des Constitutions de transition, qui conservent certains traits de la période politique antérieure : les Constitutions polonaise de 1947 et tchécoslovaque de 1948. Rappelons que la Pologne a été communisée par la force et que la Tchécoslovaquie a, jusqu'au bout, hésité entre communisme et démocratie : la Constitution tchécoslovaque de 1948 reflète l'hésitation des communistes à intensifier la violence à l'encontre des autres partis dans la période qui suit la prise du pouvoir. Il faudra attendre 1952 en Pologne et 1960 en Tchécoslovaquie, pour trouver des Constitutions de type indéniablement soviétique. De telles considérations n'interviennent pas dans les pays où la force principale est venue de l'extérieur et où la prise du pouvoir s'est faite aisément.

A partir de 1953, bien que les pays de l'Est européen se déstalinisent, avec des différences dans le moment et les modalités, leurs Constitutions n'évoluent pas au même rythme. Ce n'est qu'en 1965 que sont intégrés dans les textes les changements survenus depuis l'époque stalinienne.

Néanmoins, une même forme constitutionnelle se retrouve partout : un système monocaméral avec élection au suffrage universel, sauf en Yougoslavie où la représentation des nationalités est conservée. Les Assemblées gardent dans certains cas leur nom traditionnel : « Sejm » pour la Pologne, « Skupchtchina » pour la Yougoslavie.

Dans la plupart des pays socialistes européens, et c'est là une marque du modèle soviétique, un présidium détient collectivement les pouvoirs de chef d'État. La Tchécoslovaquie, la Yougoslavie et, jusqu'en 1952, la Pologne résistent à ce modèle en conservant un chef d'État unique.

Aucune de ces Constitutions n'a retenu la séparation des pouvoirs, considérée comme un principe du droit bourgeois. Le fondement de la Constitution est le Parti. Gottwald le rappelle au IXe Congrès du Parti communiste tchécoslovaque de 1949, qui se tient juste après l'instauration du communisme : « Il faut se souvenir que c'est le Parti qui a pris le pouvoir et qui le détient dans tous les domaines. » Cela est vrai pour les démocraties populaires comme pour l'URSS.

II. L'évolution du Parti

L'évolution de la base du Parti est comparable, quels que soient les pays. Dans la période de prise du pouvoir, entre 1945 et 1948, les partis communistes sont avant tout soucieux d'attirer le plus grand nombre d'adhérents possible, sans grand contrôle. Une telle politique découle de leur position minoritaire à la Libération : il s'agit avant tout de s'opposer aux autres partis. Même le Parti communiste tchécoslovaque, largement représenté, n'est pas en mesure de contrebalancer leur influence.

Les partis communistes recrutent des sympathisants et, dans les années 1947 et 1948, les membres des partis sociaux-démocrates qui ont fusionné avec eux. Leur intégration s'effectue dans de mauvaises conditions dans la mesure où ils sont contraints à reconnaître leurs erreurs et à faire leur autocritique, ce qui n'existait pas entre 1945 et 1946. Le Parti communiste attire aussi de nombreux individus qui avaient joué un rôle dans des organisations d'un tout autre type et qui avaient échappé à la répression. Ceux-là se jettent dans le Parti pour y continuer leur activité politique. Entre 1945 et 1948, les partis communistes accueillent ainsi dans leurs rangs des transfuges d'organisations de droite, des partis fascistes, etc. Enfin, ils attirent des bureaucrates, clients des gens en place à la recherche d'une garantie pour conserver leur poste. Cela explique le gonflement extraordinaire tout comme l'hétérogénéité des partis communistes mais aussi leur influence dans tous les organes de l'État où des fonctionnaires venus au communisme pour des raisons souvent personnelles ont assuré dans l'administration une forte présence communiste.

En 1948, toutes ces adhésions donnent aux partis communistes un aspect hétérogène. Seul le Parti yougoslave échappe à cette dégradation : il s'est forgé dans la lutte, dans la résistance et a pris le pouvoir sans difficulté, grâce à des militants qui ont adhéré au moment le plus difficile, par conviction. Il n'a pas à se défaire d'éléments inutiles, ce que le Kominform lui reprochera. Partout ailleurs en Europe orientale, le niveau idéologique et la combativité des troupes hâtivement rassemblées dans les partis communistes sont douteux. Une purge s'impose rapidement.

Les purges de 1948, administratives, qui visent la base, ne doivent pas être confondues avec les suivantes, qui seront politiques, atteindront le sommet et déboucheront sur une élimination physique de leurs victimes. Les premières correspondent à ce qu'a connu l'URSS à la fin de la NEP, sous le nom de « contrôle », d'« échange des cartes », etc. Il s'agit d'améliorer la qualité de la base du Parti. Est examiné le cas des adhérents entrés dans les périodes de recrutement facile. On pratique des coupes sombres, essentiellement à partir de deux critères : l'origine sociale – on essaie d'éliminer la trop grande masse des membres d'origine bourgeoise – et la moralité. Sont exclus ceux qui n'ont pas eu une conduite exemplaire à l'intérieur ou hors du Parti. Quels que soient les pays, à peu près 15 ou 20 % des adhérents sont touchés, leur situation pouvant cependant être revue par la suite.

Le plus largement purgé est le Parti tchécoslovaque. En 1947, il compte 1 300 000 membres – au IXe Congrès de 1949, 2 300 000. Il a presque doublé ses effectifs dans les semaines qui précèdent et qui suivent immédiatement les événements de février 1948. C'est en tout cas ce que ses dirigeants semblent avoir dit au moment des purges, qui atteignent près de 25 % des membres. Il est vrai qu'après réexamen et période probatoire, le taux final d'exclusions devient infiniment plus faible. Au total, environ 200 000 membres du Parti communiste tchécoslovaque ont été mis à l'écart. Cette première période de purges administratives durcit ceux qui restent, crée des divisions internes, aiguise la vigilance à l'égard des non-communistes. Elle modifie profondément le climat politique.

Le problème de l'itinéraire des cadres politiques n'est pas moindre. On a tendance en général à considérer qu'il existerait à cette époque deux types de cadres dont la différence se retrouverait dans le comportement et la carrière : d'un côté, ceux qui subissent l'influence des Soviétiques parce qu'ils ont séjourné en URSS, ont vécu dans l'entourage de Staline ou dans les rangs du Komintern, et, de l'autre, les cadres communistes locaux. Il est exact qu'une division existe entre ceux que l'on pourrait appeler les « soviétiques » et les « communistes nationaux ». Cependant elle ne recouvre pas exactement le choix des dirigeants futurs. D'autres critères interviennent également.

« Communistes de Moscou » et « communistes nationaux » ont tout d'abord en commun un héritage : la lutte pour la survie. On tend à les opposer en considérant que ceux qui étaient en URSS ont eu une vie facile, ont échappé aux combats contre le fascisme, aux tortures, etc. En réalité, ils ont dû traverser les purges staliniennes, et ont souvent été éliminés de la direction politique à un moment ou à un autre. Les années de l'entre-deux-guerres ont été marquées par une lutte sans merci pour se maintenir en vie et en liberté, en URSS comme dans les autres pays d'Europe orientale.

Parmi les dirigeants « soviétiques » les plus célèbres sont des hommes très différents. Certains ont joué un rôle important dans le Komintern : Dimitrov, Rakosi, Tito ou Kolarov. D'autres se sont rendus à Moscou parce qu'ils ne pouvaient pas agir dans leur pays : Anna Pauker, Bierut, Gottwald, Ulbricht, Nagy, etc. D'autres encore, dont la formation a échappé à l'influence soviétique, ne sont allés à Moscou que rarement, voire jamais : Gheorghiu-Dej, Hodja, Gomulka.

Parmi ceux qui sont restés dans leur pays, la plupart ont passé une grande partie de leur existence en prison : Gheorghiu-Dej au moins dix ans, Moshe Pijade quatorze. Kostov s'est jeté par une fenêtre pour échapper à ses bourreaux. Tous ont connu une existence extrêmement précaire.

Certains dirigeants qui ont d'abord suivi les communistes soviétiques s'en sont écartés par la suite, comme Tito. Son prestige, celui de Hodja ou de Jivkov, ne tiennent nullement à leur passé en URSS ou au Komintern mais au rôle qu'ils ont joué dans la résistance ou dans la lutte aux côtés des ouvriers de leur pays. En 1945, Gottwald, qui s'est réfugié à Moscou, doit une grande partie de sa popularité à son opposition aux accords de Munich et à la propagande qu'il a menée depuis Moscou pour la libération de son pays.

Par la suite, bien des positions se renverseront, et bien des dirigeants que l'on peut qualifier de « moscovites » – Tito, mais aussi Nagy, en Hongrie – résisteront étonnamment aux Soviétiques. A l'inverse, des hommes comme Novotny, Kadar ou Gheorghiu-Dej, qui n'ont jamais été en URSS et dont Moscou était moins sûr, conserveront assez longtemps des positions prosoviétiques.

Il est donc difficile de décider dans quelle mesure le passé commande les attitudes futures. Les purges n'ont pas, elles non plus, un rapport immédiat avec les carrières et les liens avec l'Union soviétique. Il faut se garder de penser là aussi que les Soviétiques s'attachent systématiquement à conserver au pouvoir les hommes qui leur sont dévoués et à purger ceux qui ont suivi une carrière nationale.

4

Les purges staliniennes

Les purges en Europe de l'Est ne sont pas seulement intéressantes pour l'anecdote, mais pour les questions qu'elles soulèvent, en particulier par la répétition d'un phénomène historique qui a déjà eu lieu quelques années auparavant en URSS. En effet, on est frappé par la similitude entre l'évolution de l'Europe de l'Est entre 1948 et 1953 et le processus stalinien des années 1934-1938. Dans ses *Souvenirs*, la fille de Staline écrit que les Soviétiques ont eu l'impression de revivre, à partir de 1949, un mauvais rêve. En fait, les purges commencent dans l'Est de l'Europe avant de se développer à nouveau en URSS. De 1949 à 1952, en Union soviétique, elles sont isolées et relativement discrètes, alors qu'elles prennent un caractère spectaculaire à l'Est.

Est-il possible d'expliquer les purges qui touchent l'Europe orientale dans les trois années qui précèdent la mort de Staline ? Sont-elles une conséquence de la prise du pouvoir d'une équipe contre une autre, comme en Union soviétique entre 1934 et 1938, ou de la mainmise soviétique sur ses pays satellites ?

Le processus d'épuration est globalement le même dans les deux cas. La première phase, l'épuration administrative, permet, on l'a vu, de redonner aux partis des démocraties populaires la physionomie d'un noyau dur formé d'une élite politique, et de se débarrasser des éléments qui sont venus le gonfler, comme entre 1930 et 1933 en URSS. Puis, à partir de 1949, comme après 1934 en URSS, les purges frappent au sommet.

En Union soviétique, les purges se produisent à chaque étape de l'accession puis de la consolidation du pouvoir de Staline. La dimension idéologique de ces combats n'est évidente que dans la querelle qui a opposé Staline à Boukharine. Lors des autres combats, Staline a supprimé les membres de sa propre famille politique avant d'en reprendre le programme. Dans les démocraties populaires, la partie de l'équipe dirigeante victime des purges est-elle éliminée au cours d'une lutte pour le pouvoir ou pour la défense d'une certaine idée du socialisme ?

I. Le conflit soviéto-yougoslave de 1948

Le conflit entre Staline et Tito marque un tournant dans l'histoire des purges en Europe de l'Est : il ouvre la voie à une véritable révolution. Pour la première fois, Staline ne sait plus sur qui compter.

Jusqu'alors, dans tous les combats que Staline avait menés contre des dirigeants de la Troisième Internationale, il avait été capable de ramener ses contradicteurs à la raison ou, cas le plus fréquent, de se débarrasser d'eux. Jusqu'en 1948, il a toujours pu compter sur la fidélité des cadres, au moins de ceux que l'on considérait comme de « bons communistes ».

Dans le conflit avec les Yougoslaves, Staline est surpris par la résistance de Tito. Il était convaincu qu'il arriverait à l'écarter : « Je lèverai le petit doigt et Tito s'écroulera. » Il a levé le bras tout entier et Tito n'a pas bronché.

A partir de juin 1948, un grave problème se pose à l'Union soviétique : empêcher la diffusion moins de l'idéologie que du modèle titiste de rébellion contre l'autorité centrale. Pour la première fois, la suprématie idéologique et organisationnelle de l'URSS est contestée. Le 28 juin 1948 est publiée la résolution du Kominform condamnant Tito. Elle est l'aboutissement d'un conflit ouvert au mois de mars. Au moment de sa publication, une grande partie du camp socialiste ne sait pas encore ce qu'elle recouvre. En 1949, la publication d'un Livre blanc par les Yougoslaves donnera une large publicité aux événements de 1948. Les partis communistes découvriront alors que l'année précédente, de mai à juin, le gouvernement soviétique n'a pas seulement discuté avec Tito mais a mis en œuvre une stratégie jusqu'alors classique pour tenter d'éliminer un dirigeant communiste qui lui était défavorable. Toutes les tentatives échouent : la formation au profit des dirigeants yougoslaves d'une union sacrée empêche les Soviétiques de modifier la majorité du Parti yougoslave. C'est la première fois qu'un homme et surtout un Parti communiste tout entier se montrent capables de s'engager dans ce que l'URSS considère comme une hérésie.

Tito pose également le problème des relations de l'URSS avec la Yougoslavie sur un nouveau plan, celui de relations d'État à État. Il introduit l'idée qu'un État, même socialiste, peut avoir des intérêts différents de ceux du Parti communiste, internationaliste par essence.

C'est cette seconde remise en question que les Soviétiques ont le plus de mal à accepter. De fait, ils ne l'accepteront pas de la Yougoslavie. Alors que Tito, chef d'État, ne s'adresse jamais au secrétaire du Parti communiste de l'URSS mais au président du Conseil des ministres, Staline, et au ministre des Affaires étrangères de l'URSS, Molotov, il reçoit en retour des lettres adressées par le Parti communiste de l'URSS à Tito, dirigeant communiste, membre du Kominform. Tito s'exprime en tant que chef d'État à l'adresse d'autres chefs d'État alors que les dirigeants soviétiques ne reconnaissent pas cette entité dans le cadre des relations internes au camp socialiste. L'URSS ne tient nullement à voir s'y répandre l'idée de la primauté des intérêts des États nationaux sur ceux des partis communistes, tels que les définissent les Soviétiques, et en dernier ressort l'URSS ne souhaite pas voir son autorité suprême bafouée. Les Soviétiques ne changeront d'attitude qu'en 1955.

Le danger de contamination est réel. De nombreux communistes d'Europe de l'Est se sentent proches de Tito et peuvent entendre son appel à la rébellion contre une autorité absolue. Seuls deux pays restent sûrs pour le moment. En Bulgarie, des contestations territoriales entretiennent une certaine hostilité à l'égard de la Yougoslavie, et en Roumanie, venue au communisme par une intervention extérieure, le Parti communiste représente une force politique assez faible. Son seul appui est l'URSS. Il ne peut encore songer à s'en émanciper.

Dès lors, l'URSS cherche à modifier la carte du socialisme en Europe orientale et à en exclure la Yougoslavie. Ces transformations se feront en deux étapes. La première est la condamnation du Parti communiste yougoslave par le Kominform et son exclusion du Kominform. La seconde est la transformation des équipes dirigeantes des autres partis communistes par des purges.

II. Les pays de l'Est européen contre la Yougoslavie

L'URSS obtient l'exclusion de la Yougoslavie du camp socialiste en rompant les liens économiques préexistants et en favorisant les revendications territoriales des pays limitrophes.

Après le rejet du plan Marshall, l'Europe de l'Est a dû compter sur ses seuls moyens. Les échanges entre pays du bloc soviétique sont devenus décisifs pour leur développement économique. Dès 1947-1948, l'URSS met en place avec eux un système d'échanges bilatéraux. A peine le Kominform a-t-il condamné la Yougoslavie que les liens économiques tissés avec elle sont tranchés.

La mise à l'écart de la Yougoslavie peut entraîner deux conséquences différentes. La Yougoslavie étranglée, Staline a probablement espéré que la catastrophe économique inciterait le PC yougoslave à se débarrasser de Tito et à composer avec l'URSS. A défaut, la Yougoslavie chercherait de l'aide hors du camp socialiste, et ainsi se discréditerait. Hypothèse incertaine car, au moment de sa condamnation par le Kominform, la Yougoslavie n'a pas manifesté qu'elle quittait le camp socialiste pour s'allier à l'Occident.

Les premiers à rompre avec les Yougoslaves sont les Albanais qui, dès le 1er juillet 1948, dénoncent tous les accords économiques avec eux. Parmi ceux qui suivent, soit toutes les autres démocraties populaires, les pays dont la rupture entraîne les conséquences les plus graves sont l'URSS, la Tchécoslovaquie et la Roumanie. Les accords avec les deux premiers devaient permettre à la Yougoslavie de réaliser le plan à long terme qui venait d'être élaboré. La Tchécoslovaquie puis l'URSS décident d'arrêter leurs livraisons. La rupture avec la Roumanie, principal fournisseur de pétrole, est également décisive. A l'été 1949, la Yougoslavie est obligée de se tourner vers l'Occident. Se réalise l'un des desseins soviétiques : la Yougoslavie s'exclut complètement du camp socialiste.

La réorientation vers l'Ouest est d'autant plus lourde de conséquences qu'elle intervient au moment de la bipolarisation des relations internationales. A partir de 1948, l'URSS insiste sur le fait qu'on ne peut être des deux côtés à la fois et que le moindre lien avec l'Occident implique une adhésion totale au capitalisme. Ainsi, avec sa politique d'isolement économique, l'URSS réussit ce que la condamnation du Kominform n'a fait qu'esquisser : exclure la Yougoslavie du monde socialiste.

Jusque-là, l'URSS a conduit seule l'opération comme elle l'avait déjà fait au sein du Kominform. Elle souhaite désormais amener les démocraties populaires à se retourner d'elles-mêmes contre l'ennemi. Les revendications territoriales jouent pour cela un rôle très important. Après avoir aidé à les résoudre pacifiquement en 1945, l'URSS réveille tous les conflits frontaliers qui restent pendants entre la Yougoslavie et ses voisins : la Hongrie, la Roumanie, la Bulgarie et l'Albanie. Dans certains cas, on frôle le conflit armé. Cette campagne contribue également à isoler la Yougoslavie.

III. Les purges

A l'été 1949, un an après la condamnation de la Yougoslavie par le Kominform, Staline veut être assuré qu'aucun autre dirigeant européen ne sera tenté de suivre son exemple et n'affirmera à nouveau la prééminence de sa nation et les intérêts de son État face à ceux du Parti. En cela, les purges constituent un nouvel aspect de la lutte contre le modèle yougoslave.

A l'été 1948, dès la condamnation de la Yougoslavie, apparaît, non dans les directives de Moscou mais dans celles du Kominform, la menace d'une épuration. Son organe de presse, *Pour une paix durable, pour une démocratie populaire*, publie dans son numéro de juin un article extrêmement violent contre les opportunistes, les nationalistes et les déviationnistes de toutes catégories. Les mots d'ordre, pour l'ensemble des pays socialistes sont : vigilance, autocritique, épuration, expulsion de tous les indésirables. Cet article met l'accent sur le fait que les purges à la base ont été conduites par des dirigeants qui avaient surtout le souci de se tirer d'affaire eux-mêmes, et que si la base a bien été consolidée, la direction, et plus généralement la hiérarchie du Parti, est partout sujette à des déviations. Les appels à la vigilance ne sont jamais gratuits : les purges suivent toujours aussitôt.

De 1949 à 1952, elles ont connu deux étapes qui n'ont probablement pas la même signification. Une première vague est dirigée contre le « nationalisme bourgeois », dans la seconde sont visés les « cosmopolites ». Même s'il est difficile de l'établir, il faut adopter un ordre chronologique dans l'étude des purges et rechercher leurs points communs dans les différents pays socialistes.

A. La lutte contre le « nationalisme bourgeois »

Puisqu'il s'agit de tuer dans l'œuf l'affirmation des intérêts particuliers à chacune des démocraties populaires, il serait tentant de prétendre que ces purges ont éliminé les dirigeants communistes nationaux et les ont remplacés par des fidèles de l'URSS, des « Moscovites ». Ce n'est pas toujours vrai. L'exemple de Tito montre qu'un dirigeant lié à Moscou par une longue pratique militante au Komintern peut accorder la priorité aux intérêts nationaux de son pays.

Les épurations semblent avoir débuté en Pologne. Au cours d'une première période de purges administratives, le Parti élimine certains des membres de son appareil sans donner à l'affaire un tour dramatique. Il s'agit sans doute d'une période d'expérimentation, pour habituer l'opinion et mesurer les résistances.

La Pologne est choisie parce que c'est là qu'apparaît, dès le début, une tendance favorable au communisme national. Pour le comprendre, il faut se rappeler les conditions dans lesquelles s'est réalisée la révolution en Pologne et la force politique fondamentale que représente dans ce pays le poids de l'Église polonaise. De même, le sentiment national qui a survécu à toutes les transformations historiques de la Pologne perdure sous le régime socialiste, de sorte qu'en

1948, à la suite de la contestation de Tito, se manifeste une tendance à défendre, sinon les intérêts nationaux de la Pologne, du moins l'idée qu'elle peut évoluer selon une ligne qui lui serait propre.

L'homme qui incarne cette tendance est Gomulka, le secrétaire général du Parti communiste polonais de 1948. Il ne s'agit pas d'un « Moscovite », mais d'une personnalité nationale extrêmement forte, d'un chef dont l'essentiel de la carrière s'est déroulé en Pologne : il a reconstruit le Parti communiste polonais dans la clandestinité. Bien qu'il ait été chargé de réorganiser les territoires libérés, Gomulka qui, en 1944, semble refléter la ligne de Moscou, prend conscience dès 1945 de la spécificité sociale et idéologique de la Pologne. Essayant de composer avec les forces préexistantes, Gomulka est amené à s'écarter du modèle soviétique et à admettre l'existence d'un cas de figure proprement polonais.

Dès le mois d'août 1948, peu de temps après l'affaire Tito, la position de Gomulka est soumise à examen. A une réunion du Comité central du Parti communiste polonais, il est contraint de faire son autocritique. Ceci laisse supposer qu'il a été attaqué et dénoncé dans les mois précédents. Lors de cette réunion, il avoue avoir manqué de vigilance et sous-estimé l'importance et la justesse des analyses de la direction soviétique dans l'appréciation des voies pour la construction du socialisme et dans l'orientation des relations au sein du camp socialiste. Son autocritique est modérée, assez digne dans son ensemble, très différente de celle qui sera imposée aux autres dirigeants nationaux. Cependant, elle ne suffit pas à sauver Gomulka, pas même après son élimination du poste de secrétaire général. Au Congrès de décembre 1948, il est de nouveau longuement attaqué pour déviation politique sur des questions nationales. Ses détracteurs lui reprochent d'écouter, voire de soutenir la paysannerie et l'Église et d'adopter une ligne politique étrangère au socialisme. Exclu du Bureau politique, Gomulka sera confiné dans un ministère secondaire où il restera jusqu'en janvier 1949. Ainsi, dans cette première phase, Gomulka est écarté de la direction, réduit à une activité mineure, mais sa liberté et sa vie ne semblent pas menacées.

Cette première attaque permet de constater que le Parti et le pays subissent les purges sans révolte, que nul ne s'interroge sur la réalité des « déviations nationales » de Gomulka. Dès lors, on peut se demander si cette purge était nécessaire, si des intérêts nationaux s'affirmaient réellement dans la Pologne de 1948. En réalité, l'élimination de Gomulka semble avoir eu pour fin non de résoudre un problème qui existait déjà, mais d'en prévenir un autre, celui que la politique extérieure de l'URSS allait poser peu après : le problème allemand.

En effet, si l'URSS a été jusque-là hostile à l'Allemagne de manière générale, à partir de la fin 1948 elle commence à changer d'attitude à l'égard de la partie du territoire allemand qui reste sous son contrôle. Elle envisage de manière plus positive les changements que le socialisme pourrait y apporter. Cependant, ce qui est acceptable pour l'URSS l'est beaucoup moins pour les deux pays qui ont bénéficié de la défaite et du dépeçage de l'Allemagne : la Pologne et la Tchécoslovaquie. Une réorientation de la politique soviétique qui conduirait à faire droit aux revendications allemandes sur les territoires perdus les inquiète.

Sans doute les Soviétiques ont-ils pratiquement obtenu de l'Allemagne de l'Est la reconnaissance des frontières définies après la Seconde Guerre mondiale, et des communistes allemands l'assurance qu'ils ne remettront pas en question la carte de l'Europe. Cette reconnaissance informelle ne suffit pas à apaiser les Tchèques ni les Polonais.

A la fin 1948, l'autocritique et l'élimination de Gomulka incitent les uns et les autres à constater que l'URSS a toujours raison, que ses choix ne peuvent être préjudiciables aux pays socialistes qui doivent les accueillir avec confiance. C'est avant l'heure une réponse à la question que la Pologne pourrait se poser sur la politique allemande de l'URSS.

Après la Pologne où la démonstration est faite que des purges étaient réalisables sans entraîner de difficultés, le processus répressif prend un tour beaucoup plus violent en Hongrie avec le procès de Rajk, et en Bulgarie avec celui de Kostov.

Dans les deux cas, il ne s'agit pas de « Moscovites » : Rajk n'a jamais vraiment été en URSS et Kostov y a passé un an seulement, entre 1933 et 1934. Leur carrière politique s'est déroulée à l'intérieur de leur pays où ils incarnent la résistance et le communisme. Rajk, par exemple, en 1944, a organisé et dirigé dans la clandestinité la fraction du Parti communiste qui a essayé de rassembler les courants de la résistance. En outre, il a combattu dans les Brigades internationales et a été blessé à plusieurs reprises en Espagne. A côté de Rajk ou de Kostov, des dirigeants comme Rakosi en Hongrie ou Dimitrov en Bulgarie, membres du Komintern avant la guerre, sont beaucoup plus proches du Parti communiste de l'URSS où ils ont passé une grande partie de leur existence.

On a donc l'impression qu'il s'agit dans un premier temps d'éliminer les dirigeants dont le nom est lié à la résistance. En 1949, au moment où il va être attaqué, Rajk est ministre des Affaires étrangères, poste sans aucune responsabilité dans les pays socialistes de cette époque. Ancien titulaire du ministère de l'Intérieur, il en a apparemment été écarté sous la pression des Soviétiques. On peut supposer qu'ils ont préféré avoir à ce poste clé un homme plus sûr que Rajk, dont la carrière politique à l'intérieur comme à l'extérieur de la Hongrie leur a échappé. Les purges prouveront ultérieurement que Staline considère les anciens des Brigades internationales comme des suspects. Alors qu'ils ont été isolés puis éliminés en URSS après la guerre d'Espagne, en 1948 on les retrouve nombreux dans les sphères gouvernementales des démocraties populaires.

Rajk est arrêté en mai 1949. C'est un événement considérable tellement sa position semblait puissante dans son pays et sa fidélité à la vision soviétique du socialisme évidente. Il est jugé en septembre, condamné à mort et pendu en l'espace de quelques jours.

Son procès est un exemple représentatif du système des purges de Europe de l'Est, sur lequel on dispose de témoignages directs comme ceux d'Arthur London ou de Lœbl. L'acte d'accusation de Rajk pose des problèmes intéressants et constitue un modèle repris maintes fois dans les procès de l'époque. Rajk y est accusé d'avoir trahi son parti, de s'être vendu depuis 1931 à la police de son pays et à plusieurs puissances étrangères, sa lutte en Espagne lui ayant surtout permis de poursuivre ses activités de traître. Ainsi, tout son passé militant est condamné et, par le biais de son combat en Espagne, un doute est jeté sur les Brigades internationales.

La partie la plus intéressante de l'acte d'accusation concerne sa collusion avec Tito. Comme le dit le procureur dans son réquisitoire, le véritable accusé est le leader yougoslave, qui a manipulé son complice. Sous son influence, Rajk aurait été disposé à ramener son pays dans l'orbite du capitalisme et à faire payer à une Hongrie vassale le prix du développement et de l'expansionnisme yougoslaves. Les procès de cette époque ont donc pour but d'éliminer Tito de la vie politique de l'Europe orientale. Exclu, condamné, étranglé économiquement, il inquiète encore Staline qui veut conjurer son fantôme jusque dans les démocraties populaires.

Par-delà l'élimination de Rajk et les modifications apportées à la hiérarchie du Parti communiste hongrois, l'objet du procès de Rajk est extrêmement simple. Rajk est un traître parce qu'il a voulu vendre son pays à la Yougoslavie. Au contraire, le sauveur de la Hongrie est l'URSS, garante de l'indépendance et des intérêts nationaux hongrois. On trouve ici la réponse aux questions posées par Tito sur la différenciation des intérêts yougoslaves et soviétiques et sur la légitimité de la Yougoslavie à juger de ses propres intérêts. Les données du problème sont inversées : le procès de Rajk doit prouver non seulement que l'URSS est garante des intérêts des pays de l'Est européen et que, sans elle, toutes sortes de pressions s'exerceraient à l'encontre des pays frères, mais surtout que ni eux ni leurs dirigeants ne sont en mesure d'apprécier leurs propres intérêts. Ce sont leurs dirigeants qui prêtent la main aux convoitises des pays étrangers au camp socialiste et qui favorisent les attaques contre l'indépendance de leur propre pays. La conception des intérêts nationaux ne peut différer selon les pays : la seule conception valable, leur seule garantie véritable sont celles que propose l'Union soviétique.

Le second procès représentatif de cette période est celui de Kostov, en Bulgarie. Il est accusé de déviationnisme gauchiste, ce qui ne manque pas de surprendre au regard de sa biographie. Kostov a passé un an à Moscou, et il semble y avoir été actif puisque, suivant l'acte d'accusation, en 1933-1934, son ambition personnelle l'aurait rendu responsable de l'emprisonnement de Dimitrov et de Kolarov, les deux autres dirigeants bulgares qui se trouvaient avec lui. Cependant, l'essentiel de la carrière de Kostov, comme celle de Rajk, s'est passée à l'intérieur de son pays : secrétaire du Comité central clandestin en 1944, il est, au moment de son procès, vice-Premier ministre. Comme Rajk, ses activités antérieures à l'accession aux postes de direction de l'État le rendent suspect. Il est accusé de s'être vendu à la police bulgare, non en 1931, mais en 1942 et d'être resté un agent britannique. Surtout, ses accusateurs mettent l'accent sur sa déviation nationaliste ce qui, plus que dans le cas de Rajk, comporte un fondement réel.

En effet, au cours du procès, il apparaît que Kostov a refusé de livrer aux fonctionnaires de l'ambassade soviétique des informations concernant le commerce extérieur et l'économie bulgares. Une telle attitude avait déjà été un des prétextes au conflit entre Soviétiques et Yougoslaves au début de l'année 1948. Comme Tito, Kostov répondait à la demande des Soviétiques qu'un fonctionnaire ne fournit pas inconsidérément des informations aux représentants d'autres États. On retrouve la question soulevée par Tito : existe-t-il des États différents dans le monde socialiste ? Pour le procureur, il est clair que non, que l'URSS n'est pas un État étranger mais est dirigée au même titre que les autres États socialistes par un Parti communiste unique. Il faut donc parler non de relations entre États, mais entre bons communistes.

Enfin, on reproche à Kostov d'avoir été plutôt favorable au plan Marshall en 1947. Il est vrai que, s'il a très vite tourné casaque – il a été un des premiers à affirmer que la position de Tito était intolérable –, dans un premier temps il a eu, comme lui, des réflexes nationaux. Le cas de Kostov est donc ambigu : il apparaît prosoviétique quand il condamne Tito, mais il a, comme Gomulka en Pologne, une conscience aiguë de l'intérêt national bulgare.

Kostov est pendu le 1er décembre 1949. En Europe orientale, il est la victime du dernier grand procès public avant celui de Slansky, et cela pour une raison inattendue : il s'est montré un accusé très rétif. Après son procès, les purges se feront plus discrètes. Au début, il s'accuse abondamment, comme Rajk, mais en cours de procès il se rétracte, affirme que tout ce qu'il a dit est faux et dénonce les conditions dans lesquelles on l'a contraint aux aveux. Jusqu'à la déclaration finale il refuse de s'humilier. On produira néanmoins après sa mort une lettre dans laquelle il revient sur sa rétractation, se reconnaît coupable de tous les crimes qu'il avait d'abord avoués. Cette lettre posthume est un piètre argument comparé aux dénégations publiques précédentes. Kostov constitue le seul cas dans un procès des pays socialistes où un accusé a manifesté une résistance opiniâtre.

Au total, comme l'affaire Gomulka, comme le procès de Rajk, le procès de Kostov prend fondamentalement son sens dans le contexte, très actuel, des nationalités d'Europe centrale. Rajk et Kostov sont accusés d'avoir comploté avec Tito, non seulement pour lui vendre leur pays, mais pour créer la Fédération balkanique que Churchill avait imaginée en contrepoids de la puissance soviétique dans les Balkans. La dislocation de l'Empire austro-hongrois avait conduit chaque pays de l'Est européen à l'isolement et toute la région à l'affaiblissement face aux grandes nations voisines. Depuis 1918, des projets tendaient à regrouper les nations isolées, mais aucun n'avait pu aboutir. En 1945, Churchill en avait repris l'idée.

Les purges s'enchaînent sans interruption, depuis le milieu de l'année 1948 jusqu'à leur apparition en Tchécoslovaquie, à la fin de 1949. Cependant, après le procès de Kostov, elles se pratiquent à huis clos ; on observe une pause dans le passage à l'élimination physique des accusés.

Toute l'épuration tchécoslovaque est dirigée par un seul homme, Rudolf Slansky, le secrétaire général du Parti communiste, qui sera lui-même épuré dans une seconde phase. La première victime est le rédacteur en chef de *Rude Pravo*. Il est chassé de son journal pour y avoir fait preuve de nationalisme, puis est exclu en février 1950 du Parti communiste. De février à juin 1950 a lieu une accalmie, bien que l'agitation persiste certainement à l'intérieur du Parti.

En mai 1950, au XIXe Congrès du Parti communiste slovaque, le président du PC slovaque attaque Clementis, le ministre des Affaires étrangères tchécoslovaque, en l'accusant de double déviation nationale, du côté slovaque et du côté fédéral. Il lui est en outre reproché d'avoir fait preuve de nationalisme bourgeois avant les années 1940-1941. Il a manqué tout particulièrement de confiance envers l'URSS en 1939, lors du Pacte germano-soviétique contre lequel il s'était vivement élevé. Il n'avait pas compris, c'est là le signe du nationalisme bourgeois, que le sentiment communiste réside d'abord dans la confiance en l'action de l'URSS, toujours orientée vers les intérêts de l'internationalisme prolétarien, quels que soient ses détours. Ces critiques internes au Parti sont suivies en février par l'arrestation de Clementis et d'autres communistes. Le Parti reste aux mains de Slansky, qui semble tout à fait fidèle aux Soviétiques.

Ces purges ont une triple conséquence. Elles permettent d'éliminer tous les leaders nationaux, presque tous les leaders slovaques – le Parti peut s'engager ainsi dans une plus grande centralisation – et d'écarter tous ceux que l'attitude soviétique vis-à-vis de l'Allemagne inquiète. Il existe donc plusieurs degrés dans les purges.

En Pologne, on entre au même moment dans la deuxième phase des purges. Depuis le procès Kostov, elles n'avaient pour effet que l'élimination administrative des dirigeants : Gomulka et la plupart de ses compagnons sont exclus du Parti puis arrêtés à la fin de 1950. Ce n'est qu'à l'été 1951 qu'il est question de les juger. Encore faut-il pour cela une intervention directe des Soviétiques.

Le premier procès est intenté à des officiers supérieurs polonais accusés de vouloir renverser le régime. C'est par le biais de leurs aveux que commence le processus d'élimination physique de Gomulka et des autres dirigeants communistes. Néanmoins, le PC polonais paraît plus réticent que d'autres à condamner ses propres cadres et notamment Gomulka, qui jouit d'un prestige réel auprès de ses compatriotes. Cela lui vaut probablement la vie sauve, dans une période où les dirigeants de premier plan convaincus de nationalisme bourgeois sont exécutés.

Avec les purges inachevées de Pologne s'interrompt le processus d'élimination des dirigeants nationaux des démocraties populaires. S'ouvre alors un nouveau cycle de purges aux objectifs tout différents : l'élimination du cosmopolitisme et d'un sionisme dont la dénonciation est teintée d'antisémitisme.

Ici encore, l'Histoire suit le même cours qu'en URSS où, de 1946 à 1951 Staline liquide les manifestations de nationalisme avant de s'attaquer, à partir des années 1951-1952, au cosmopolitisme. Le processus aboutira au complot des médecins.

B. La répression du cosmopolitisme

On est conduit à se demander une fois encore si la dernière phase des purges de l'époque stalinienne constitue un processus cohérent. Dans la perspective de Staline, il était logique d'éliminer les communistes qui avaient adhéré trop nombreux dans la période de prise du pouvoir : il fallait rendre aux partis leur rigueur et leur efficacité. Toujours dans cette perspective, il était également logique de se débarrasser des cadres attachés à leurs intérêts nationaux plus qu'à la solidarité avec l'URSS. Mais quelle est la logique des dernières épurations ? Qu'ont-elles en commun avec les précédentes ?

La dernière phase des purges commence à la fin de l'année 1951, en Tchécoslovaquie, avec l'arrestation de Rudolf Slansky. Cette opération est surprenante, du moins au regard des précédentes. Jusqu'alors ont été écartés des hommes dont le passé contenait des éléments suspects aux Soviétiques, soit qu'ils aient incarné la résistance dans leur pays, soit qu'ils aient manifesté de l'indépendance ou de la méfiance à l'égard de l'URSS.

Slansky n'entre dans aucune de ces catégories. Ce n'est pas le fait qu'il ait été un épurateur qui rend sa chute atypique – les épurateurs finissent toujours par trouver leur propre épurateur – mais qu'il ne présente aucune espèce de tare. Au regard des critères soviétiques, il semble être le prototype du communiste fidèle à l'URSS. Sa seule particularité est d'être juif.

On sait que Gottwald a hésité à le faire arrêter. La police avait constitué un dossier contre lui dès le milieu de 1951, et Gottwald avait alors reculé précisément parce qu'il s'agissait d'un homme sûr pour Moscou. Staline, que Gottwald avait consulté, lui avait d'abord répondu que Slansky était en effet un bon communiste et qu'il ne fallait pas tenir compte des rapports de police ; puis, dans un second temps, son émissaire à Prague, Mikoian, devait persuader Gottwald que Slansky était probablement un traître. Slansky est donc arrêté en compagnie de la plupart de ses collaborateurs.

Le procès a lieu en novembre 1952. Parmi les quatorze

accusés, l'un étonne particulièrement, c'est Clementis, qui peut difficilement être qualifié de cosmopolite alors qu'on lui a reproché pendant toute la période précédente son nationalisme bourgeois. En outre, il n'est pas juif, alors que le procès présente cette particularité que onze accusés sur quatorze le sont. Ils sont convaincus de cosmopolitisme, de sionisme et de collusion avec les organisations sionistes. Leur procès met en lumière un climat d'antisémitisme nouveau dans un pays où ce n'est pas une tradition flagrante. Onze accusés, dont Slansky, sont condamnés à mort. Après leur exécution, la persécution systématique des éléments « cosmopolites » et « sionistes » conduit dans l'ensemble de l'Europe orientale à l'élimination de communistes souvent très proches de l'URSS, voire des « Moscovites », comme Anna Pauker ou Vasile Luca en Roumanie.

L'élimination de cette génération de cadres nationaux ouvre la voie à des nouveaux venus qui s'avéreront plus attentifs à leurs intérêts nationaux. En Roumanie, elle aboutit à concentrer le pouvoir dans les mains de Gheorghiu-Dej, qui devient une espèce de Staline national, comme d'autres bientôt, dans d'autres démocraties populaires.

Hors de la Tchécoslovaquie et de la Roumanie, le caractère antisémite des purges est moins évident. On a tendance à le sous-estimer parce qu'en général, les cadres supérieurs juifs du Parti essaient de se protéger en éliminant d'autres Juifs. C'est ce qui se passe par exemple en Hongrie où Rakosi se tire d'affaire au détriment d'un grand nombre de ses camarades. Le même phénomène se retrouve en Pologne, où il est favorisé par un antisémitisme toujours latent.

Les purges contre le cosmopolitisme et le sionisme ont donc touché tous les pays de l'Est. S'agit-il d'une simple résurgence de l'antisémitisme, comme le laissent supposer certains procès ? Si l'on s'en tient à la seule Europe orientale, on est tenté de considérer que l'élimination de fidèles sur lesquels Moscou pouvait compter ne peut s'expliquer que par une folie totale. En revanche, l'évolution de la politique étrangère de l'Union soviétique permet d'entrevoir des raisons plus profondes. Durant cette période, l'URSS commence à réorienter sa politique au Proche-Orient en faveur des Arabes. La révision ne s'opère pas sans difficultés. Les pays arabes ont été profondément choqués en 1947 par la reconnaissance d'Israël par l'URSS. Les communistes arabes ont toujours fait le parallèle avec la désillusion des communistes français lors du Pacte germano-soviétique de 1939. Ils éprouveront les plus grandes difficultés à dominer leur propre amertume et surtout à éliminer celle qui perdure dans la conscience populaire arabe. Le mouvement anticommuniste de l'Est européen est à cet égard très utile. Dans les procès de l'époque, c'est en fin de compte l'accusation de sionisme qui explique la notion de cosmopolitisme.

La situation en URSS est alors très proche de celle de l'Europe orientale. Il importe d'analyser plus finement les purges en Union soviétique afin de repérer les points communs et les divergences avec celles des pays satellites et surtout de les replacer dans le cadre général de la dernière période du stalinisme.

Conclusion

L'URSS et la fin du système stalinien

Si la guerre avait entraîné, à certains égards, une libéralisation à l'intérieur de l'URSS, l'après-guerre a été marquée, on l'a vu, par un durcissement continu qui a atteint son plus haut niveau dans les années cinquante. Dans ses souvenirs intitulés *En une seule année*, Svetlana Aliloueva, la fille de Staline, situe le début du « paroxysme stalinien » entre 1947 et 1948 avec la résurgence de l'antisémitisme.

I. Antisionisme, antisémitisme et purges en URSS (1948-1953)

L'une des premières manifestations d'antisémitisme que Svetlana Aliloueva relève chez les dirigeants soviétiques est l'élimination de Mikhoels, à une époque où l'URSS soutient encore Israël. Pendant la guerre, Mikhoels avait mis sur pied un mouvement antifasciste, établi des relations avec la communauté juive des États-Unis et, directeur du Théâtre juif de Moscou, il essayait de faire vivre la culture juive. En 1948, le Théâtre juif est fermé et Mikhoels, déjà réduit au rang de suspect, disparaît dans un accident de voiture. Si l'on en croit la fille de Staline, son père aurait organisé et maquillé son meurtre. Le but de Staline était de se débarrasser de celui qui incarnait en Union soviétique un judaïsme qui devenait gênant. Svetlana Aliloueva confirme ce que l'on savait concernant les déportations entre 1948 et 1952 : elles comprennent un nombre considérable de Juifs, telle la femme de Molotov, arrêtée pour sionisme. Les tendances antisémites que l'on constate alors atteignent leur paroxysme le 13 janvier 1953 avec l'annonce par *la Pravda* de l'arrestation de neuf médecins, dont le nombre sera porté à quinze en cours d'instruction. Les motifs de leur inculpation évoquent ceux des procès des années 1936-1937 à Moscou : on les accuse de l'assassinat de Jdanov, d'avoir préparé ceux de Staline et d'un certain nombre d'autres personnalités du Bureau politique. Le côté cocasse de l'affaire est que, parmi les accusés, figure un médecin commis dans le procès des droitiers. Il avait témoigné que Boukharine et son groupe avaient assassiné Gorki, avaient tenté la même chose sur Staline et sur d'autres. Ainsi, ceux qui avaient contribué aux condamnations de 1938 se retrouvent dans la même situation en 1953 : telle est la logique du système stalinien.

Aussi bien, il est remarquable que, comme dans les procès de l'Europe de l'Est, parmi les neuf accusés originels, sept sont juifs. Eux aussi sont soupçonnés de complot sioniste et de tendances cosmopolites. Cinq avouent des relations avec l'organisation juive « Le joint ». Au fur et à mesure que se développe la campagne de propagande, se précise l'idée que, Staline étant l'ennemi du sionisme, les organisations juives internationales auraient planifié sa mort.

Alors que depuis 1948 les tendances antisionistes restaient larvées, en 1953 elles deviennent hystériques et se teintent d'antisémitisme. La presse se fait virulente. Le médecin qui avait dénoncé ses collègues, la doctoresse Lyda Timachouk, est décorée en grande pompe pour avoir découvert un complot sioniste.

Staline meurt le 5 mars 1953. *La Pravda* annonce immédiatement à ses lecteurs que ce complot est une vaste machination montée contre des gens estimables. La liste des médecins réhabilités qu'elle publie comprend treize noms, soit deux de moins que les quinze accusés de complot. Deux accusés ont disparu dans la tourmente. L'Histoire ne permet pas de savoir ce qu'ils sont devenus, si on les a exécutés en prison ou s'il s'agissait de provocateurs qui avaient trempé dans la machination.

Le complot des médecins soulève tout d'abord une question simple : son lien avec les purges contre le cosmopolitisme qui se sont déroulées dans l'ensemble des pays de l'Est. Outre l'existence d'un vaste mouvement antisémite, on est tenté de considérer que tout cela résulte simplement de la sénilité d'un Staline naturellement antisémite qui, à la fin de sa vie, sacrifie tout à sa passion.

Cette thèse est partiellement accréditée par la fille de Staline, bien qu'entre ses deux ouvrages, son interprétation ait quelque peu évolué. Même s'il faut accueillir avec précaution les ouvrages de Svetlana Aliloueva, sans en attendre de révélation, il ne faut pas non plus en sous-estimer l'intérêt. C'est à cette époque notre seul témoignage sur Staline par une de ses proches et sur les milieux dirigeants de l'URSS par quelqu'un qui les fréquentait. Dans son premier ouvrage, *Vingt Lettres à un ami*, où elle conserve pour son père une certaine piété filiale, elle accuse surtout Beria d'avoir pris sur Staline un ascendant considérable. Dans un deuxième ouvrage, *En une seule année*, elle insiste sur la responsabilité générale de Staline. Selon elle, son antisémitisme pathologique serait lié au fait que Trotski était juif. La haine pour son adversaire éternel aurait développé chez lui un antisémitisme morbide qui aurai dominé la fin de sa vie.

C'est une explication qui séduit par sa facilité. Elle est peut-être trop simpliste. Il n'est pas satisfaisant de considérer qu'un homme qui a su se hisser au pouvoir en éliminant des adversaires aussi remarquables que Trotski ou Boukharine, qui a témoigné d'une intelligence politique incontestable est devenu sous le poids des ans un maniaque qui a soumis l'histoire de son pays à sa sénilité. Sans doute de Caligula à Hitler l'Histoire ne manque-t-elle pas de chefs d'État sombrant dans la folie ou le gâtisme. Mais était-ce le cas de Staline ?

On peut rechercher dans les événements des années 1948 à 1953 une explication politique plus profonde. Une certaine cohérence se dégage de l'action de Staline quand l'on confronte les purges en Europe de l'Est et en URSS. Elle ne résulte pas d'une cause unique, mais elle naît de la confrontation de situations concrètes d'un côté comme de l'autre.

En ce qui concerne l'Est européen, les accusés sont souvent des Juifs, mais leurs biographies révèlent des points communs plus importants. On a souvent affaire à des anciens des Brigades internationales. *L'Aveu* de London a contribué à préciser ce fait. On oublie trop qu'après la guerre d'Espagne Staline avait déporté les anciens des Brigades internationales qui se trouvaient en URSS. Son souci constant a été de ne jamais permettre l'intégration au Parti de ces hommes qui avaient été en contact avec des mouvements anarchistes, trotskistes ou trotskisants et qui avaient tendance à critiquer l'attitude de l'URSS ou du Komintern dans la guerre d'Espagne. Après la prise du pouvoir des communistes dans les pays d'Europe de l'Est, Staline a retrouvé auprès des dirigeants des partis nationaux un certain nombre d'entre eux.

Restent les fameux communistes « moscovites », dont on parle tellement. Si on les considère seulement comme des fidèles de Staline, leur élimination reste incompréhensible. Vus d'une autre manière, il apparaît qu'ils ont vécu, à Moscou, dans l'entourage du Komintern, une période effroyable, où les purges menaçaient tout le monde, où l'appareil des partis étrangers était décimé.

Ceux qui ont survécu représentent en général un passé que Staline a éliminé d'URSS : anciens des Brigades internationales, « vieille garde » des partis nationaux. De surcroît, un certain nombre d'entre eux se sont trouvés être juifs. La lutte contre le sionisme devient un prétexte pour provoquer les purges qui en même temps s'intègrent à la politique extérieure de l'URSS. Enfin, dans des pays où l'antisémitisme constitue une tradition forte, la coloration anticommuniste, voire antisémite des purges, contribue à les rendre acceptables par la population.

En URSS, l'affaire se présente différemment, si l'on veut bien ne pas la considérer seulement comme une machination montée contre sept médecins juifs ou comme le paroxysme de l'antisémitisme de Staline. A y regarder de plus près, le complot des médecins n'apparaît pas comme l'aboutissement d'un vaste mouvement antisémite mais comme le début de quelque chose de plus important, la purge du personnel politique soviétique tel qu'il se présente en 1952.

De nombreux faits confirment cette hypothèse. Khrouchtchev a souligné lors du XXe Congrès que le complot monté en 1953 était le point de départ d'une épuration des dirigeants au plus haut niveau. Il a cité, parmi les personnes directement menacées, Molotov, Mikoian et Vorochilov. Une autre indication est donnée par la façon dont les historiens du Parti communiste soviétique traitent l'affaire des médecins. Dans les différentes versions poststaliniennes de l'*His-*

toire du Parti, il est toujours question de la détérioration de la situation intérieure et des proportions considérables qu'avait prises en 1953 le culte de la personnalité. On mentionne les méfaits de Beria et, parmi ses victimes, Voznessenski et toute l'équipe du Parti de Leningrad, qui disparaît entre 1947 et 1948, mais on ne dit rien sur l'affaire des médecins. Ce silence ne peut pas s'expliquer par la gêne, puisqu'ils ont été réhabilités. En revanche, il trouve une explication si l'on admet que, pour les dirigeants soviétiques, il n'a été qu'un incident parmi d'autres, le point de départ d'une évolution que la mort a arrêtée.

Un autre détail est intéressant. Parmi les dirigeants menacés que cite Khrouchtchev, aucune mention n'est faite de Beria. Or maints indices semblent le placer en tête des purgés éventuels. Alors que la fille de Staline aussi bien que les auteurs de l'*Histoire du Parti* accusent Beria de tous les maux de l'URSS, il est significatif qu'il soit tenu hors du « complot des médecins ». Le fait même que, pour une fois, on ne lui attribue aucune responsabilité dans cette machination accrédite l'idée que le complot a été monté sans lui et probablement contre lui.

Un autre fait vient à l'appui d'une disgrâce possible de Beria. Avant même le complot des médecins, s'engagent, dès 1951, à la périphérie de l'URSS, une série de purges. Elles commencent en Géorgie et frappent les communistes mingréliens. Or Beria est mingrélien et a toujours conservé dans son entourage des compatriotes. Parmi les victimes géorgiennes des purges de 1951 sont très largement représentés les proches de Beria. On peut penser que, Staline vivant, ils auraient avoué que Beria était à l'origine du complot national mingrélien dont on les accusait.

Enfin, à lier l'affaire des médecins et le complot juif international, Beria se retrouve au premier rang des accusés possibles : c'est lui qui, pendant la guerre, a mis sur pied, avec l'aide de Mikhoels, le Comité international juif en URSS et qui a noué des relations avec d'autres organisations juives. De telle sorte que, parmi les dirigeants soviétiques susceptibles d'avoir eu des liens avec les organisations juives internationales mises en cause par les médecins, Beria se trouve encore en tête.

On peut donc admettre les assertions de Khrouchtchev sur

les purges à venir et on peut probablement ajouter Beria à sa liste.

Le complot des médecins ainsi replacé dans le contexte d'une purge future, il faut s'interroger sur son utilité. Est-ce la réponse à une situation propre à l'URSS ou existe-t-il des liens avec des événements contemporains à l'Est de l'Europe ?

On peut avancer deux explications qui se rattachent l'une et l'autre aux problèmes intérieurs de l'URSS et du pouvoir stalinien. Staline souhaite probablement réassurer son contrôle en appelant au sommet de nouveaux cadres. Le système stalinien de gouvernement a toujours été marqué par une usure extraordinaire des hommes. A toutes les étapes de son ascension, il s'est débarrassé de ses collègues. Pourquoi se serait-il réconcilié à partir de 1939 avec des dirigeants qui ont des positions solides, à qui douze ou treize ans de quiétude ont donné de l'assurance et qui possèdent une clientèle dans le Parti ? Le Parti communiste n'est pas monolithique, mais depuis 1946 il est le champ clos de rivalités entre hommes rêvant sinon de prendre immédiatement le pouvoir, au moins de préparer la succession de Staline qui a 73 ans en 1953 et dont la santé est compromise. Comment Staline, avec sa hantise des rivaux potentiels, aurait-il toléré sans réagir des hommes dont la position se renforce et qui songent à sa succession ?

Par ailleurs, le phénomène majeur de l'époque que met en lumière le XIXe Congrès est l'apparition d'un nouveau personnel politique qui aspire à accéder aux échelons supérieurs. Le Parti a vieilli parce que, depuis 1939, il n'y a plus de grandes purges, alors que les effectifs du Parti augmentent. Les mêmes hommes gardent les leviers du pouvoir alors que la génération montante s'impatiente et attend que les survivants des purges leur cèdent enfin la place. Cette jeune génération est arrivée dans le Parti pendant la Seconde Guerre mondiale. Elle est passée par l'armée Rouge qui a en partie échappé à l'autorité de Staline. Elle a connu d'autres chefs. Pour la première fois depuis 1924, de nombreux communistes n'appartiennent pas à la clientèle de Staline et ont été soutenus par leurs chefs militaires. Ces nouvelles recrues ne sont pas aussi sûres que les anciennes. Leur impatience provoque des frictions dans le Parti. On comprend très bien que Staline ait souhaité leur ouvrir la route du pouvoir pour gagner à sa propre cause ces recrues des années de guerre et rajeunir le Parti.

Cette hypothèse est fondée sur plusieurs éléments. Peu avant la mention du complot des médecins, à partir de décembre 1952 et jusqu'à la mort de Staline, *la Pravda* insiste sur la nécessité de renouveler les cadres dans tous les domaines, opération qui passe, en URSS, par l'épuration des gens en place.

Un autre argument vient renforcer la thèse d'une purge généralisée à venir. Il a été avancé par Boris Nikolaevski dans son étude du procès fait à Rioumine en 1954 pour avoir fabriqué les fausses pièces et les faux aveux du complot des médecins. En apparence, ce procès est incohérent. Rioumine est accusé de faux, d'usage de faux et de complot antisémite. On le condamne au vu de l'article 58, alinéa 7 du code criminel de la RSFSR, qui vise non les faux et usage de faux mais la trahison pour désorganisation de l'économie nationale. On verrait mal en quoi Rioumine aurait désorganisé l'économie nationale en fomentant un complot contre sept médecins s'il n'y avait, derrière cela, la mise en route d'une machine destinée à éliminer des cadres, notamment dans le domaine de l'économie.

On découvre dès lors une explication logique à la fin de la vie de Staline. Si l'on considère qu'en Europe de l'Est Staline élimine tous ceux qui incarnent la vieille garde et qu'en URSS les purges entrent dans le cadre d'une lutte pour le pouvoir, on voit se dégager un tableau cohérent, celui de deux courants d'épuration dissimulés derrière le paravent commode et opportun de la lutte contre le sionisme. Il ne s'agit plus de purges incohérentes dues à un vieillard à moitié fou, mais bien de la poursuite de la lutte commencée par Staline dès 1923 pour assurer son pouvoir face à ses rivaux et à des successeurs possibles.

La guerre a été incontestablement un facteur de désorganisation du système stalinien. Son approche a vraisemblablement mis fin aux purges des années 1934-1938 et a conduit dans l'Est européen à des alliances temporaires avec les sociaux-démocrates de gauche, ce qui aboutit, jusqu'en 1948, à un laxisme idéologique.

II. Le XIXᵉ Congrès

La thèse de la rationalité de la violence stalinienne à la fin de sa vie semble confirmée par l'examen du XIXᵉ Congrès du Parti communiste, antérieur à l'affaire des médecins, mais qui participe en fait de la même période. Il révèle en effet certains problèmes de l'URSS et du Parti en 1952.

Le Congrès qui se réunit le 5 octobre 1952 est le premier depuis la guerre. Le XVIIIᵉ Congrès avait eu lieu en 1939. Cette manifestation officielle du Parti communiste prend d'autant plus d'importance que Staline n'a réuni pendant treize ans ni le Congrès ni les autres organes supérieurs du Parti. Le Politburo a été très rarement convoqué et le Comité central presque jamais. C'est donc depuis 1939 la première confrontation des communistes d'URSS, la première fois qu'on peut mesurer le résultat du gonflement des effectifs pendant la guerre.

Idéologiquement, ce Congrès n'est pas intéressant car il innove peu. Ses participants se préoccupent essentiellement de problèmes d'organisation, comme tout parti qui se réunit pour la première fois après une très longue période. Le rapport principal est présenté par Malenkov, et non par Staline qui avait déjà indiqué avant le Congrès les grandes lignes de sa vision politique dans son dernier ouvrage, *Les Problèmes économiques du socialisme en URSS*.

Ce livre est très important dans la mesure où il contient les principes implicites de la réorientation future de la politique économique soviétique. Staline y met l'accent sur le nouvel objectif de la politique intérieure de l'Union soviétique, le passage du socialisme au communisme, ce qui suppose des relations pacifiques entre le monde socialiste et le monde impérialiste. Il modifie sa conception des conflits internationaux en suggérant que l'un et l'autre ne sont pas obligatoirement condamnés à la guerre, et que les contradictions internes du capitalisme vont s'aggravant. Ainsi que l'écrit un commentateur de l'ouvrage de Staline, « les conflits inter-impérialistes dominent le conflit entre le camp impérialiste et le camp soviétique ». Sans doute Staline ne va-t-il pas jusqu'à tirer clairement les conclusions de son analyse, c'est-à-dire la possibilité de la coexistence, mais ses successeurs le feront sans rompre totalement avec ce texte ultime.

Le XIXe Congrès soulève de multiples questions. Tout d'abord, il change le nom donné par Lénine, « Parti communiste (b) *bolchevik* ». En octobre 1952, il devient « Parti communiste de l'Union soviétique ». Les délégués constatent que les bolcheviks se définissaient par opposition aux mencheviks qui n'existent plus et que, le combat pour le pouvoir étant terminé et la phase de construction du communisme commencée, le nom qui convenait le mieux était celui de Parti communiste tout court. Ce changement qui peut paraître mineur a tout de même une grande importance. Le Parti communiste bolchevik était celui de Lénine ; le Parti communiste sera celui de Staline.

Le XIXe Congrès a aussi modifié l'organisation du Parti. Le Politburo et l'Orgburo sont remplacés par un organe exécutif unique, le Présidium, qui compte 36 membres, dont 25 titulaires et 11 suppléants. Leur nombre excessif le rend peu maniable. Il est donc assorti d'un échelon nouveau, un bureau secret, dont l'existence ne sera dévoilée qu'après la mort de Staline.

Khrouchtchev le confirme au XXe Congrès : dans les organes supprimés, nombreux étaient les titulaires de longue date, ceux que l'on peut appeler la vieille garde du pouvoir stalinien. En en créant un autre, plus fourni, Staline noyait les anciens parmi les nouveaux venus, moins expérimentés, plus maniables et plus proches de lui. Se répète là une transformation assez semblable à celle qui s'était esquissée dans les années trente, quand les effectifs du Comité central, qui n'était à l'origine qu'un organisme restreint, avaient été gonflés afin de submerger les détenteurs du pouvoir exécutif sous le nombre des nouveaux arrivants. Ces changements prennent leur sens dans la perspective du renforcement du pouvoir de Staline, une préoccupation qui semble avoir dominé toute son action à la fin de sa vie.

Au Congrès de 1952, le Comité central subit d'ailleurs la même transformation. Il comprend 235 membres, soit deux fois plus qu'au XVIIIe Congrès. Son vieillissement se manifeste dans le maintien de 61 % des membres présents en 1939, soit, si l'on considère qu'ils étaient alors deux fois moins nombreux, la quasi-totalité du Comité central de

1939. Cette situation est nouvelle : au XVIIIe Congrès, 80 % des membres du Comité central présents au Congrès précédent avaient disparu. Cela est également vrai de tous les organes dirigeants de l'URSS.

Autre caractéristique du Comité central de 1952 : les représentants des régions sont beaucoup plus nombreux qu'en 1939. Leur proportion dans la totalité des effectifs passe du cinquième à la moitié, au détriment des représentants du centre. Là aussi, on voit apparaître un personnel politique nouveau.

Dans quelle mesure la transformation du Comité central reflète-t-elle celle du Parti tout entier ? Le nombre de ses adhérents est globalement passé de 2,5 à 6,9 millions entre 1939 et 1952. Le changement de la base s'est fait dans deux directions. Elle s'est d'abord rajeunie. En 1952, on compte 75 % de membres de moins de 45 ans et entre 35 % et 40 % de moins de 35 ans. Par ailleurs, son niveau culturel s'est élevé. En 1939, le niveau général était très bas. En 1952, 12 % avaient reçu une formation supérieure, 20 % à 25 % ayant suivi une éducation secondaire.

Au regard de cette double transformation de la base, le taux de renouvellement des cadres est faible, les chiffres du Comité central en témoignent. On constate le même phénomène pour les secrétaires de région. Tout cela explique la nécessité d'un renouvellement qui, à l'époque de Staline, ne se réalise que par des purges.

Le Congrès de 1952 donne deux autres indications. Il montre que l'Union soviétique est réellement dirigée par Staline, qui domine non seulement ses rivaux potentiels, mais le Parti tout entier.

En effet, il détient les leviers du Parti comme ceux de l'État et les utilise alternativement ou simultanément, tantôt l'un contre l'autre, tantôt sans cohérence apparente. Les débats du XIXe Congrès font apparaître que le Parti a conscience de l'affaiblissement de sa propre autorité au profit de celle de l'État, qu'il est mal implanté dans certaines régions, notamment dans les campagnes et, par conséquent, qu'il ne domine plus la vie politique de l'URSS.

Cette faiblesse du Parti face à Staline va compliquer d'autant sa succession. Lui disparu, restent, d'une part, le petit groupe des prétendants, et, de l'autre, un Parti réduit à l'état d'instrument du pouvoir de Staline et qui ne sait plus précisément quelle autorité il exercera après sa mort.

Quand elle se produit, le 15 mars 1953, se posera non seulement le problème de la succession mais aussi celui du vide politique que laisse l'homme qui incarnait la totalité du pouvoir. Ses successeurs devront tenter de remplir ce vide, tenter de lutter contre les conséquences de la personnalisation extrême du pouvoir.